KB259780

현장에서 활용하는 수출입 흐름도

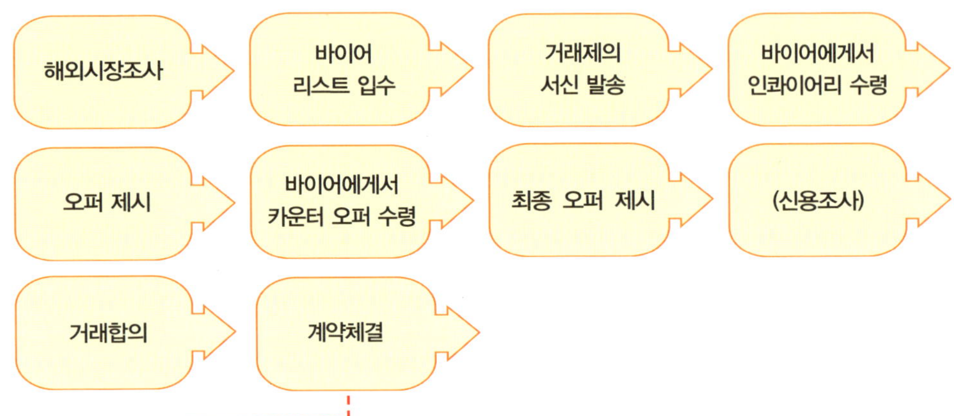

※ 아래의 수출입 프로세스는 신용장 거래에 따른 무역의 기본적인 절차이며, 실제 수출·수입을 이행하는 과정에서는 일부 과정이 생략 또는 동시에 진행될 수도 있고, 상품의 성격에 따라 복잡하게 진행되는 경우도 있으므로 실무를 진행하다가 막히는 경우에는 전문가에게 자문을 구하는 것이 좋다.

수입 FULL PROCESS

▶ **수입 비즈니스 시작에서 계약 체결까지**

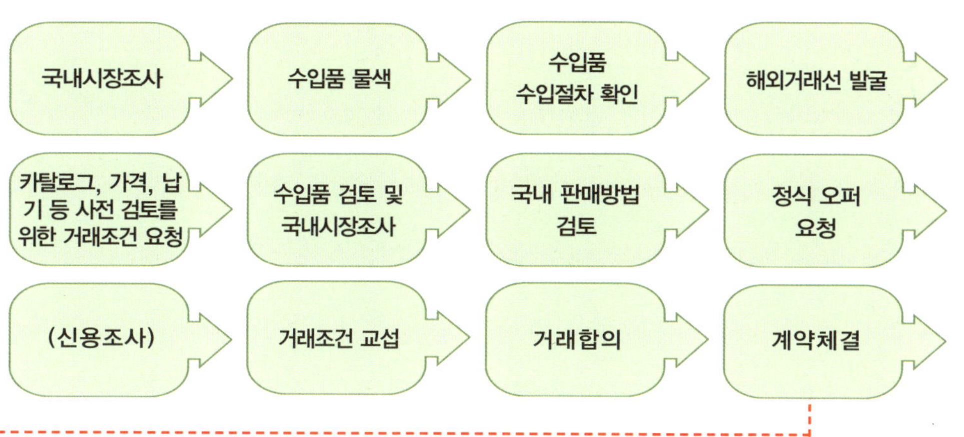

▶ **신용장 개설의뢰에서 국내 판매까지**

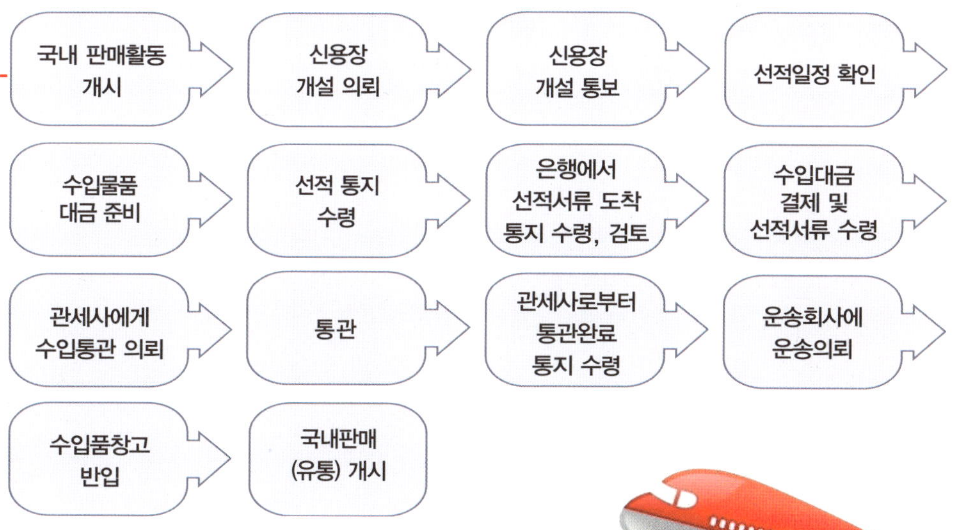

수출 수입 쉽게 배우는

무역실무 입문

수출 수입 쉽게 배우는

무역실무 입문

수출 수입 쉽게 배우는

무역실무 입문

오시학(경영학박사) 지음

중앙경제평론사

왜 이 책을 써야 했는가

부존자원이 부족한 대한민국이 세계 10대 무역국가인 것은 바로 훌륭한 무역인재를 양성하고 있기 때문이다.

이 책은 바로 무역에 입문하고자 하는 초보자들이 무역실무를 쉽게 배우면서 동시에 틀에 박힌 무역영어와 무역전문용어를 터득하고 훌륭한 무역인재를 양성하기 위해 쓰게 되었다.

이 책은 교육의 학습효과를 높이기 위해 '학습목표', '본문내용', '요점정리', 그리고 '확인문제'로 구성되어 있다. 즉, 체계적이고 교육공학적으로 구성되어 있어 초보자도 이 책으로 무역공부를 하면 누구나 무역전문가가 될 수 있을 것이다.

이 책의 특징은

이 책은 전문서적이 아닌 초보자를 위한 무역입문서이며 대학이론서가 아닌 현업 매뉴얼과 같은 실무지침서이다. 따라서 대학 및 대학원에

서 수년간 배워도 터득할 수 없는 무역실무 지식을 단기간에 습득하게
될 것이다.

이 책을 공부하는 방법은

이 책은 순서대로 차근히 읽어 나가기만 하면 된다. 어려운 내용이
전혀 없다. 학벌에 관계없이 누구든 읽기만 하면 쉽게 무역을 터득하게
될 것이다.

끝으로 이 책이 무역업에 도전하는 젊은이들은 물론 현업 실무자들
과 퇴직자들에게도 널리 활용되어 가정과 기업 및 국가 경제에 조금이
라도 기여한다면 더할 나위 없겠다.

오시학(경영학박사)

2부 무역계약 실무

Finland
St. Petersburg
Ladoga
RUS
Riga
Koningsberg
Warsaw
Baltic
Hamburg
Stettin
Berlin
GERMANY

1부

무역실무 개요

무역의 기초

학습목표

① 무역의 개념을 알아야 한다.
② 무역업의 창업 요건을 알아야 한다.
③ 거래선과 아이템을 발굴하는 방법을 터득해야 한다.

무역이란 국제간의 상거래로서 외국에 물품을 파는 것을 '수출'이라 하고, 외국으로부터 물품을 사는 것을 '수입'이라 한다. 즉 무역은 수출과 수입으로 나눌 수 있으며, 수출 또는 수입을 업으로 하는 것이 무역업이다. 우리나라에서 무역업을 영위하려면 사업장 소재지 관할 세무서에 사업자등록을 하고 사업자등록증을 교부받은 후, 한국무역협회에서 무역업 고유번호부여서를 받아야 한다. 무역업을 창업한 후에는 시장조사를 해 거래선과 아이템을 발굴해야 한다.

(1) 무역업의 의의

무역업이란 영리를 목적으로 자기명의로 수출과 수입을 계속 반복해 행하는 것을 말한다.

우리나라는 기존의 무역업 신고제를 폐지하고 누구나 무역업 신청을 하면 무역업 고유번호를 부여받아 수출입 행위를 할 수 있도록 하고 있다. 따라서 무역업 고유번호를 부여받기 위해서는 지식경제부 장관에 의해 위임된 기관인 한국무역협회에 신청해야 한다.

무역업 고유번호를 부여받지 아니한 업체가 수출입업을 하고자 할 경우 무역업 고유번호를 부여받은 업체를 통해 수출입 대행을 의뢰해 신청업체의 명의로 수출입을 할 수 있다.

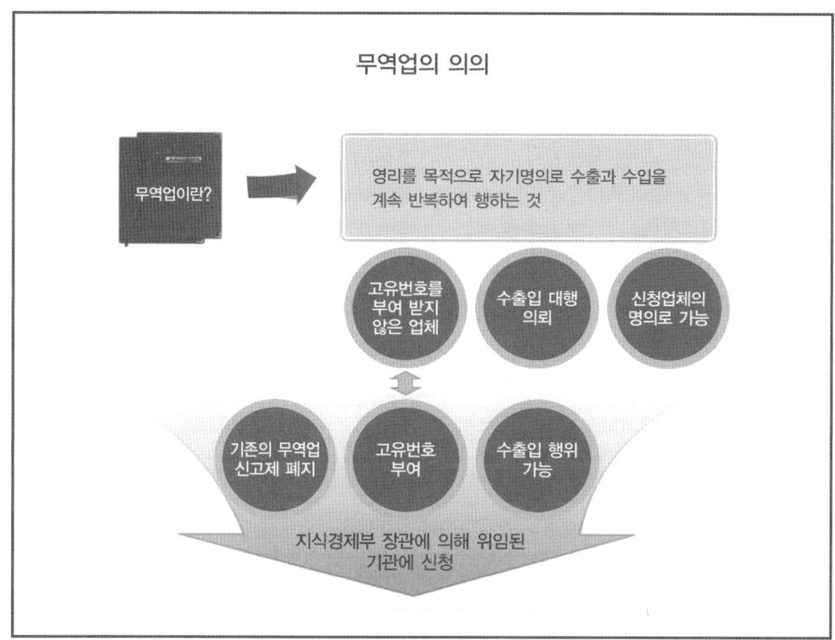

(2) 무역업의 신청 및 부여

대외무역법 제2조 제1호의 규정에 의한 무역을 업으로 하고자 하는
자는 무역업 고유번호를 한국무역협회장에게 신청해야 하며, 한국무역
협회장은 접수 즉시 신청자에게 고유번호를 부여해야 한다(대외무역관리
규정 제3-5-1조 3항).

무역업 고유번호의 신청 및 부여는 별지 제1-1호의 서식에 의해야
하며 우편, 팩시밀리, 전자메일, 전자문서교환체제(EDI) 등의 방법으로
할 수 있다.

무역업고유번호부여(신청)서
CERTIFICATE(APPLICATION) OF TRADE BUSINESS CODE

			처리기간 (Handling Time)
			즉시(Immediate)
① 상 호 (Name of Firm)		② 무역업고유번호 (Trade Business Code)	
③ 주 소 (Address)		④ 업 종 (Business Type)	
⑤	전화번호 (Phone Number)	⑥ 이메일주소 (E-mail Address)	
	팩스번호 (Fax Number)	⑦ 사업자등록번호 (Business Restry Number)	
⑧ 대표자 성명 (Name of Rep.)		⑨ 주민등록번호 (Passport Number)	

대외무역법 제18조 및 동법 시행령 제30조 및 제31조, 대외무역관리규정 제3-5-1조의 규정에 의해 무역업고유번호를 위와 같이 부여(신청)합니다.

We hereby acknowledge(I hereby apply for) the above-mentioned trade business code in accordance with Article 3-5-1 of the Foreign Trade Management Regulation.

신청일 :   년   월   일
Date of Application   Year   Month   Day

신청인 :   (서명)
Applicant   Signature

사단법인 한국무역협회장
Chairman of Korea International Trade Association

무역업 고유번호를 부여받은 무역업자는 상호, 대표자, 주소, 전화번호 등의 변동이 있는 경우에는 변동사실을 신속히 한국무역협회장에게 통보해야 한다.

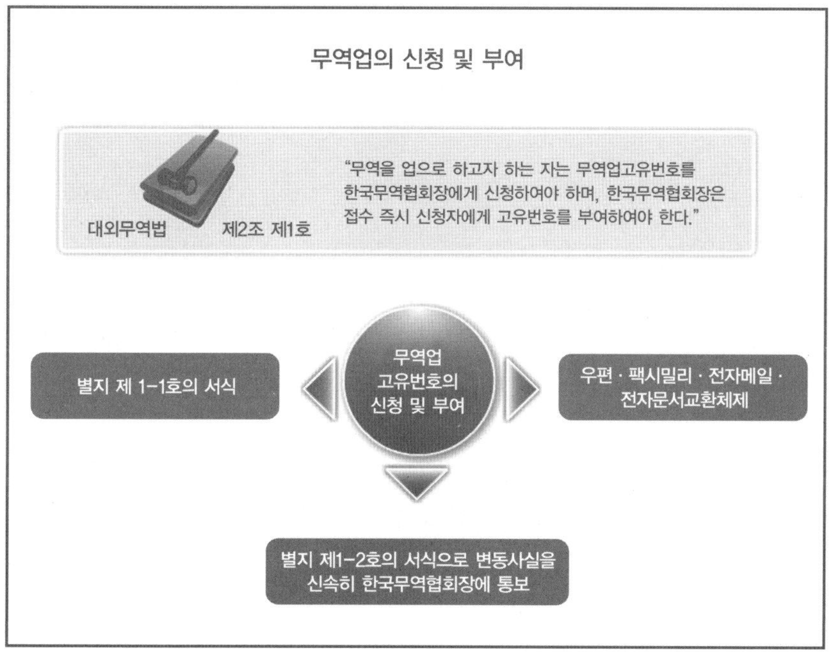

(3) 수출입 허용범위

모든 물품의 수출입이 허용된다. 단, 수출입 승인대상 품목인 경우 해당기관의 승인을 받아야 한다.

해외시장조사

(1) 해외시장조사

해외시장조사는 수출입 절차의 최초의 단계로서 특정상품에 대한 판매 또는 구매 가능성을 조사하는 것을 말한다.

해외시장은 국내시장과는 달리 지역적인 격리성, 상이한 문화, 종교, 상관습 및 언어 등의 차이로 어려움이 많으나, 외국과 무역거래를 함에 있어서 위험을 최소화하고 이익을 극대화하기 위해서는 사전에 정확한 시장조사가 필수적인 전제조건으로 무역업 성패의 중요한 과제 중의 하나가 된다.

해외시장조사는 목적시장의 전반적인 개황(정치, 경제, 사회, 문화, 역사, 경제기구, 과학기술의 수준, 기후, 언어 등)을 조사한 다음 취급상품에 대한 유통구조, 경쟁대상, 제품의 가격정책, 거래대상, 거래처 등을 조사하는 일련의 단계를 거치게 된다.

마케팅 전략의 성공은 정확한 정보의 확보에 달려 있다. 그러므로 무역업을 성공시키기 위해서는 무엇보다 특정시장을 형성하는 여러 가지 요소를 과학적으로 조사, 분석 후 적격성을 판정하는 것이며 이에 따라 해당품목의 수출 또는 수입계획을 수립하게 되는 일련의 과정이 해외시장조사이다.

(2) 해외시장조사 과정

해외시장조사는 다음과 같은 과정으로 진행된다.

- 문제의 규명
- 조사계획의 수립
- 자료분석 및 해석
- 조사결과의 요약 및 보고
- 결론

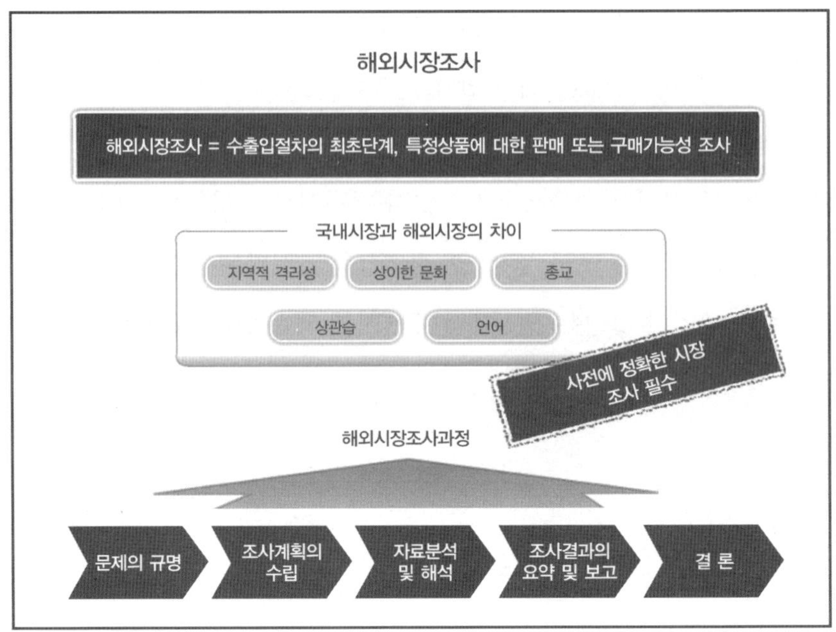

(3) 수출시장조사의 내용

수출시장조사의 내용은 다음과 같다.

- 거래대상지역의 선정
- 해당상품의 수출입 현황
- 취급상품의 수요 및 전망
- 해당상품의 유통과정
- 수요상품의 품종, 품질 및 규격

- 해당지역의 수출입 가격

- 경쟁대상국

- 소득수준과 구매력

- 기후와 지리적 여건

- 교통통신

- 상관습

- 수출규제 여부, 외환사정 및 관세 등

- 대상국의 통화의 안전성 및 경기상태

- 대상국의 인구, 소비자 기호 및 생활수준

- 지금까지 동일품 또는 동종품을 우리나라 타업계가 수출하였는지
  의 여부, 만일 있다면 경쟁사의 수출가격, 수출량 및 수출경쟁 우
  위성 등을 검토

이상과 같은 조사자료는 KOTRA 간행의 국가별 해외시장 시리즈에서 어느 정도 입수할 수 있으며, 부족한 내용은 상공회의소나 한국무역협회 간행물 등으로 보완할 수 있다.

해외 마케팅은 시장조사에서 시작해서 시장조사로 끝난다고 해도 과언이 아니다. 이는 지속적인 수출시장 확대 및 기존시장 변화에 따른 충격을 완화해 주고, 기업이 계속 신장될 수 있다는 점에서 아주 중요한 단계이다. 오늘날 모든 기업은 어떻게 새로운 시장을 개척해 새로운 고객을 발굴할 것인가가 그 어느 때보다 중요시되고 있다.

(4) 수입시장조사의 내용

수입시장조사의 내용은 다음과 같다.

- 해당상품의 수출지역 및 수출량
- 해당상품의 공급량 또는 생산량
- 주요 수입지역 또는 국가
- 해당상품의 유통과정
- 공급의 품종, 품질 및 규격
- 해당국가의 국내가격
- 지금까지 동일품 또는 동종품이 수입되고 있는지의 여부, 만일 있다면 그 품종, 가격, 거래조건, 수량, 수입상사명 등을 검토
- After Service, PR 지원 등
- 해당상품의 국내시장 가격 및 수량
- 수입규제 여부

(5) 수입품 선정내용

1) 수입품 선정기준
- 국제경쟁력(품질, 가격) 여부

- 특허품

- 유명 브랜드 및 상표

- 동일제품의 타생산국과의 가격, 품질, 성능 등의 비교

- 국내 유사품과의 가격, 품질, 성능 등의 검토

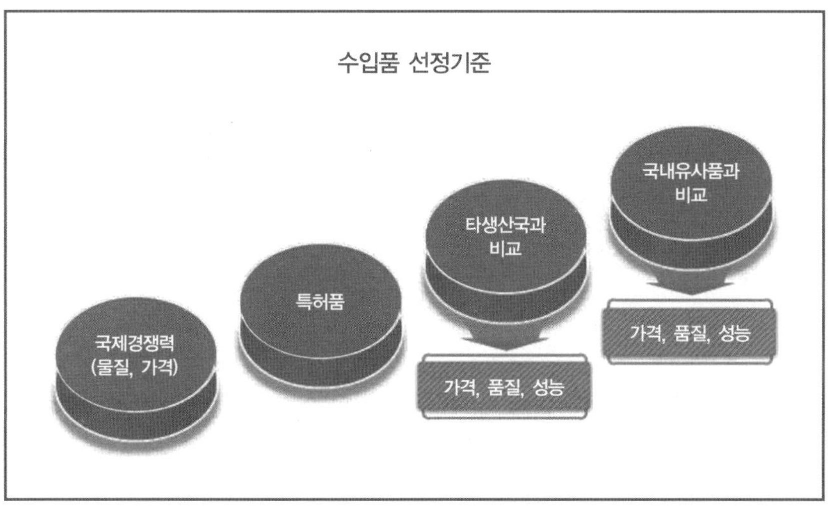

2) 수입품 선정단계

- 국가별 견품 입수

- 제품의 가격, 품질 등 거래조건 검토

- 제품 분석

3) 수입 Check List

- 사용자 욕구충족 여부 검토

- 판매 가능량

- 세일즈 포인트

- 수입원가계산＋이익은?

- 적정이윤 발생시기

- 투자액

- 현재의 기술수준에서의 실시 여부

- 특수부품이 필요한가?

- 특허문제

- 유사품은 있는가? 그 가격과의 비교

- 제품의 수명

- 시장 대상은?

- 기업 이미지는?

- 시간적으로 실시 가능한가?

- 실패의 경우 손실은?

결국 시장조사는 해당상품에 대한 소비자의 만족도나, 상품의 장점과 단점 등을 예측 또는 검토하는 '상품연구'와 판매경로, 거래처, 경쟁관계 등을 조사 검토하는 '판매연구' 및 소비자들의 연령, 성, 사회적 지위, 소득계층 등과 상품의 사용형태를 연구하는 소비자분석, 즉 '시장분석' 등의 과정을 거친다.

또한 시장조사에서는 판매효과 내지 영업능률의 극대화를 도모하기 위해 거래조건의 적격성 여부도 조사해야 할 것이므로 품질, 가격 및 결제 등에 관한 깊이 있는 조사도 병행해야 한다.

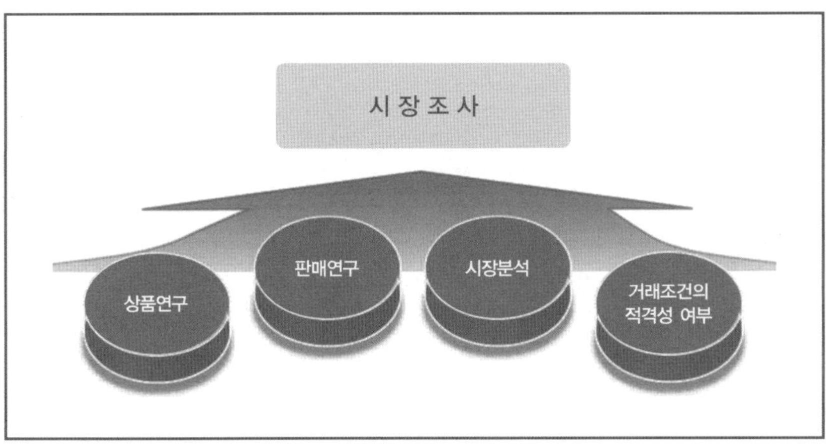

(1) 문화의 차이

문화란 한 집단만이 가지는 고유한 신조와 생활양식이다. 외국문화를 완전히 이해하기란 용이하지 않으나 누구라도 외국문화 중의 단 한 가지라도 간과했을 경우 실패를 초래한다.

문화적 강제(하지 않으면 안 되는 일), 문화적 금지(해서는 안 되는 일), 문화적 자유재량(해도, 하지 않아도 좋은 일) 등을 구별해야 한다.

예를 들면 일본을 방문 시에는 빈손으로 가지 말라고 할 정도로 선물은 상대방으로부터 강요된 호의로 표현되리만큼 일본은 선물에 대한 의미가 크게 부여된 나라이다.

반면에 중동인은 선물에 대해 의미를 부여하지 않는다. 특히 여성용 선물을 받게 되면 당황해 하며, 종교적으로 금지된 술 같은 선물은 금기시하고 있다. 처음 상면 시 선물을 전하면 뇌물로 생각하기도 한다.

미국인은 선물에 대해 큰 의미를 부여하지 않고 다만 미화 25달러 미만의 마음과 정성이 담긴 선물이면 무난하다.

(2) 소비자 기호에 대한 인식

소비자의 기호 등을 사전에 조사하지 않아 실패한 사례를 소개하면 다음과 같다.

1) 덴마크 쿠키

1979년 수입자유화 조치로 외국산 과자류의 수입이 허용될 때 필자는 처음으로 덴마크 쿠키를 두 차례 수입하였으며 재미를 보지 못했다. 뒤이어 수입한 수입업체들도 큰 손해를 입게 되었다. 이는 짭짤한 과자보다는 달콤한 과자를 선호하는 우리 소비자의 기호를 알지 못했던 이유로 실패하였다.

2) 미국 Cornflake 제품

미국 Cornflake 제조업체가 일본에 동제품을 판매하고자 했으나 실패했다. 일본인은 아침식사 시 밥을 먹는다는 점을 경시했기 때문이다.

3) 코카콜라사

미국의 코카콜라사는 칠레에 코카콜라를 수출하였으나 실패했다. 칠레인은 동제품 대신 포도주를 즐겨 마신다는 소비자의 기호를 몰랐기 때문이다.

4) 냉동식품과 인스턴트 제품

프랑스인이 독일인만큼 먹는다면 프랑스가 독일보다 더 부강한 나라가 되었을 것이라 할 정도로 프랑스인들은 미식가이며, 먹기 위해 일하는 사람이라 평할 정도이므로 냉동식품이나 인스턴트 제품을 프랑스 시장에 판매할 경우 실패하는 것은 당연하다.

(3) 상표 및 브랜드

상표 및 브랜드에 따라 제품판매에 큰 영향을 미친다.

만약 상표에 '부엉이' 표시가 있다면 인도인들은 이를 부정시하므로 판매가 될 리 없으며, 중동 이슬람 국가에서도 상표가 동물의 표시로 되었다면 이는 우상숭배로 간주하므로 판매부진의 요인이 된다.

브랜드의 경우 우선 누구나 쉽게 발음할 수 있어야 한다. 실례로 미국의 한 자동차회사가 중남미 국가에 'Nova(星)' 라는 브랜드로 수출하였으나 실패했다. 'Nova'를 스페인어로 천천히 발음하면 '나가지 않는 것' 이란 의미를 갖고 있어서 결국 브랜드를 다른 것으로 바꾸었다.

이처럼 상표나 브랜드가 어느 특정국에서 호평을 받더라도 다른 나라에서는 다른 의미로 해석되어 금기시한다는 데 유의해야 한다.

(4) 포장의 방법

포장이란 제품의 판매촉진과 제품의 보호라는 중요한 역할을 한다. 포장 때문에 실패한 사례를 보면 다음과 같다.

1) 코카콜라의 2리터용 플라스틱병(스페인)

국민소득이 다른 서유럽에 비해 낮은 스페인에 큰 병의 용기로 포장된 음료수는 냉장고에 넣을 수 없으므로 판매가 부진해진다.

2) 미국의 골프공 메이커(일본)

일본의 경우 4개의 골프공을 한 세트로 넣어 포장한 것은 판매부진의 요인이 된다. 일본인은 4자와 고통을 나타내는 발음과 같은 9 숫자를 싫어한다.

3) 사람 또는 동물사진 부착물(이슬람제국)

이슬람인은 사람 또는 동물사진 부착물을 싫어한다.

(5) 색상

제품의 포장과 함께 색의 선택도 실패의 요인이 되기 쉽다.

- 녹색 : 중동 국가에서는 녹색을 선호하나, 정글지역에서는 죽음을 상징한다. 그리고 프랑스, 스웨덴 등은 화장품을 연상한다.
- 흑색 : 구미 국가는 죽음을 상징하나, 한국 및 일본은 백색이 죽음을 상징한다.
- 보라색 : 중남미 국가는 대부분의 사람들이 죽음이라고 하면 보라색을 연상한다.
- 황색 또는 오렌지색 : 대부분의 나라에서는 기쁨을 상징하나, 멕시코에서는 죽음을 상징한다.
- 청색 : 대부분의 나라에서 청색은 남성적인 색으로 간주되나, 이란인들은 싫어한다.
- 핑크색 : 미국인은 핑크색을 최고의 여성적인 색으로 생각하나, 그 밖의 국가에서는 황색을 가장 여성적인 색으로 생각한다.
- 적색 : 일반적으로 부와 화려함을 나타내는 색이며, 중국과 라틴아메리카에서는 포장에 많이 사용한다. 그러나 한국을 비롯한 몇몇 아시아 국가들은 일본의 국기 또는 공산주의를 연상한다.

또한 꽃의 도안으로 포장 시 주의해야 할 사항은 영국에서는 백합꽃,

구주 국가에서는 국화꽃, 브라질에서는 자색꽃, 멕시코에서는 황색꽃 등이 죽음을 상징한다는 것이다. 그리고 프랑스나 러시아에서 황색꽃은 불의를 의미한다.

(6) 종교에 대한 인식 부족

거래선과 대화 시 종교에 관한 언급을 하지 않는 것이 좋다. 그러나 상대방의 종교에 대해 이해하려고 애쓰고 노력할 때 상대방은 감사한 마음으로 받아들인다. 세일즈맨은 상대방의 종교에서 터부시하는 언행에 주의해야 한다.

(7) 선물에 대한 인식 부족

선물은 인간의 마음을 약하게 한다. 그러므로 선물은 세일즈맨의 구급약이라 할 수 있다. 효과적인 선물은 상대방의 욕구를 충족시킬 수 있어야 한다. 무난한 선물로는 우리의 고유한 문화를 상징하는 제품이나 토산품, 장식품, 고급 펜 또는 코냑 등과 같은 선물이 적당하다. 아울러 선물을 주는 시점도 잘 고려하여 준비하면 좋을 것이다.

(1) 국가별 수출입 통계자료 이용

상공회의소, 한국무역협회 등의 도서실에 비치된 ≪UN 무역통계연보≫나 ≪IMF 발간연보≫와 같은 국가별 수출입 통계자료를 이용한다.

(2) 국내외 경제단체 및 유관기관의 자료 이용

해외시장조사에 필요한 기초자료는 한국무역협회나 KOTRA 도서실에 비치된 각종 무역통계, 지역별 시장동향, 국가별 수출업체 총람 등을 활용할 수 있다.

해당지역에 대한 구체적인 조사가 필요할 때에는 KOTRA의 해외무역관을 활용하는 것이 현지조사이기 때문에 신빙성이 높다. 시장조사의 문의나 조사신청은 KOTRA 내의 종합상담실이나 각 지방 지사에 의뢰하면 된다. 경비는 실비만 받고 있으며, KOTRA 회원인 경우 조사수수료의 20%를 할인해 준다.

(3) 주한외국공관의 자료 이용

국내에 주재하고 있는 외국공관의 상무관실 또는 자료실에 비치된 각종 자료를 이용할 수 있으며, 상무관과의 상담을 통해 시장조사를 할 수 있다.

(4) 인터넷을 통한 방법

www.alibaba.com과 같은 인터넷 포털사이트를 통해 거래선을 발굴할 수 있다.

(5) 자체 시장조사 방법

수출입 가능지역을 직접 방문하는 방법이 최선의 조사방법이다. 물론 경비문제가 따르겠으나, 일단 해당지역의 수입규제가 없는 한 최소한의 주문도 받을 수 있고, 수입의 경우도 예상 공급선을 직접 방문하면 큰 성과를 기대할 수 있다.

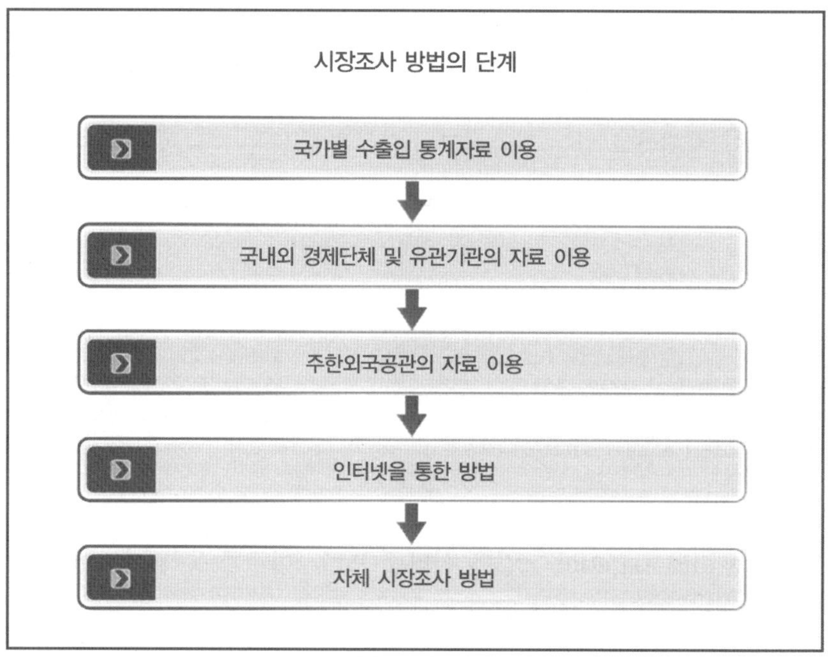

(1) 수출입 거래선의 중요성

좋은 거래선을 발굴했다면 거래의 반은 성공한 셈이 된다. 영리를 추구하는 기업의 경우 거래선이 제1의 필수조건으로서 거래선에 따라 회사의 운명이 좌우된다.

(2) 거래선의 선정방법

거래선을 선정하는 방법을 살펴보면 다음과 같다.

- 자체 홍보물의 이용 : 해외배포용 Catalog나 Leaflet를 제작해 재외한국영사관이나 KOTRA에 송부해 거래선을 발굴한다.

- 해외배포용 매체광고의 이용 : 국내 경제단체에서 발간되는 유료 및 무료 해외 홍보매체를 이용해 거래선을 발굴한다.

- 주한외국공관의 자료 이용

- Trade Directory에 의한 거래처 선정

- 내한해 오는 외국 상공인 중에서 선정

- 해외의 기존 거래처에 의한 소개

- KOTRA, 영사관 등의 소개

- 각종 사절단 및 전시회 참가

- 인터넷을 통한 방법

- 출장에 의한 방법

이상과 같은 방법 중 경비 문제를 감안하지 않는다면 직접 해당국 방문이 거래선 발굴에 가장 좋은 방법이다.

거래선 발굴을 위해 해당국을 처음 방문할 경우에는 가급적 일류호텔에 투숙하여 호텔룸에 있는 Yellow Page라는 무역업체 총람을 근거로 거래선을 발췌한 후 전화로 시간약속을 하고 방문하는 방법이 있다. 그러나 중동이나 아프리카지역 등은 해당제품의 상가를 직접 방문해 거래선을 발굴해야 한다.

(3) 거래선 방문 시 유의사항

거래선을 방문할 경우 다음과 같은 사항들을 유의해야 한다.

- 복장은 단정해야 하고 밝은 표정을 짓도록 한다. 누구나 사람을 보고 그 사람의 인격 및 사람됨을 측정한다는 데 유의한다.
- 방문 시에는 사전약속을 한다. 선진국의 경우 방문일자 및 시간을 사전에 확인하는 것도 바람직하다.

- 약속시간은 엄격히 지켜야 한다.

- 상대방의 명함은 정중히 다룬다.

- 방문 시 가벼운 선물을 준비한다. 선물을 주고 나면 상호 일체감 조성에 큰 힘을 발휘한다.

- 상담 시 자신감을 보여주도록 한다. 선진국의 경우 의례적인 이야기를 한두 마디 나눈 후 본론으로 들어가고, 후진국의 경우 인간적인 면을 다진 후 상담에 임한다.

- 의사결정권을 갖고 상담에 임한다.

- 상담이 끝나면 협의내용을 재확인한다.

- 상대방 관습에 적응토록 한다.

- 초대에는 적극적으로 응한다. 초대에 불응하면 큰 모욕으로 간주되며, 심지어는 상대방이 계속 주는 음료를 거절해서도 안 된다. 더 이상 마실 수 없는 경우 입에 대었다가 놓으면 된다.

★ 무역실무 TIP

▶ 무역을 하는 이유는 무엇일까?

대학생들이나 대학원생들에게 무역을 하는 이유를 말하라고 하면 외화를 획득하고, 외환보유고를 증가시키고, 국제수지를 개선하고, 고용을 창출하고, 자원을 효율적으로 배분하고 등등 수없이 많은 내용을 나열하는데 이는 공부하는 학생들의 학술적인 답변이다.

무역을 하는 이유는 한마디로 말해 돈을 벌기 위해서(to make money)이다. 과연 누가 국제수지를 개선하기 위해 무역을 하겠는가.

01 다음 중 무역이라 할 수 없는 것은?

① 상품 수출

② 상품 수입

③ 소프트웨어 수출

④ 가수 공연 수입

해설 : 가수 공연은 서비스 거래로서 무역이 아니다.

02 다음 중 무역업의 창업요건에 해당하는 것은?

① 무역업허가서

② 무역업고유번호부여서

③ 무역업신고필증

④ 무역업등록증

해설 : 현행 우리나라 무역업 창업요건은 사업자등록증과 무역업고유번호부여서이다.

03 국제무역을 할 때 시장조사를 하는 목적이 아닌 것은?

① 거래선 발굴

② 대금결제 위험성 조사

③ 국제수지 개선

④ 아이템 발굴

해설 : 국제수지는 수출입 결과로 나타나는 현상이다.

1. ④　　2. ②　　3. ③

무역 관련 법규

① 대외무역법의 주요 내용을 알아야 한다.
② 외국환거래법의 주요 내용을 알아야 한다.
③ 관세법의 주요 내용을 알아야 한다.

어느 국가든 수출과 수입은 법적으로 제한을 하는 것이 일반적이다. 따라서 수출을 하든 수입을 하든 무역 관련 법을 반드시 알아야 한다.

우리나라의 경우 모든 무역업체와 모든 품목에 공통적으로 적용되는 법은 대외무역법과 외국환거래법, 관세법이다. 이 중에서 대외무역법은 가장 기본적이면서도 포괄적인 무역 관련 법이다. 그리고 외국환거래법은 수출입 대금의 국내외 이동에 대해 규제한 법이며, 관세법은 수출입 물품의 국내외 이동에 관해 규제한 법이다.

(1) 대외무역법의 목적

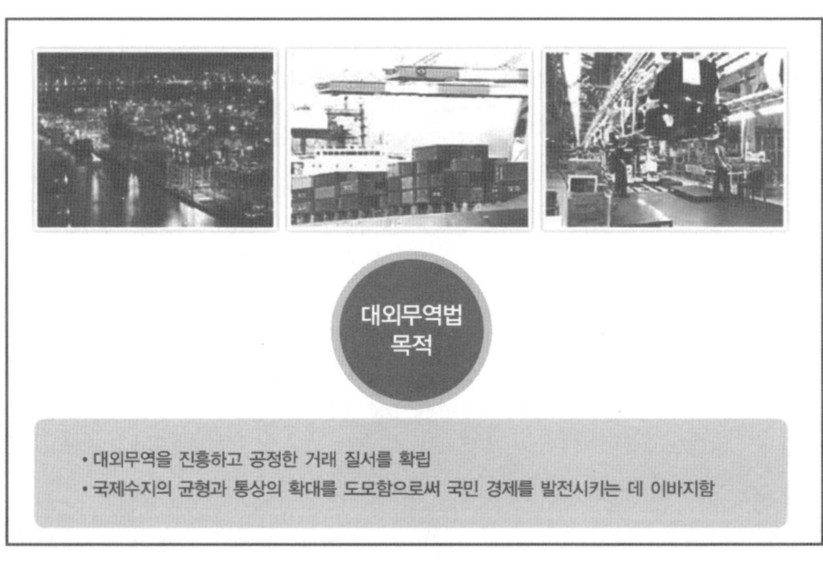

대외무역법
목적
• 대외무역을 진흥하고 공정한 거래 질서를 확립
• 국제수지의 균형과 통상의 확대를 도모함으로써 국민 경제를 발전시키는 데 이바지함

대외무역법은 대외무역을 진흥하고 공정한 거래 질서를 확립해 국제 수지의 균형과 통상의 확대를 도모함으로써 국민 경제를 발전시키는 데 이바지함을 목적으로 한다.

(2) 용어 정의

대외무역법 및 시행령에서 사용하는 주요 용어의 정의는 다음과 같다.

- '무역' 이란 물품 등의 수출과 수입을 말한다.
- '무역거래자' 란 수출 또는 수입을 하는 자, 외국의 수입자 또는 수출자에게서 위임을 받은 자 및 수출과 수입을 위임하는 자 등 물품 등의 수출행위와 수입행위의 전부 또는 일부를 위임하거나 행하는 자를 말한다.
- '국내' 란 대한민국의 주권(主權)이 미치는 지역을 말하며, '외국' 이란 국내 이외의 지역을 말한다.
- '수출' 이란 다음의 어느 하나에 해당하는 것을 말한다.
    가. 매매, 교환, 임대차, 사용대차(使用貸借), 증여 등을 원인으로 국내에서 외국으로 물품이 이동하는 것[우리나라의 선박으로 외국에서 채취한 광물(鑛物) 또는 포획한 수산물을 외국에 매도(賣渡)하는 것을 포함한다]

나. 유상(有償)으로 외국에서 외국으로 물품을 인도(引渡)하는 것

다. 거주자가 비거주자에게 정보통신망을 통한 전송과 전자적 형
태의 무체물(無體物)을 인도하는 것

- '수입'이란 다음의 어느 하나에 해당하는 것을 말한다.

가. 매매, 교환, 임대차, 사용대차, 증여 등을 원인으로 외국으로
부터 국내로 물품이 이동하는 것

나. 유상으로 외국에서 외국으로 물품을 인수하는 것

다. 비거주자가 거주자에게 정보통신망을 통한 전송과 전자적 형
태의 무체물을 인도하는 것

- '외화획득용 원료·기재'란 외화획득용 원료, 외화획득용 시설·
기재, 외화획득용 제품, 외화획득용 용역 및 외화획득용 전자적 형
태의 무체물을 말한다.

- '외화획득용 원료'란 외화획득에 제공되는 물품과 전자적 형태의
무체물을 생산(제조·가공·조립·수리·재생 또는 개조하는 것을 말
한다)하는 데에 필요한 원자재·부자재·부품 및 구성품을 말한다.

- '외화획득용 시설·기재'란 외화획득에 제공되는 물품 등을 생산
하는 데에 사용되는 시설·기계·장치·부품 및 구성품[물품 등의
하자(瑕疵)를 보수하거나 물품 등을 유지·보수하는 데에 필요한
부품 및 구성품을 포함한다]을 말한다.

- '외화획득용 제품'이란 수입한 후 생산과정을 거치지 아니한 상태
로 외화획득에 제공되는 물품 등을 말한다.

- '외화획득용 용역'이란 외화획득에 제공되는 물품 등을 생산하는 데에 필요한 용역을 말한다.
- '외화획득용 전자적 형태의 무체물'이란 외화획득에 제공되는 물품 등을 생산하는 데에 필요한 전자적 형태의 무체물을 말한다.
- '수출실적'이란 지식경제부 장관이 정해 고시하는 기준에 해당하는 수출통관액·입금액·가득액(稼得額)과 수출에 제공되는 외화획득용 원료·기재의 국내 공급액을 말한다.
- '수입실적'이란 지식경제부 장관이 정해 고시하는 기준에 해당하는 수입통관액 및 지급액을 말한다.

(1) 외국환거래법의 목적

외국환거래법은 외국환거래 및 기타 대외거래의 자유를 보장하고, 시장 기능을 활성화해 대외거래의 원활화 및 국제수지의 균형과 통화가치의 안정을 도모함으로써 국민경제의 건전한 발전에 이바지함을 목적으로 한다.

(2) 외국환거래법의 적용대상

외국환거래법의 적용대상은 다음과 같다.

- 대한민국 안의 외국환과 대한민국 안에서 행하는 외국환거래, 기타 이와 관련되는 행위

- 대한민국과 외국간의 거래 또는 지급이나 영수, 기타 이와 관련되는 행위(외국에서 행해지는 것으로서 대한민국 안에서 그 효과가 발생하는 것을 포함한다)

- 외국에 주소 또는 거소를 둔 개인과 외국에 주된 사무소를 둔 법인이 행하는 거래로서 대한민국 통화로 표시되거나 지급받을 수 있는 거래, 기타 이와 관련되는 행위

- 대한민국 안에 주소 또는 거소를 둔 개인 또는 그 대리인·사용인 및 기타 종업원이 외국에서 그 개인의 재산 또는 업무에 관해 행한 행위

- 대한민국 안에 주된 사무소를 둔 법인의 대표자·대리인·사용인 및 기타 종업원이 외국에서 그 법인의 재산 또는 업무에 관해 행한 행위

(3) 용어 정의

외국환거래법에서 사용하는 주요 용어의 정의는 다음과 같다.

- '내국통화' 라 함은 대한민국의 법화인 원화를 말한다.

- '외국통화' 라 함은 내국통화 외의 통화를 말한다.
- '지급수단' 이라 함은 다음에 해당하는 것을 말한다.

  가. 정부지폐, 은행권, 주화, 수표, 우편환, 신용장

  나. 대통령령이 정하는 환어음, 약속어음, 기타의 지급지시

  다. 증표 · 플라스틱카드, 또는 그밖의 물건에 전자 또는 자기적 방
  법으로 재산적 가치가 입력되어 불특정 다수인간에 지급을 위
  해 통화에 갈음해 사용할 수 있는 것

- '대외지급수단' 이라 함은 외국통화, 외국통화로 표시된 지급수단,
  기타 표시통화에 관계없이 외국에서 사용할 수 있는 지급수단을
  말한다.
- '내국지급수단' 이라 함은 대외지급수단 외의 지급수단을 말한다.
- '외화채권' 이라 함은 외국통화로 표시된 채권 또는 외국에서 지급
  을 받을 수 있는 채권을 말한다.
- '외국환' 이라 함은 대외지급수단, 외화증권 및 외화채권을 말한다.
- '거주자' 라 함은 대한민국 안에 주소 또는 거소를 둔 개인과 대한
  민국 안에 주된 사무소를 둔 법인을 말한다.
- '비거주자' 라 함은 거주자 외의 개인 및 법인을 말한다. 다만, 비
  거주자의 대한민국 안의 지점 · 출장소, 기타의 사무소는 법률상
  대리권의 유무에 불구하고 거주자로 본다.
- '외국환 업무' 라 함은 다음에 해당하는 것을 말한다.

  가. 외국환의 발행 또는 매매

나. 대한민국과 외국간의 지급·추심 및 영수

다. 거주자와의 외화로 표시되거나 지급되는 예금·금전의 대차
또는 보증

라. 비거주자와의 예금·금전의 대차 또는 보증

마. 기타 가~라 항목과 유사한 업무로서 대통령령이 정하는 업무

(4) 수출입 대금의 지급 신고

외국거래법상 거주자가 수출입 대금의 지급 등을 하고자 하는 경우에
는 신고를 요하지 않는다. 다만, 다음에 해당하는 방법으로 지급 등을
하고자 하는 자는 한국은행 총재에게 신고해야 한다.

- 계약건당 미화 5만 달러를 초과하는 수출대금을 다음에 해당하는
방법으로 영수하고자 하는 경우
  가. 본·지사간의 수출거래로서 무신용장 인수인도조건방식에 의
  해 결제기간이 물품의 선적 후 또는 수출환어음의 일람 후 3년
  을 초과하는 경우
  나. 본·지사간의 수출거래로서 수출대금을 물품의 선적 전에 영
  수하고자 하는 경우
  다. 본·지사간이 아닌 수출거래로서 수출대금을 물품의 선적 전

1년을 초과해 영수하고자 하는 경우(다만 선박, 철도차량, 항공기, 대외무역법에 의한 산업설비 및 중화학공업제품 또는 기계류의 경우는 제외한다)

- 다음에 해당하는 방법으로 수입대금을 지급하고자 하는 경우

  가. 계약건당 미화 5만 달러를 초과하는 미가공 재수출할 목적으로 금을 수입하는 경우로서 수입대금을 선적서류 또는 물품의 영수일부터 30일을 초과해 지급하거나 내수용으로 30일을 초과해 연지급 수입한 금을 미가공 재수출하고자 하는 경우

  나. 계약건당 미화 2만 달러를 초과하는 수입대금을 선적서류 또는 물품의 영수 전 1년을 초과해 송금방식에 의해 지급하고자 하는 경우

(5) 대응수출입 이행의무

외국환거래법상 대응수출 또는 대응수입을 이행해야 하는 경우는 다음과 같다.

- 건당 미화 5만 달러를 초과하는 수출대금을 물품의 선적 전에 영수한 자는 동 대금을 반환하거나 대응수출을 이행해야 한다.
- 선적서류 또는 물품의 영수 전에 송금방식에 의해 건당 미화 2만

달러를 초과하는 수입대금을 지급한 자는 동 대금을 반환받거나
대응수입을 이행해야 한다.

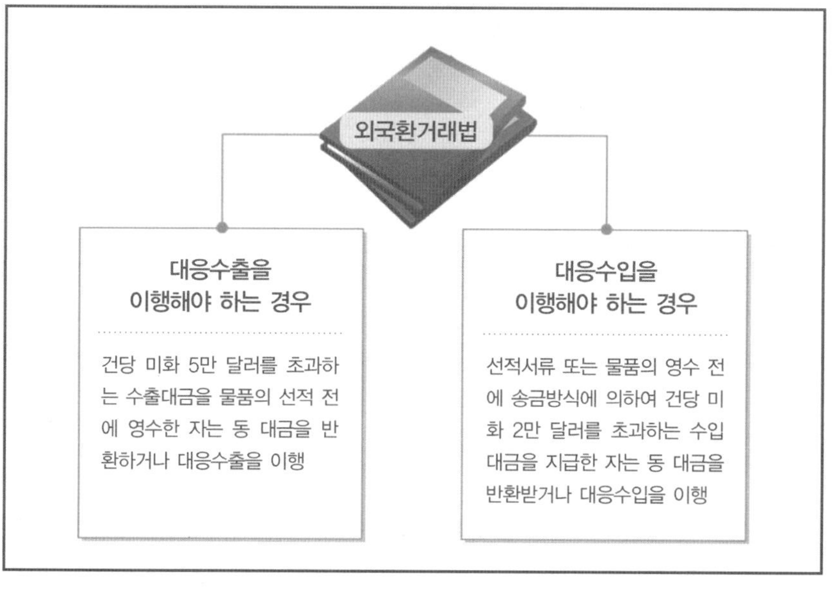

(1) 관세법의 목적

관세법은 관세의 부과·징수 및 수출입 물품의 통관을 적정하게 하고 관세수입을 확보함으로써 국민경제 발전에 이바지함을 목적으로 한다.

(2) 용어 정의

관세법에서 사용하는 주요 용어의 정의는 다음과 같다.

- 관세법상 '수입' 이라 함은 외국물품을 우리나라에 반입(보세구역을

경유하는 것은 보세구역으로부터 반입하는 것을 말한다)하거나 우리나라에서 소비 또는 사용하는 것(우리나라 운송수단 안에서의 소비 또는 사용을 포함하며, 법 제239조의 각 호의 1에 해당하는 소비 또는 사용을 제외한다)을 말한다.

- 관세법상 '수출' 이라 함은 내국물품을 외국으로 반출하는 것을 말한다.
- '외국물품' 이라 함은 다음에 해당하는 물품을 말한다.

  가. 외국으로부터 우리나라에 도착된 물품(외국의 선박 등에 의해 공해에서 채집 또는 포획된 수산물 등을 포함한다)으로서 수입의 신고(이하 '수입신고' 라 한다)가 수리되기 전의 것

  나. 수출의 신고가 수리된 물품

- '내국물품' 이라 함은 다음에 해당되는 물품을 말한다.

  가. 우리나라에 있는 물품으로서 외국물품이 아닌 것

  나. 우리나라의 선박 등에 의해 공해에서 채집 또는 포획된 수산물 등

  다. 입항전 수입신고가 수리된 물품

  라. 수입신고 수리전 반출승인을 얻어 반출된 물품

  마. 수입신고전 즉시반출신고를 하고 반출된 물품

- '외국무역선' 이라 함은 무역을 위해 우리나라와 외국간을 운항하는 선박을 말한다.
- '외국무역기' 라 함은 무역을 위해 우리나라와 외국간을 운항하는 항공기를 말한다.

- ‘내항선’ 이라 함은 국내에서만 운항하는 선박을 말한다.
- ‘내항기’ 라 함은 국내에서만 운항하는 항공기를 말한다.
- ‘통관’ 이라 함은 이 법의 규정에 의한 절차를 이행해 물품을 수출·수입 또는 반송하는 것을 말한다.
- ‘환적’ 이라 함은 동일한 세관관할구역 안에서 입국 또는 입항하는 운송수단에서 출국 또는 출항하는 운송수단으로 물품을 옮겨 싣는 것을 말한다.

(3) 관세 징수의 우선

관세를 납부해야 하는 물품에 대해서는 다른 조세 기타 공과금과 채권에 우선해 그 관세를 징수한다.

국세징수의 예에 의해 관세를 징수하는 경우 체납처분의 대상이 당해 관세를 납부해야 하는 물품이 아닌 재산인 때에는 관세의 우선순위는 ‘국세기본법’ 에 의한 국세와 동일한 순위로 한다. 〈개정 2006.12.30〉

(4) 내국세 등의 부과·징수

수입물품에 대해 세관장이 부과·징수하는 부가가치세, 특별소비세,

주세, 교육세, 교통세 및 농어촌특별세(이하 '내국세 등' 이라 하되, 내국세 등의 가산금·가산세 및 체납처분비를 포함한다)의 부과·징수·환급·결손처분 등에 관해 국세기본법, 국세징수법, 부가가치세법, 특별소비세법, 주세법, 교육세법, 교통·에너지·환경세법 및 농어촌특별세법의 규정과 이 법의 규정이 상충되는 때에는 이 법의 규정을 우선하여 적용한다. 〈개정 2006.12.30〉

이 법의 규정에 의한 가산금·가산세 및 체납처분비의 부과·징수·환급 등에 관해는 이 법 중 관세의 부과·징수·환급 등에 관한 규정을 적용한다.

(5) 관세의 납부기한

관세의 납부기한은 다음과 같다.

- 납세신고를 한 경우 : 납세신고수리일부터 15일 이내
- 납세고지를 한 경우 : 납세고지를 받은 날부터 15일 이내
- 수입신고전 즉시 반출신고를 한 경우 : 수입신고일부터 15일 이내

납세의무자는 위의 규정에 불구하고 수입신고가 수리되기 전에 당해 세액을 납부할 수 있다. 세관장은 납세실적 등을 고려해 관세청장이 정

하는 요건을 갖춘 성실납세자가 앞의 규정에 불구하고 납부기한이 동일한 달에 속하는 세액에 대해 동 기한이 속하는 달의 말일까지 일괄해 납부하게 할 수 있다. 〈신설 2003.12.30, 2004.10.5〉

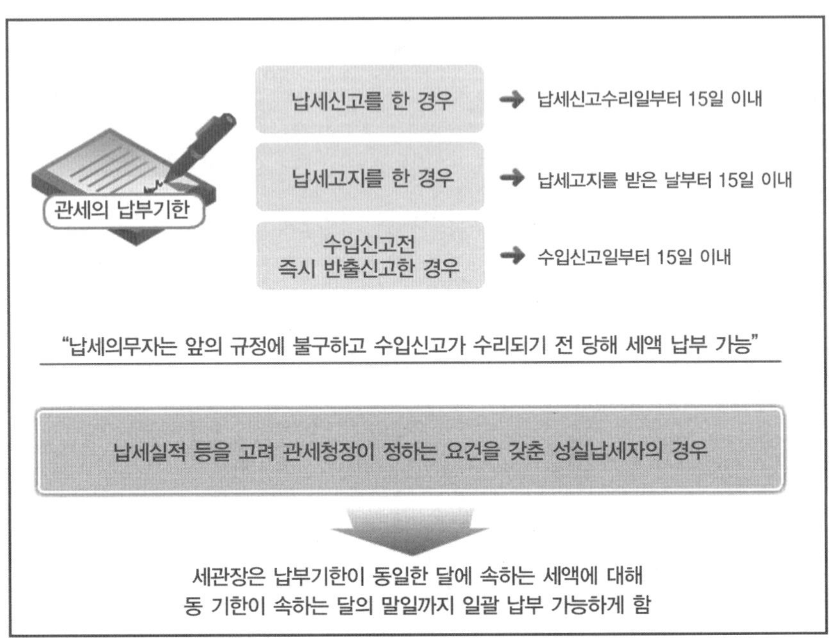

(6) 과세물건

수입물품에는 관세를 부과한다.

(7) 과세표준

관세의 과세표준은 수입물품의 가격 또는 수량으로 한다.

(8) 과세물건의 확정시기

관세는 수입신고(입항전 수입신고를 포함한다)를 하는 때의 물품의 성질과 그 수량에 의해 부과한다. 다만, 특정의 경우에 해당하는 물품에 대하여는 관세법 제16조 각 해당 호에 규정된 때의 물품의 성질과 그 수량에 의해 부과한다.

(9) 적용법령

관세는 수입신고 당시의 법령에 의해 부과한다.

(10) 과세환율

과세가격을 결정하는 경우 외국통화로 표시된 가격을 내국통화로 환산하는 때에는 수입신고하는 날(보세건설장에 반입된 물품의 경우에는 수입 신고를 한 날을 말한다)이 속하는 주의 전주의 외국환매도율을 평균해 관세청장이 그 율을 정한다.

(11) 납세의무자

수입신고를 한 물품에 대해서는 그 물품을 수입한 화주가 관세의 납세의무자가 된다. 다만, 수입신고가 수리된 물품 또는 수입신고 수리전 반출승인을 얻어 반출된 물품에 대해 납부하였거나 납부해야 할 관세액에 부족이 있는 경우 당해 물품을 수입한 화주의 주소 및 거소가 불명하거나 수입신고인이 화주를 명백히 하지 못하는 때에는 그 신고인은 당해 물품을 수입한 화주와 연대해 당해 관세를 납부해야 한다.

다음에 해당되는 자는 관세의 납세의무자가 된다.

- 수입을 위탁받아 수입업체가 대행수입한 물품인 때에는 그 물품의 수입을 위탁한 자
- 수입을 위탁받아 수입업체가 대행수입한 물품이 아닌 때에는 대통령령이 정하는 상업서류에 기재된 수하인
- 수입물품을 수입신고 전에 양도한 때에는 그 양수인

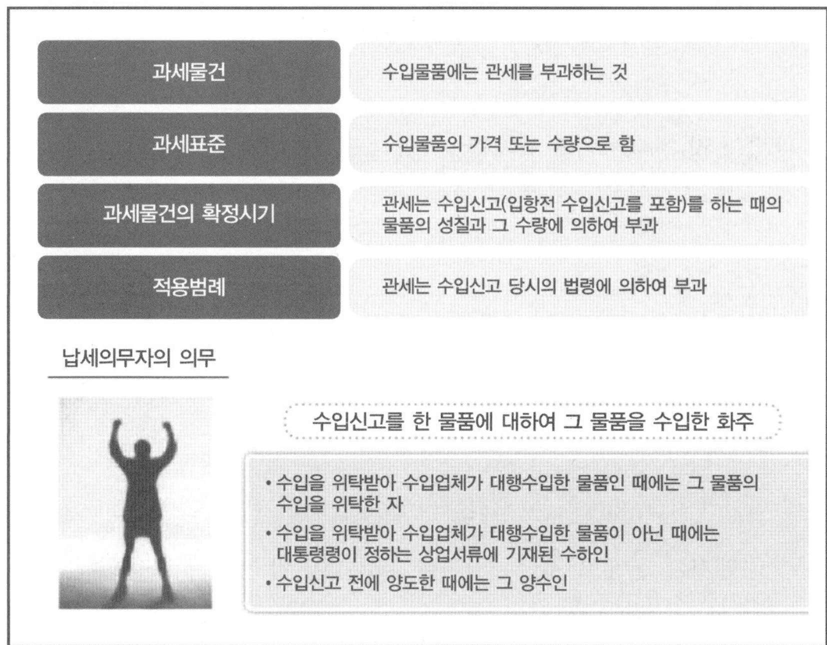

(12) 관세부과의 제척기간

관세는 당해 관세를 부과할 수 있는 날부터 2년이 지난 후에는 부과할 수 없다.

(13) 관세징수권 등의 소멸시효

관세의 징수권은 이를 행사할 수 있는 날부터 5년간 행사하지 아니하면 소멸시효가 완성된다.

(14) 과세가격결정의 원칙

수입물품의 과세가격은 우리나라에 수출하기 위해 판매되는 물품에 대해 구매자가 실제로 지급하였거나 지급해야 할 가격에 다음의 금액을 가산해 조정한 거래가격으로 한다.

- 구매자가 부담하는 수수료 및 중개료
- 당해 물품과 동일체로 취급되는 용기의 비용과 당해 물품의 포장에 소요되는 노무비 및 자재비로서 구매자가 부담하는 비용
- 구매자가 당해 물품의 생산 및 수출거래를 위해 무료 또는 인하된 가격으로 직접 또는 간접으로 대통령령이 정하는 물품 및 용역을 공급하는 때에는 그 가격 또는 인하차액
- 특허권·실용신안권·의장권·상표권 및 이와 유사한 권리를 사용하는 대가로 지급하는 것
- 당해 물품의 수입 후의 전매·처분 또는 사용에 따른 수익금액 중

판매자에게 직접 또는 간접으로 귀속되는 금액

- 수입항까지의 운임 · 보험료, 기타 운송에 관련되는 비용

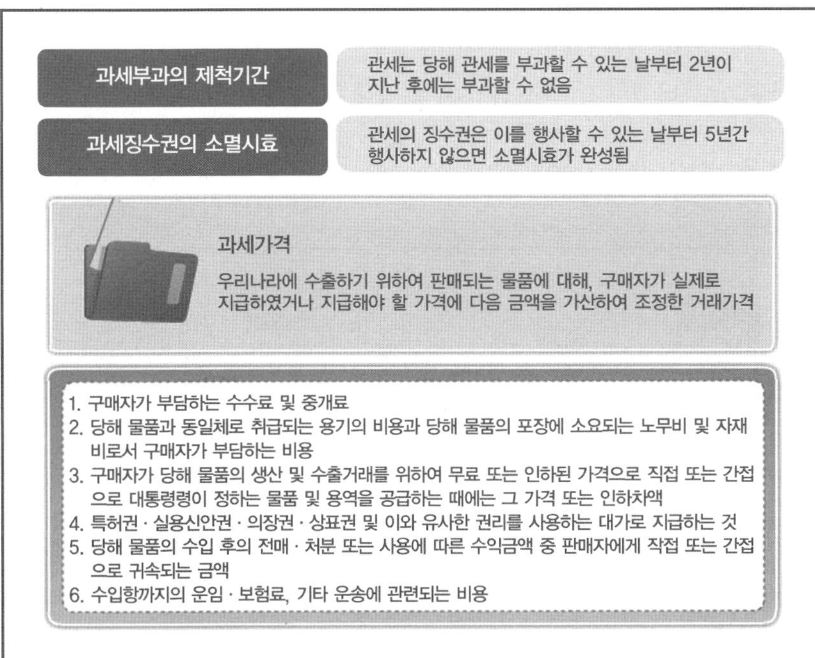

(15) 신고납부

물품을 수입하고자 하는 자는 수입신고를 하는 때에 세관장에게 관세의 납부에 관한 신고(납세신고)를 해야 한다.

(16) 보정

납세의무자는 신고납부한 세액에 과부족이 있거나 세액산출의 기초가 되는 과세가격 또는 품목분류 등에 오류가 있는 것을 안 때에는 신고납부한 날부터 3월 이내(보정기간)에 당해 세액의 보정을 세관장에게 신청할 수 있다.

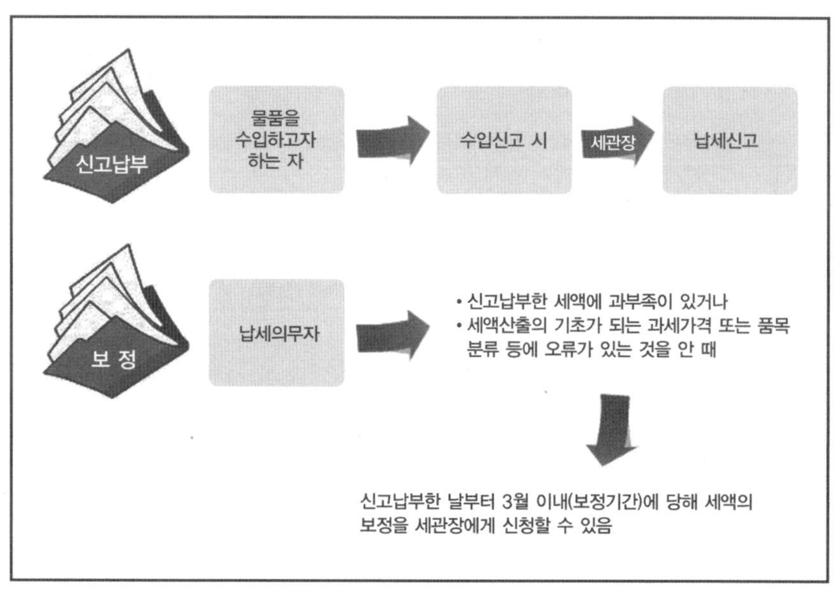

(17) 수정 및 경정

납세의무자는 신고납부한 세액에 부족이 있는 때에는 수정신고(보정 기간이 경과한 후에 한한다)를 할 수 있다. 이 경우 납세의무자는 수정신고 한 날의 다음날까지 당해 관세를 납부해야 한다.

(18) 가산금

관세를 납부기한까지 완납하지 않을 경우에는 그 납부기한이 경과한 날부터 체납된 관세에 대해 100분의 3에 상당하는 가산금을 징수한다.

(19) 가산세

세관장은 수입자가 수입신고를 잘못하여 부족한 관세액을 징수하는 때에는 당해 부족세액의 100분의 20의 범위 안에서 가산세를 징수한다.

① 납세의무자는 신고납부한 세액에 부족이 있는 경우

- 수정신고(보정기간이 경과한 후에 한한다)를 할 수 있음
- 이 경우 납세의무자는 수정신고한 날의 다음날까지 당해 관세를 납부하여야 함

② 관세를 납부기한까지 완납하지 않을 경우엔 가산금이 있나요?

- 납부기한이 경과한 날부터 체납된 관세에 대하여 100분의 3에 상당하는 가산금을 징수함

③ 가산세는 어떻게 되죠?

- 세관장은 수입자가 수입신고를 잘못하여 부족한 관세액을 징수할 경우, 당해 부족세액의 100분의 20의 범위 안에서 가산세를 징수함

★ 무역실무 TIP

▶ 수출입 거래 상대방만 나타나면 어떤 물품이든 수출과 수입이 가능한가?

무역 초보자들은 수출입 거래 상대방만 나타나면 어떤 물품이든 수출과 수입이 가능한 것으로 알고 있다. 이는 위험한 상식이다. 어느 나라이든 수출과 수입은 법으로 정해 있으며, 수출과 수입이 가능한 품목과 수출과 수입이 불가능한 품목으로 엄격히 구분되어 있다.

01 다음 중 무역 관련 3대 기본 법규가 아닌 것은?

① 상법
② 대외무역법
③ 외국환거래법
④ 관세법

해설 : 무역 관련 3대 기본법은 대외무역법, 외국환거래법, 관세법이다.

02 다음 중 한국은행 총재에게 신고해야 하는 대금결제방법이 아닌 것은?

① 본·지사간의 수출거래로서 D/A방식 선적 후 3년 초과 미화 5만 달러 초과 시
② 본·지사간의 수출거래로서 수출대금을 물품 선적 전에 영수하고 5만 달러 초과 시
③ 미화 2만 달러를 초과하는 수입대금을 물품 영수 전 1년을 초과하는 송금방식
④ 신용장 방식 수출로서 3년 초과 5만 달러 초과 거래 시

해설 : 외국환거래법상 신용장 방식의 거래는 금액 및 기간에 제한 없이 수출 및 수입이 가능하다.

03 관세법상 과세가격은?

① EXW가격
② FOB가격
③ CIF가격
④ DDP가격

해설 : 관세법상 과세가격은 CIF가격이다.

1. ①　　　2. ④　　　3. ③

3장 수출절차

학습목표

① 수출절차 즉 수출의 흐름을 파악해야 한다.
② 수출 단계별 실무를 알아야 한다.
③ 수출대금을 회수하는 방법을 터득해야 한다.

수출절차의 최초의 단계는 해외시장조사이다. 수출상은 특정상품에 대한 거래선을 발굴한 후 계약을 체결한다.

외국의 수입상은 계약내용에 따라 수출상을 수익자로 하는 신용장을 개설하고 이를 수취한 수출상은 상호 합의내용에 따라 제품을 생산 및 가공해 수출통관을 마친 후 운송인에게 인도하거나 또는 운송수단에 적재한다.

한편 수출상은 신용장에서 요구하는 제반서류를 구비한 후 거래은행에 매입을 의뢰한 후 수출대금을 회수하고 수출이행에 따른 관세환급과 수출용 원자재의 사후관리를 받음으로써 일련의 수출절차는 완료된다.

01 수출 상담 및 수출계약 체결

(1) 수출 상담

상담을 훌륭히 수행하려면 우선 상대방을 잘 파악하고 그에 맞는 세일즈를 해야 한다. 다음은 상담 시 유의해야 할 사항이다.

- 세일즈맨은 상대를 처음 대할 때 한번 만나보아도 좋겠다는 인상과 호기심을 주도록 밝은 표정을 지어야 하며, 사람의 표정을 보고 그 사람의 인격 및 사람됨을 측정한다는 데 유의하고, 늘 배우처럼 상황에 맞는 표정을 짓도록 노력해야 한다.
- 상담 시에는 첫인사를 나눌 때 상대방의 인품이나 성격 및 교육수준 등을 재빨리 파악하고 그에 맞는 상담을 해야 한다. 그리고 대화

시 상대방이 경쟁사에 대한 가격이나 품질을 언급하면 이들 경쟁사를 비방해서는 안 되며, 오히려 칭찬도 해주는 면을 보여야 한다.

- 자사제품을 설명할 때에는 일반적인 사항보다는 경쟁사 및 타 경쟁국의 제품보다 무엇이 다르며, 어떤 특성을 갖고 있다는 점에 초점을 맞추어 설명한다. 어떤 사람은 가격이 비싼 것을 좋은 품질로 인식하고 있기 때문에 가격은 경쟁사보다 다소 높게 내며, 소수점 이하 두 자리 수까지 표시한 가격을 제시해야 견적에 대한 신뢰를 받는다.

- 상대방으로부터 가격인하 요청을 받으면 금방 수락해 줄 수 있다 하더라도 난처한 표정을 지으며, 원가계산을 다시 하는 척하고 몇 번이고 수락하기 어렵다는 면을 보여준 후 마지막에 원가선이지만 이번만 수락해 준다고 언급하는 것이 바람직하다.

- 자사제품의 우수성을 강조하려면 일본이나 미국 및 유럽지역 회사에도 공급한다고 하면 된다. 그리고 회사의 규모에 대해 질문을 받으면 연간매출액을 달러화로 환산해 설명하든지, 아니면 유머감각이 있는 사람이면 제 체격 정도라고도 할 수 있다. 요즈음 외국의 바이어들은 큰 회사보다 성실한 중소기업을 선호하는데, 이는 소량 주문도 할 수 있고, 관리비가 적어 싼 가격으로 상품을 구매할 수 있다고 보기 때문이다.

- 선적기간에 대해서는 주문서나 신용장을 받고 30일 내에 이행할 수 있으면 여유를 갖고 45일이나 60일 내에 선적을 해준다고 하

고, 기간 내에 선적을 하면 거래선으로부터 신뢰를 받게 된다.

- 선진국 거래선과의 상담 시에는 되도록 짧은 시간 내에 상담을 마무리 짓도록 노력하고, 후진국 사람들과는 인간적인 면을 다져놓고 시작하면 된다. 그리고 상담 시에는 어느 나라를 막론하고 상대방 언어 수준에 맞추도록 한다. 특히 후진국 사람들에게는 우리보다 못하다는 경시하는 태도를 보여서는 안 된다. 한국의 자랑은 적정한 선에서 하며, 오히려 상대방의 문화나 종교 등 좋은 면을 칭찬해 주도록 한다. 이러한 태도를 통하여 서로의 일체감 조성에 효과를 볼 수 있다.

- 의사결정은 되도록 상담이 끝나기 전에 하는 것이 좋다. 매사를 상사에게 확인하고 결정을 하면 의사결정권이 없는 사람으로 간주하기 때문에 사전에 원가계산부터 선적까지 세심한 준비가 있어야 한다.

- 상담이 끝나면 그 내용을 다시 정리해 확인받도록 하며, 계약서를 교환하든지 계약서를 작성한 후 상대방으로부터 수락 표시를 받는다. 그리고 상대방의 자존심도 채워주고, 앞으로는 귀 시장은 귀사를 통해 심화·확대하고 싶다고 하면서 거래보다 당신의 어떤 점이 좋아서 깊은 우정을 맺고 싶다고 하는 것도 바람직하다.

- 초대 시에는 상대방의 기호에 맞는 장소를 택하고, 초대를 받으면 메뉴를 천천히 보며 이쪽에서 먼저 정하라고 하면 중간가격의 음식을 택한다. 식사 중 거래에 대한 이야기는 삼가고 상대방의 취미

나 관심사에 대해서 자기의 경험과 지식을 토대로 대화한다. 음식은 부득이한 경우를 제외하고는 그대로 삼키며, 테이블 매너는 상대방의 관습대로 처신하고, 중요한 거래선일 경우 한번쯤 집으로 초대하는 것도 중요한 의미를 갖게 한다.

- 선물은 상대방이 부담을 갖지 않는 범위 내에서 오래 기억할 수 있는 물건을 택하면 되나, 가급적 쇼핑 안내 시 상대방이 갖고 싶어 하는 물건을 선물하는 것도 좋은 방법이 될 것이다.

(2) 수출계약 체결

무역계약이란 수출상이 수입상에게 일정한 가격 및 조건으로 물품을 양도하면 그 대금을 지불할 것을 약정하는 국제간의 물품매매계약이다. 즉 무역계약은 국제간에 이루어지는 매매계약을 말한다. 이는 수출상이 수입상에게 상품의 소유권을 양도해 상품을 인도할 것을 약정하고 수입상은 이를 받아들이고 그 대금을 지급할 것을 약정하는 계약이다.

무역계약이 성립되는 과정을 보면 일반적으로 구매의사가 있는 고객으로부터 구매의사표시(inquiry : 조회)를 받게 되면, 수출상은 감사의 표시와 함께 서면이나 전신(fax, telex 또는 e-mail 등) 등으로 청약(offer)을 하게 되는데 여기에는 최소한 가격, 품질, 수량, 운송, 보험 및 대금결제 방법 등 제조건을 명시하게 된다. 그러나 대부분의 경우에는 가격을 흥

정하거나 품질을 결정하기 위한 견품과 가격의 왕래부터 시작되는 것이 일반적이다.

한편 이러한 제조건을 가지고 흥정하는 과정에서 어느 한 조건에 대한 수정을 피청약자(offeree)가 요구하게 되는데, 이를 '반대청약(counter offer)' 이라 하며 이에 대해 청약자(offeror)가 다시 확정적 청약(firm offer)을 하면 피청약자가 승낙(acceptance)함으로써 계약이 성립된다.

또한 수입상의 주문서(order sheet)에 따른 수출상의 주문 승낙(order confirmation)도 계약이 성립되는 것으로 본다.

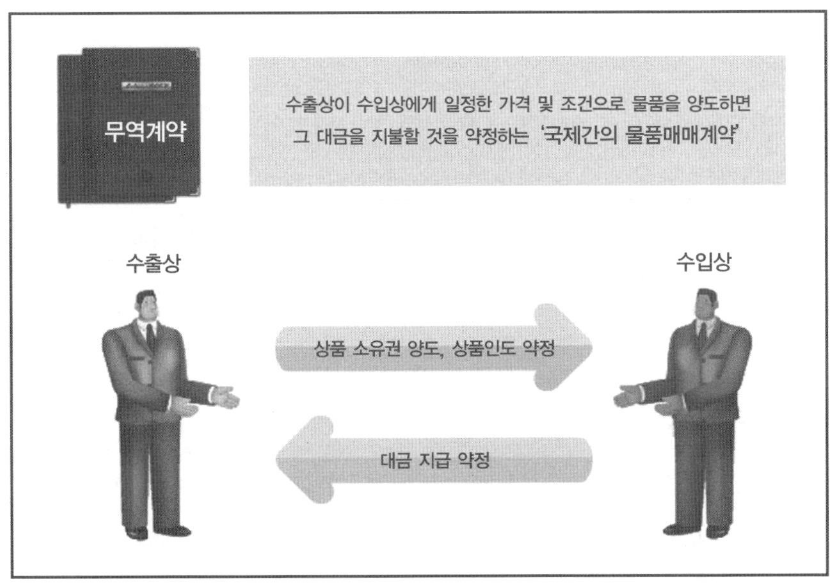

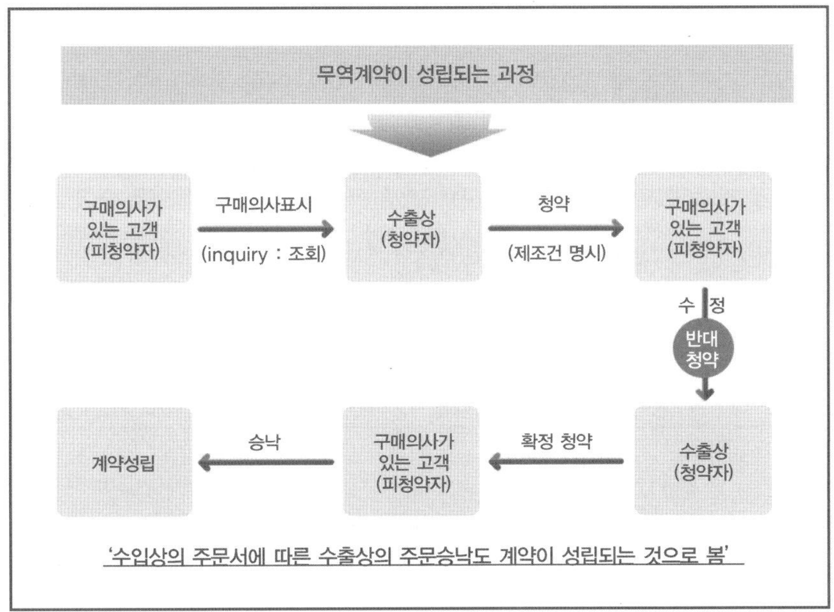

무역계약은 1회성으로 체결되는 개별계약에 있어서 양 당사자가 합의한 물품매도확약서(offer sheet)만으로는 완전한 계약이라고 할 수는 없다. 이러한 것에 의한 합의내용은 정형화된 문장에 의해 단순하게 합의되기 때문에 후일에 계약을 이행하는 단계에 있어서 발생되는 문제를 해결하기 위한 명확한 구분이 매우 어렵고 또한 해결방법들이 구체적으로 제시되지 않으므로 또 다른 분쟁이 야기될 수 있다.

따라서 물품매도확약서에 의해 무역계약이 체결된다 하더라도 수출상과 수입상 사이에 구체적인 거래조건을 망라해 서면으로 이면에 인쇄된 조항으로 명시되어 있는 계약서(purchase order 또는 sales contract)

를 교부해 각각 보관해야 할 것이다.

또한 지정품목에 대한 연속적인 거래가 이루어질 경우 제반 거래조건을 협의한 후 거래를 하는 포괄계약(master contract)과, 수출상이 수입국의 특정 수입업자 이외에는 판매하지 않으며 수입상도 수출상의 제품이외에는 같은 품목을 취급하지 않는다는 조건으로 이루어지는 독점계약(exclusive contract)이 있다.

신용장 수령 및 수출승인

(1) 신용장 수령

무역계약이 체결되면 매매계약서에 명시된 조건에 따라서 대금결제가 신용장(Letter of Credit : L/C)에 의할 경우 수입상은 자기 거래은행(신용장 개설은행)을 통해 신용장을 발행해 수출상의 국내거래은행(신용장 통지은행)에 의해 수출상 앞으로 통지하게 된다. 신용장은 이를 발행하는 은행이 독자적으로 신용장의 조건 이행을 명시해 이를 이행하는 자에게 신용장상의 금액의 무조건 지급을 확약하겠다는 증서이다.

이는 무역거래의 대금지급 및 상품수입의 원활을 기하기 위해 수출상을 수익자(beneficiary)로 해 수입상의 거래은행인 신용장 개설은행이 수입상의 요청과 지시에 따라 독자적으로 수출상 또는 그의 지시인으로 하여금 신용장에 명기된 조건과 일치하는 제반서류(documents)를 제시하면 지급의 이행 혹은 신용장에 의해 발행된 어음의 지급 인수를 수출업자 또는 어음매입은행 및 선의의 소지인에게 약정하게 된다.

따라서 신용장은 수출상에게는 대금회수의 위험을 제거하고 수입상에게는 화물인수에 따른 위험을 제거해주는 국제적으로 가장 많이 이용되는 대금결제방식이다.

한편 수출상은 신용장을 수취하면 신용장과 계약서의 내용이 일치하는지, 대금회수에 위험이 있는 신용장인지, 또는 수출이행에 불리한 특수한 조건이 있는지 등을 주의 깊게 검토해 대금회수의 위험을 사전에 예방해야 한다.

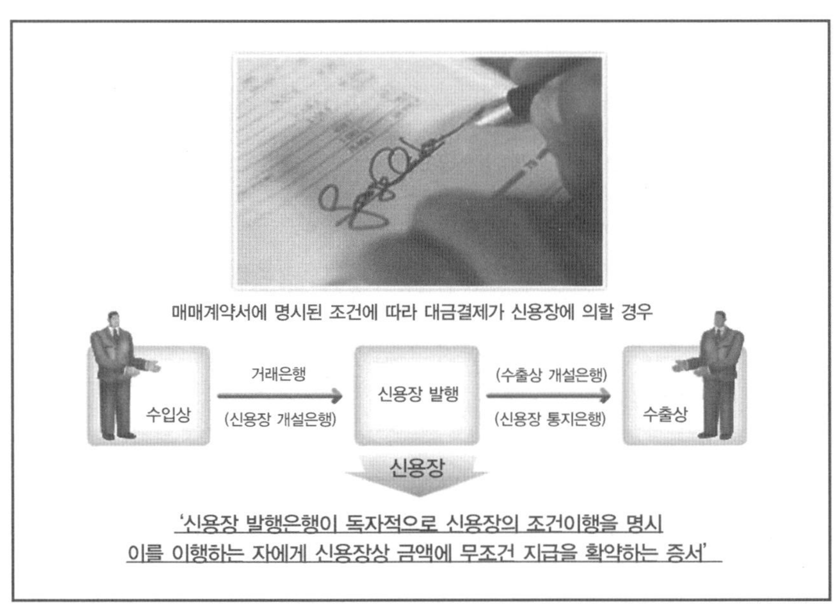

(2) 수출승인

    수출상은 수출승인 대상물품을 수출하고자 할 경우에는 매 계약건별로 구비서류를 갖추어 수출승인을 신청해야 하며, 승인대상품목이 아닐 경우에는 수출승인을 받을 필요가 없다. 수출승인의 권한은 지식경제부 장관이 지정 고시한 관계행정기관 또는 단체의 장에게 있다.

    수출승인을 받아야 하는 승인대상품목은 수출입공고상의 수출제한 품목과 수출입공고 별도공고상의 수출제한 품목이다. 따라서 수출상은 해당상품이 수출승인 대상품목에 적용되는지를 먼저 HS Code를 근거해 검토해야 한다.

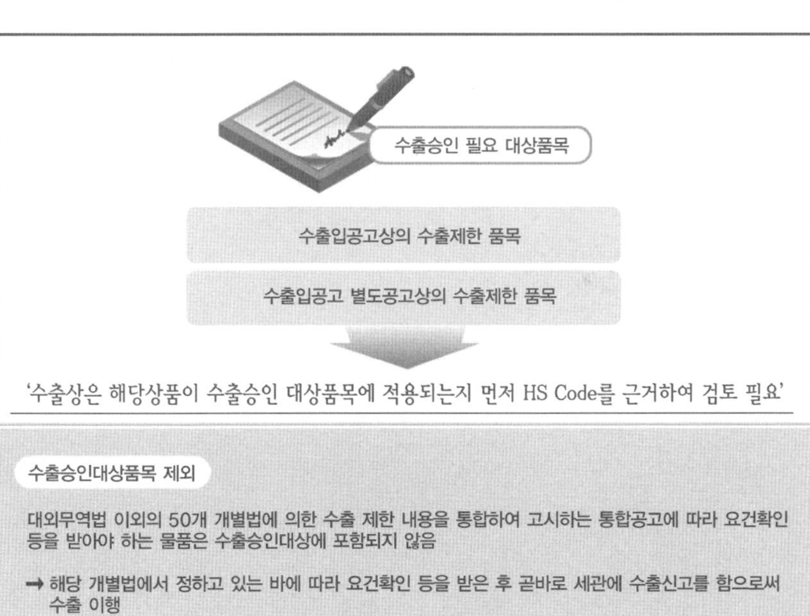

한편 대외무역법 이외의 50개 개별법에 의한 수출 제한 내용을 통합해 고시하는 통합공고에 따라 요건확인 등을 받아야 하는 물품은 수출 요건확인을 받아야 한다. 따라서 해당 개별법에서 정하고 있는 바에 따라 요건확인 등을 받은 후 곧바로 세관에 수출신고를 함으로써 수출을 이행하게 된다.

또한 수출승인 거래 당사자가 합의한 수출대금의 결제방법에 대해서는 외국환거래법과 관계없이 검토대상에서 제외되며, 수출승인의 유효기간은 1년이다. 그러나 물가안정, 수급조정 등 그 용도와 물품의 인도조건, 기타 거래상의 특성에 따라 필요하다고 인정되는 경우는 수출승인기관은 승인 시에 그 효력인정 기간을 따로 정할 수 있다.

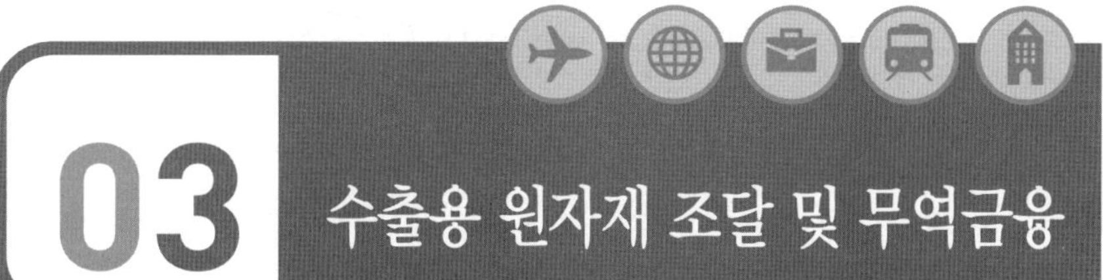

(1) 수출물품 조달(국내 조달)

국내에서 수출물품을 조달하는 경우 다음의 두 가지가 있다.

① 원자재 구매(자체적으로 생산하기 위한 원재료)
② 완제품 구매(타사가 생산한 완제품)

1) 내국신용장에 의한 조달

내국신용장에 의한 물품 조달은 수출상이 해외의 수입상으로부터 받은 신용장 등을 근거로 해 수출상의 거래은행인 내국신용장 발행은행이 국내에서 수출용 원자재 또는 완제품을 공급하는 공급업체 앞으로 내국신용장 수혜 자격에 의한 조건을 충족하였을 때 대금지급을 하기로 약정하는 증서를 발행함으로써 이루어진다.

2) 구매확인서에 의한 조달

구매확인서에 의한 물품 조달은 국내에서 생산된 물품을 수출용 원자재 또는 완제품으로 구매하는 경우 외국환은행의 장이 내국신용장에 준해 구매확인서를 발급함으로써 이루어진다.

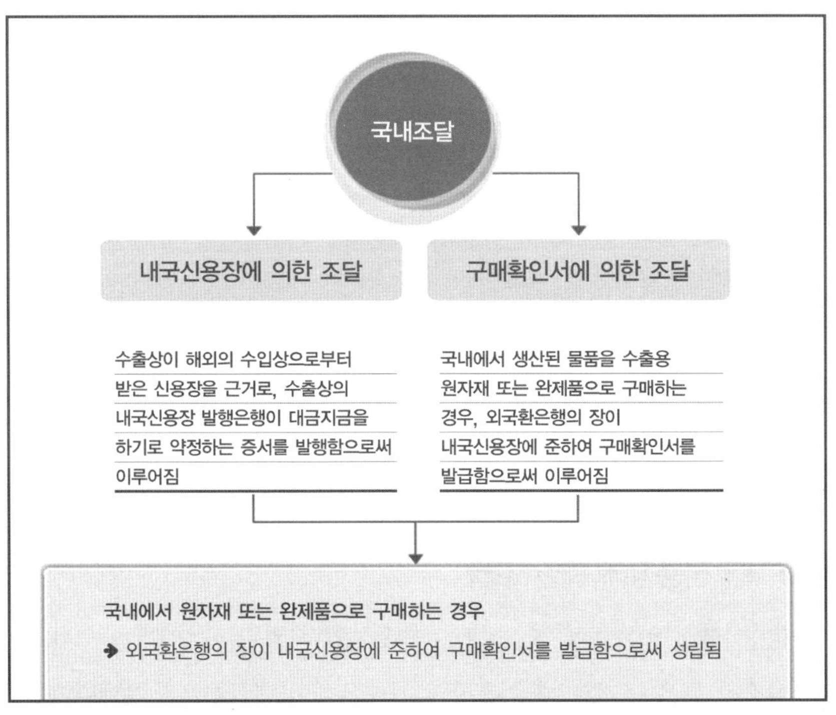

이들 두 가지는 국내에서 원자재 또는 완제품으로 구매하는 경우 외국환은행의 장이 내국신용장에 준해 구매확인서를 발급함으로써 이루어진다. 이들 두 가지는 국내에서 외국환은행을 통해 수출실적 인정을 받는 제도로서 가장 많이 이용된다.

(2) 해외 조달(외화획득용 원료 수입에 의한 조달)

외화획득용 원료 수입(수출용 원자재)에 의한 조달은 국내가 아닌 해외에서 원자재를 매입할 경우 신용장 등을 해외의 원자재 수출상(공급상)에게 발행해 줌으로써 원자재를 매입하는 데 이용되는 제도로서 이는 내수용(일반재)으로 수입하는 것과 차이를 두고 있으며, 주로 수입승인상의 제한을 허용하면서 수입통관 시의 신속한 통관제도, 그리고 국내의 금융상 또는 세제상의 혜택을 부여하고 있다.

이러한 원자재 조달방식에 의해 매입이 이루어질 때 수출상의 자금부담을 덜어주고 수출을 촉진하기 위해 내국신용장이나 외화획득용 원료 수입에 대해서는 정책금융인 무역금융을 수혜할 수 있으며, 무역금융을 수혜하지 못하는 경우에는 수출상은 수출신용장(또는 내국신용장)을 근거로 무역어음을 발행해 필요한 자금을 조달할 수도 있다.

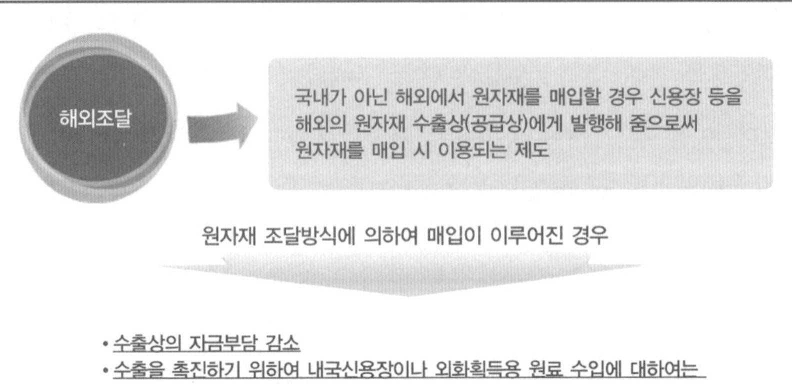

(3) 무역금융

무역금융이란 외국환은행이 수출물품을 매입·제조·가공하는 데 소요되는 자금을 수출증대를 목적으로 선적 전에 수출상(제조자)에게 제공하는 정책금융을 말한다. 무역금융은 지원대상에 따라 일반수출입금융, 건설·용역 수출금융, 농수산물 수출준비자금 대출로 구분되며 이들 가운데 일반적으로 유형재인 상품의 수출과 관련해 지원되고 있는 금융은 일반수출입금융이다.

일반수출입금융은 과다 금융의 방지와 적정융자를 위해서 생산자금금융, 원자재금융, 포괄금융 등으로 자금의 용도별로 구분해 융자를 취급하고 있다.

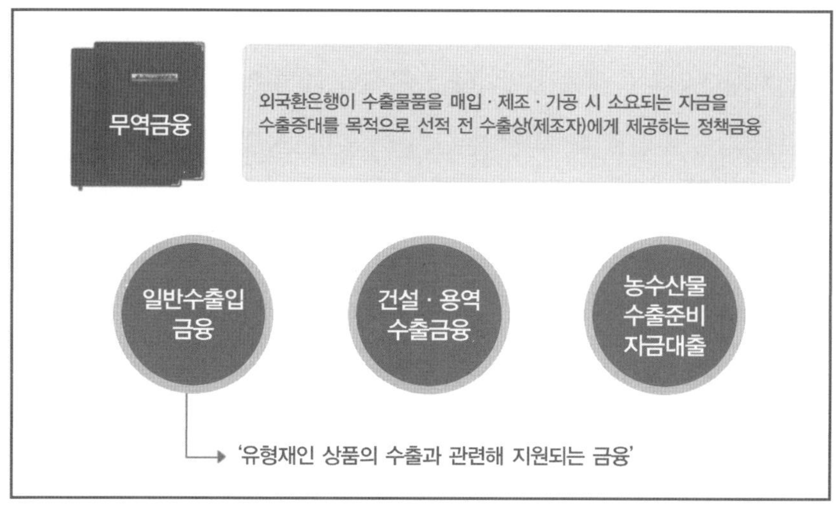

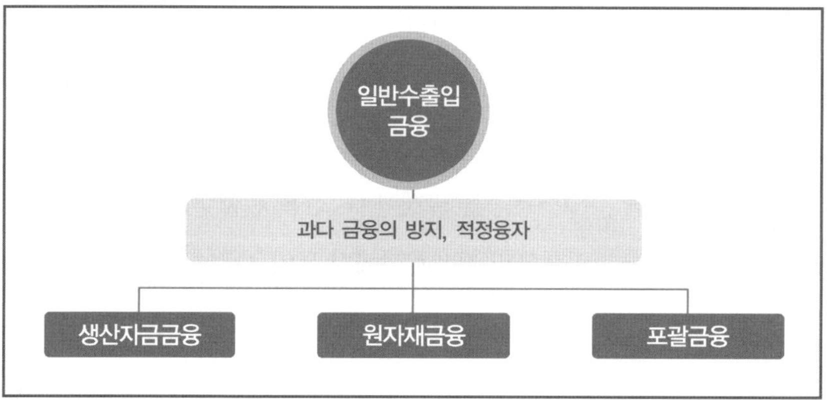

생산자금은 무역업체나 국내물품 공급업체가 수출용 완제품이나 수출용 원자재를 직접 제조·가공하는 데 소요되는 자금(노임, 급료 등)을 대상으로 지원되는 자금을 말한다. 이는 융자 대상인 신용장 등의 액면 금액(FOB 가격)에서 소요원자재의 조달금액(원자재 수입액, 원자재 구입

액)을 차감한 가득액 부분을 대상으로 현찰로 지원된다.

원자재금융은 국내에서 원자재를 구매할 때 지원되는 금융과 해외에서 원자재를 수입할 때 지원되는 금융이 있다. 국내에서 원자재를 구매할 때 지원되는 원자재 무역금융은 무역업체나 국내물품 공급업체가 수출용 원자재를 해당 원자재를 생산하는 업체로부터 내국신용장에 의해 조달할 경우 지원되는 자금이다.

이는 해당물품의 구매를 반드시 내국신용장에 의해 조달할 것을 기본 요건으로 하여 내국신용장에 의한 결제시점에서 무역금융이 발생하게 된다.

해외에서 원자재를 수입할 때 지원되는 원자재 무역금융은 수출물품을 직접 제조해 수출하는 업체가 해당물품의 제조에 소요되는 원자재를 외국에서 수입하는 데 지원되는 자금이다. 즉 무역업체가 수출용 원자재를 수입하기 위해 수입신용장을 발행한 후 신용장 발행은행에 선적서류가 도착되었을 때 수입대금의 결제시점에서 무역금융이 발생하게 된다.

04 수출통관, 운송계약 및 보험계약

(1) 수출통관

수출물품을 생산하거나 완제품을 구매한 수출상은 물품을 선적하기 전에 관세법이 정하는 바에 따라 수출통관 수속을 해야 한다.

수출통관이란 수출신고를 받은 세관장이 수출신고 사항을 확인해 일정한 요건을 갖추었을 때 이를 즉시 수리하는 것을 말한다. 세관장은 신고된 서류상의 물품과 실제 품목의 일치 여부 등을 심사한 다음 수출신고필증을 교부해 준다.

수출신고가 수리되면 수출상은 수출물품을 임의대로 운송, 보관 등을 통해 30일 이내에 선적지 보세구역에 반입시키게 되며, 비로소 선박 또는 항공기에 적재하게 된다.

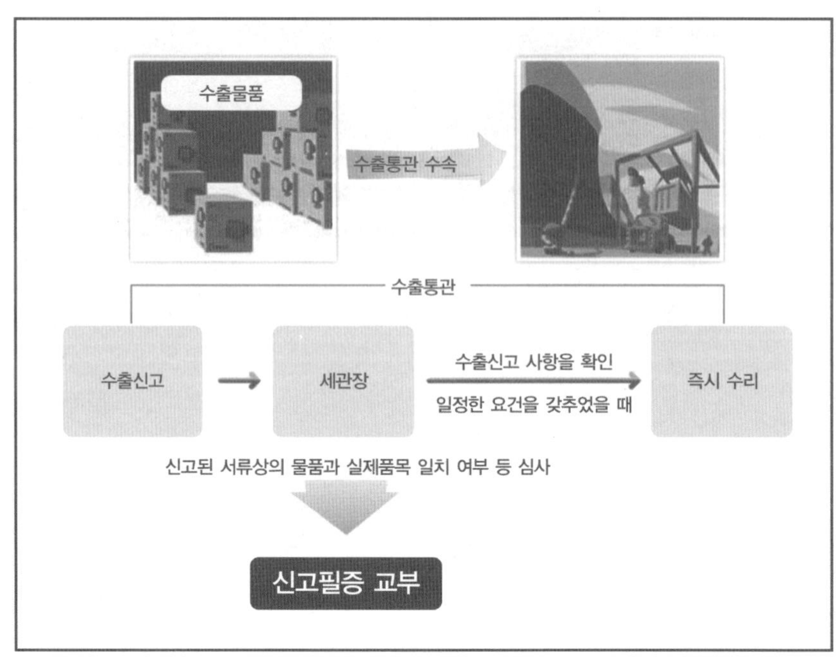

(2) 운송계약

수출업자는 상품의 통관과정을 거치면서 수출물품의 제조 · 생산이 완료되면 수출물품의 운송을 위해 운송회사를 물색, 선정해 구체적인 운송을 협의한 후 운송인과 운송계약을 체결한다.

운송인과 운송계약을 체결할 경우에는 운임 결정이 제일 중요한 결정 요소이다. 운임이 결정되면 운송인은 화주(수출상)에게 선적요청서 (Shipping Request : S/R)를 요구하게 되고 수출상이 이를 전달함으로써

운송계약의 증거서류가 되며 선적이 완료되면 이를 근거로 운송회사는
화주에게 선하증권(Bill of Lading : B/L)을 교부해 준다.

(3) 적하보험 계약

CIF조건의 수출인 경우 수출상은 보험자(보험회사)와 수출상품에 대
해 적하보험 계약을 체결한다. 수출상은 운송될 상품의 수량과 금액이
파악된 시점에서 보험회사에 소정의 적하보험신청서(Cargo Insurance
Application)를 제출해 보험계약을 체결해야 하나 실무에서는 편의상 보
험회사와 전화 등을 통한 구두로 계약하는 것이 일반적이다.

부보조건은 수입상이 개설한 신용장상의 보험조건과 일치하도록 부
보를 해야 한다. 그리고 가격조건이 CFR이나 FOB일 경우에는 일반적
으로 수입상이 적하보험을 부보하므로 수출상은 적하보험에 부보할 필
요가 없다.

1982년 1월 1일부터 개정된 협회적하약관(Institute Cargo Clause)인
ICC(A), ICC(B), ICC(C)는 종래의 A/R, WA 및 FPA 조건과 같이 병행해
실시되고 있다. 수출상은 보험계약의 증거로서 보험자로부터 보험증권
(Insurance Policy)을 교부받는다.

(4) 수출보험 계약

수출상은 비상위험(외환거래의 제한 또는 금지, 전쟁 등)이나 신용위험 (상대방의 파산 또는 지급불능 등) 등 통상의 운송보험으로 담보할 수 없는 여러 가지 위험에 대해 수출보험을 부보할 수 있다.

수출보험은 수출상뿐만 아니라 수출과 연관된 생산업자나 금융기관의 손해까지도 담보해줌으로써 수출상의 불안을 제거하고 안전한 수출을 보장해 수출진흥을 도모하도록 만들어진 비영리정책보험을 말한다.

수출대금의 회수 및 관세환급

(1) 수출대금의 회수

수출통관과 선적이 완료되면 수출상은 신용장에서 요구하는 제반서류, 즉 상업송장(Commercial Invoice), 선하증권(Bill of Lading), 보험증권(Insurance Policy), 포장명세서(Packing List), 원산지 증명서(Certificate of Origin) 등을 준비하고 환어음(Bill of Exchange, Draft)을 발행해 거래 외국환은행에 수출환어음 매입을 의뢰한다.

매입의뢰를 받은 외국환은행은 선적서류가 신용장 조건과 일치하는지 여부를 검토하고 수출이 이행되었는지를 확인하기 위해 수출신고필증을 제출하게 한 다음 환어음을 매입해 수출대금을 수출상에게 지급한다. 그리고 서류를 매입한 매입은행은 동 수출환어음을 서류와 함께 신

용장 조건대로 지급은행 또는 발행은행 앞으로 송부해 대금을 회수하게
된다.

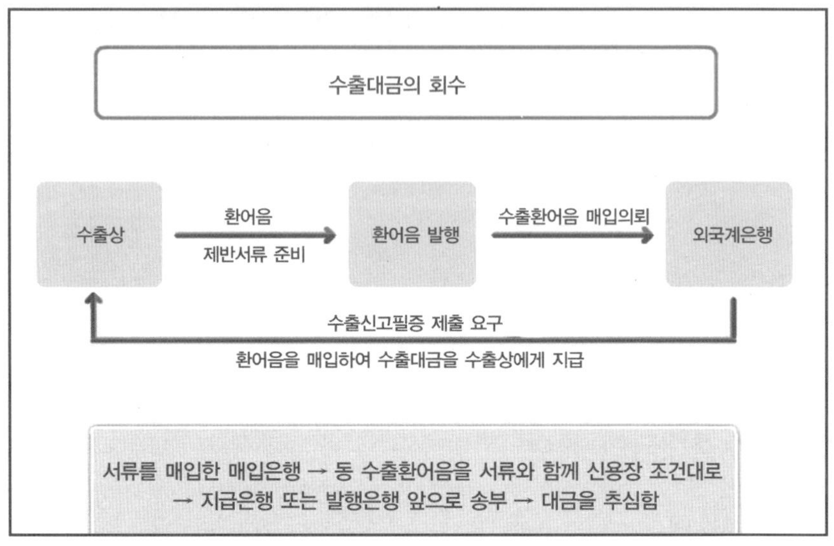

(2) 관세환급 및 사후관리

수출을 완료한 후 수출상은 운송수단에 적재가 완료되었다는 수출신
고필증을 입수해 관세환급을 받게 된다. 관세환급이란 수출상품 제조에
소요된 원재료의 수입 시에 납부한 관세 등을 수출상에게 되돌려주는
것을 말한다.

관세환급의 방법에는 중소기업 기본법상 중소기업자로서 일정한 요

건을 갖춘 자는 환급절차상의 편리를 위해 수출신고필증만 제시하면 간이정액환급률표에 기재된 금액을 환급해 주는 간이정액환급제도와 수출물품의 관세액을 일일이 계산해서 환급받는 개별환급제도, 그리고 수입 시 관세 징수를 유보한 다음 수출 이행 시 상계처리하는 상계제도 등이 있다.

환급신청은 수출신고 수리일로부터 2년 이내에 세관에 신청해야 하며, 수출이행기간은 외화획득용 원재료로 수입승인을 받아 수입한 원재료를 제조 가공 또는 원상태로 직접 수출한 때에는 원재료 수입신고 수리일로부터 2년 이내에 수출 등에 제공한 때에 한해 관세환급이 가능하다.

한편 수출입 공고상 승인품목이나 특별법 규제대상 품목이 외화획득용 원료로 수입되거나 내국신용장이나 구매확인서에 의해 국내에서 구매되는 경우에는 대응수출이 이행되었는지 여부에 대해 사후관리를 받아야 한다.

사후관리 대상물품을 수입한 자는 일정기간 내에 외화획득을 하고 사후관리 은행에 외화획득 이행신고를 해야 하며, 적정 사유로 대응수출을 하지 못했을 경우에는 외화획득용 원료 사용목적 변경승인을 받거나 상사간 양도승인을 받아야 한다.

그러나 성실하게 사후관리를 이행하는 업체로 일정한 요건에 부합해 자율 관리기업으로 지정된 경우에는 매 건별 사후관리를 면제하도록 하고 있다. 이와 같이 사후관리 대상품목에 대한 외화획득 이행신고를 마지막으로 수출절차는 모두 끝나게 된다.

★ 무역실무 TIP

▶ 수출물품을 어떻게 해외로 내보내고 수출대금은 어떻게 회수하는가?

해외시장조사를 해 거래선을 발굴한 후 계약을 체결한다. 수입상은 계약내용에 따라 수출상을 수익자로 하는 신용장을 개설하고 이를 수취한 수출상은 상호 합의내용에 따라 제품을 생산 및 가공해 수출통관을 마친 후 운송인에게 인도하거나 또는 운송수단에 적재한다. 한편 수출상은 신용장에서 요구하는 제반서류를 구비한 후 거래은행에 매입을 의뢰한 후 수출대금을 회수한다.

01 다음 중 수출절차에서 발생되지 않는 것은?

① 수출통관
② 매매계약
③ 관세납부
④ 운송계약

해설 : 일반적으로 수출 시에는 관세가 없으며 수입 시에만 관세가 있다.

02 다음 중 수출상의 대금회수 불능 위험을 제거하는 수단은?

① D/P
② D/O
③ B/L
④ L/C

해설 : 수입상의 대금결제의무를 은행이 보증해 주는 수단이 신용장이다.

03 다음 중 수출절차가 올바른 것은?

① 신용장 수취 – 매매계약 – 수출통관 – 선적
② 수출통관 – 신용장 수취 – 선적 – 매매계약
③ 매매계약 – 신용장 수취 – 수출통관 – 선적
④ 선적 – 수출통관 – 매매계약 – 신용장 수취

해설 : 일반적으로 수출은 매매계약을 체결한 후 신용장을 수취하고 생산한 물품을 수출
통관 후 선적한다.

1. ③   2. ④   3. ③

수입절차

학습목표

① 수입절차 즉 수입의 흐름을 파악해야 한다.
② 수입 시 각 단계별 실무를 알아야 한다.
③ 수입대금을 지급하는 방법을 터득해야 한다.

수입절차란 수입상이 해외로부터 물품을 수입하기 위해 수입대상품목의 거래처를 선정해 수입계약을 체결한 후 수입승인(승인대상품목에 한함)을 받은 다음 수입신용장을 개설한 후에 해외의 수출상으로부터 물품선적 관련 서류 및 수입어음이 도착되면 수입대금을 지급하고 서류를 인도받아 수입통관절차를 거쳐 물품을 수령하는 일련의 절차를 말한다.

(1) 수입계약

수입상은 해외 거래처로부터 직접 청약을 받거나 또는 국내에서 통상 오퍼상이라고 불리는 업자의 물품매도확약서를 발급받아 청약에 대해 승낙함으로써 계약이 체결된다.

(2) 수입계약 체결 시 유의할 점

기본적인 계약 체결은 일반적인 약정조건에 대해서만 물품매도확약 서상에 명시되지만, 이것만으로는 전체적인 계약 내용을 완전히 약정했

98

다고는 볼 수 없을 경우에는 물품매도확약서만으로 수입계약을 대신하
지 말고 별도의 거래조건에 대해 상세히 수입계약을 체결해 두는 것이
사후에 발생될 수 있는 분쟁을 막을 수 있다.

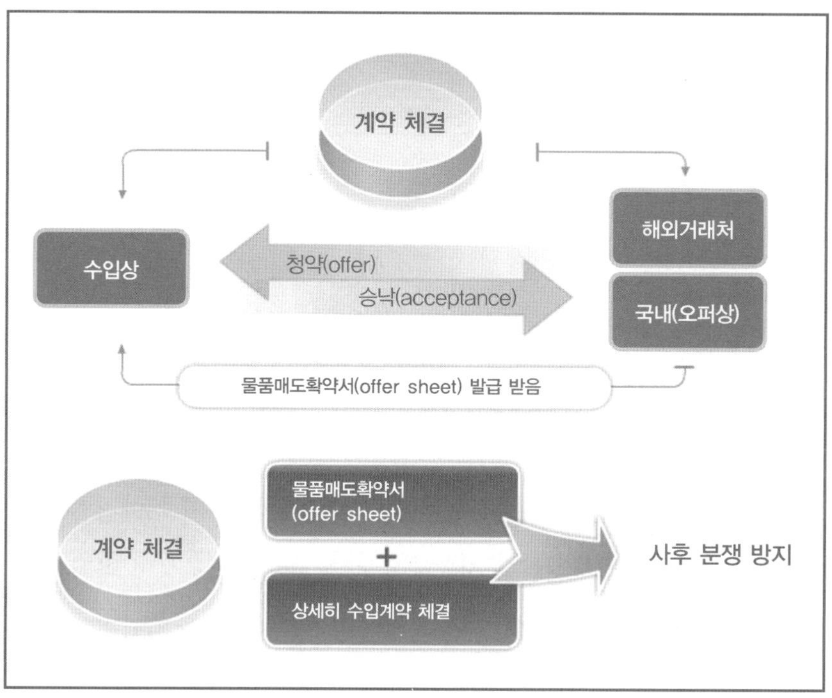

(1) 수입승인

수입상은 수입승인품목을 수입하고자 할 경우에는 매 계약건별로 구비서류를 갖추어 수입승인을 신청해야 하나 승인대상품목이 아닐 경우에는 수입승인을 받을 필요가 없다. 수입승인의 권한은 지식경제부 장관에게 있으나 추천 등을 행하는 기관에 위임하고 있다.

수입승인을 받아야 하는 승인대상품목은 수출입공고상의 수입제한 품목과 수출입공고 별도공고상의 수입제한 품목이다. 따라서 수입상은 해당 상품이 수입승인 대상품목에 적용되는지를 먼저 HS Code를 근거해 검토해야 한다.

한편 대외무역법 이외의 50개 개별법에 의한 수입 제한 내용을 통합해 고시하는 통합공고에 따라 요건확인 등을 받아야 하는 물품은 수입요건확인을 받아야 한다. 따라서 해당 개별법에서 정하고 있는 바에 따라 요건확인 등을 받은 후 곧바로 세관에 수입신고를 함으로써 수입을 이행하게 된다.

또한 수입승인 거래당사자가 합의한 수입대금의 결제방법에 대해서는 외국환거래법과 관계없이 검토 대상에서 제외되며, 수입승인의 효력 유효기간은 1년이다. 그러나 물가안정, 수급조정 등 그 용도와 물품이 인도조건 기타 거래상의 특성에 따라 필요하다고 인정되는 경우는 수입승인기관은 승인 시에 유효기간을 1년 이내 또는 20년의 범위 내에서 단축 또는 초과해 설정할 수 있다.

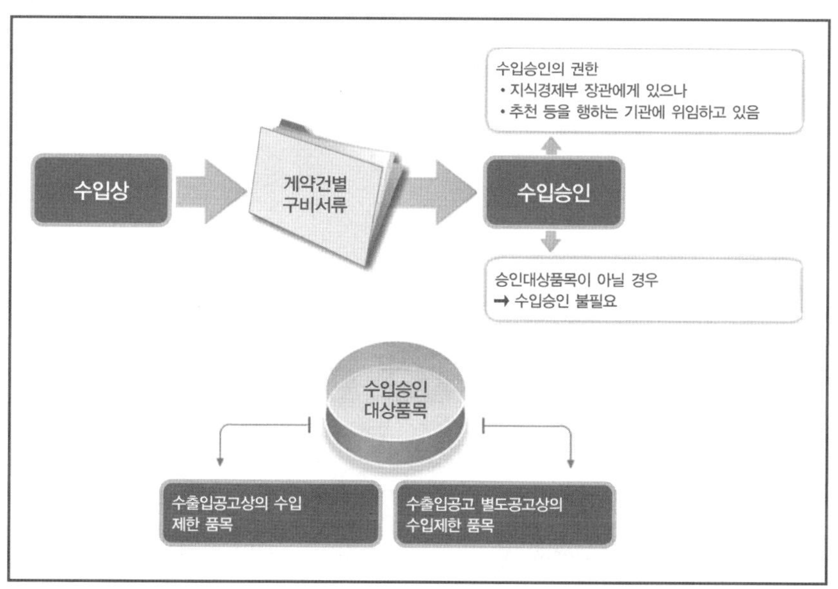

(2) 신용장 개설

승인기관의 수입승인을 받은 수입상은 수입승인서 및 물품매도확약
서 또는 구매계약서를 참조해 신용장 개설은행의 소정의 양식인 화환신
용장 발행신청서(application for issuance of documentary letter of
credit)에 신용장 조건 등을 기재해 신용장 발행은행에 수입신용장 발행
을 의뢰한다.

신용장 발행 신청 시에 신청서상에 기재되는 내용은 곧 신용장의 조
건이 되므로 모든 사항을 간단 명료하고 정확하게 기재해야 한다.

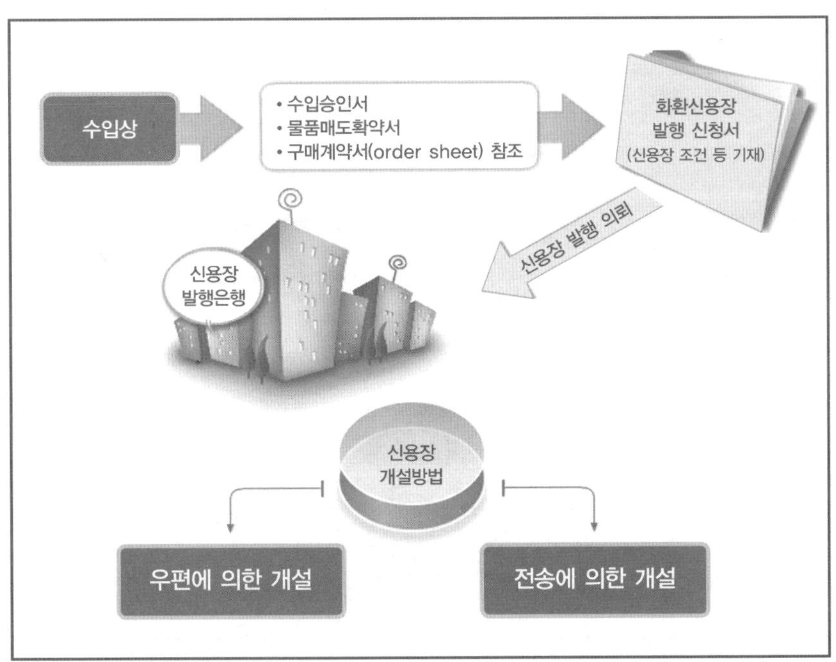

신용장 발행은행은 신용장 발행수수료 등을 징수하고 수익자, 즉 수출상이 소재하고 있는 수출지의 통지은행(advising bank) 앞으로 신용장을 전송(teletransmission) 또는 우편(mail)을 이용해 발송하게 되고 이를 받은 통지은행은 수출상에게 신용장 도착을 통지하게 된다.

신용장의 개설방법은 운송기일, 시황, 자금사정 등을 고려해 다음과 같은 두 가지 방법이 있다.

1) 우편에 의한 개설(Mail Credit)

개설신청서의 내용에 따라 소정의 신용장 양식 1세트를 작성해 원본 및 사본 1장은 통지은행에 발송하고 결제은행에 사본 1장을 수입대전 결제요청서(reimbursement request)와 함께 발송한다.

2) 전송에 의한 개설(Teletransmission Credit)

수입업자의 시황 판단과 자금 사정 등에 의해 신용장의 개설 여부만을 조속히 통지할 필요가 있을 경우 전송수단으로 신용장을 개설하게 된다. 오늘날 가장 널리 사용되는 전송수단은 SWIFT(전세계 은행간 금융전송망)이다.

(1) 운송서류 내도

신용장의 수익자, 즉 수출상은 물품을 선적한 후 신용장상의 조건에 따른 운송서류를 구비해 환어음을 거래은행을 통해 신용장 개설은행에 송부해 대금을 회수하게 된다. 이때 신용장 개설은행은 내도된 선하증권 등 운송서류가 신용장 조건과 일치하는지의 여부를 심사한 후 수입상에게 운송서류도착통지서(Arrival Notice of Documents)를 발송한다.

한편 수입화물은 이미 도착하였으나 운송서류 미도착으로 화물을 인수하지 못할 경우에는 수입화물선취보증서(Letter of Guarantee : L/G)를 신용장 개설은행으로부터 발급받아 선박회사로부터 화물을 인수할 수 있다.

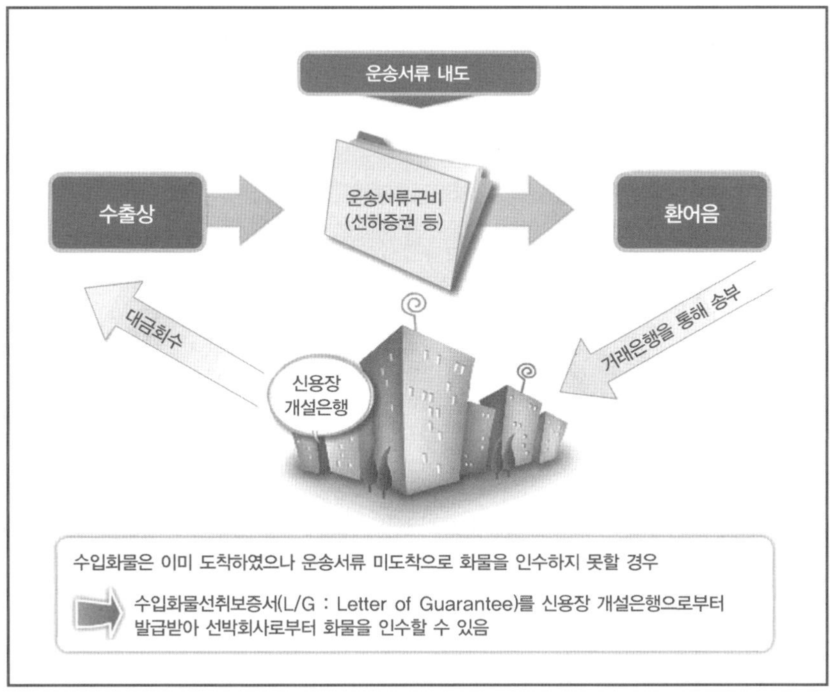

(2) 수입대금결제

운송서류 도착통지를 받은 수입상은 수입신용장 개설은행에 수입대금과 관련수수료를 납부한 후 운송서류를 수취하는데, 이때 운송서류가 신용장 조건과 일치하는지의 여부를 검토해 수입대금의 결제에 동의하게 되면 개설은행은 수입자에게 운송서류를 인도한다.

수입상은 운송서류를 외국환은행이 접수한 날로부터 7일 이내에 수입대금을 결제해야 하는데, 동 기일 내에 결제하지 않으면 8일째에 외국환은행이 대신 지급처리하며, 7일 이내에서도 4일째부터는 결제지연이자를 징수하고 있다.

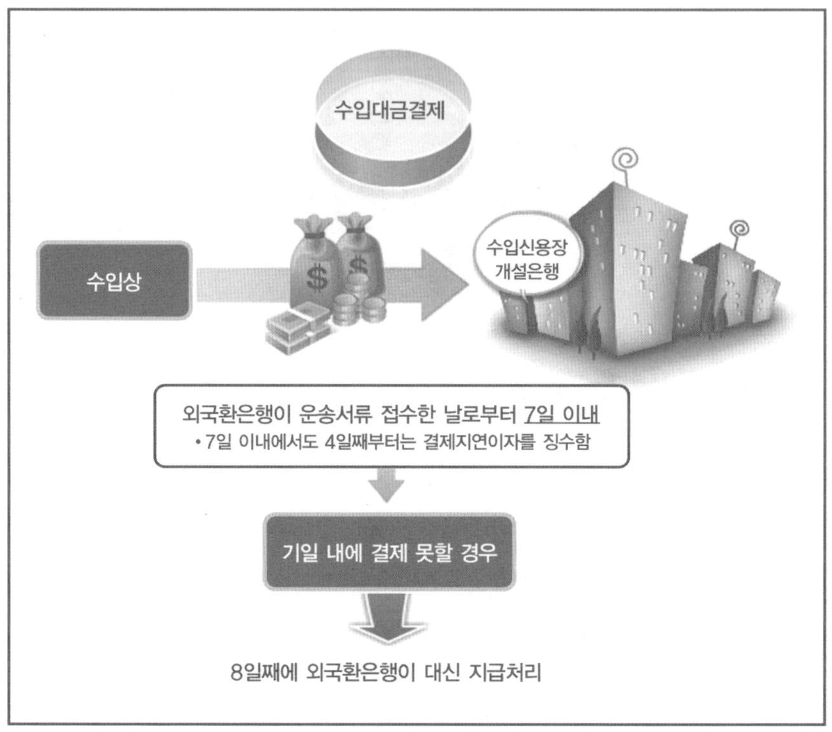

04 수입통관

수입대금을 결제하고 운송서류를 수취하거나 또는 수입화물선취보증서(L/G)를 받은 수입상은 수입물품을 보세구역에 반입한 다음 관세법 또는 기타 법령이 정하는 바에 의해 세관에 수입신고를 하게 된다.

그러나 예외적으로 수입물품이 우리나라에 도착하기 전에도 수입신고를 할 수 있는데, 부두에서 직접 통관하는 화물은 사전수입신고가 가능하다. 수입신고를 받은 세관에서는 수입신고한 물품과 수입신고서상의 물품이 일치하는지 여부를 확인하고, 수입신고 사항이 사실과 일치하는지의 여부에 대해 심사한 후 수입신고필증을 교부한다. 수입신고필증을 교부받으면 보세구역에서 당해 물품을 반출할 수 있다.

관세의 납부는 물품의 수입화주가 관세의 납세의무자가 되며, 수입신고필 전에 납부하는 '사전납부'와 수입신고필 후에 납부하는 '사후납부'로 구분된다. 사후납부는 담보제공이 면제된 경우와 담보를 제공한 경우에 수입신고 수리 후에 관세 등 제세를 납부케 하는 것이다. 사전납부는 수입신고 수리 후 15일 이내에 관세를 국고수납은행이나 우체국에 납부해야 한다.

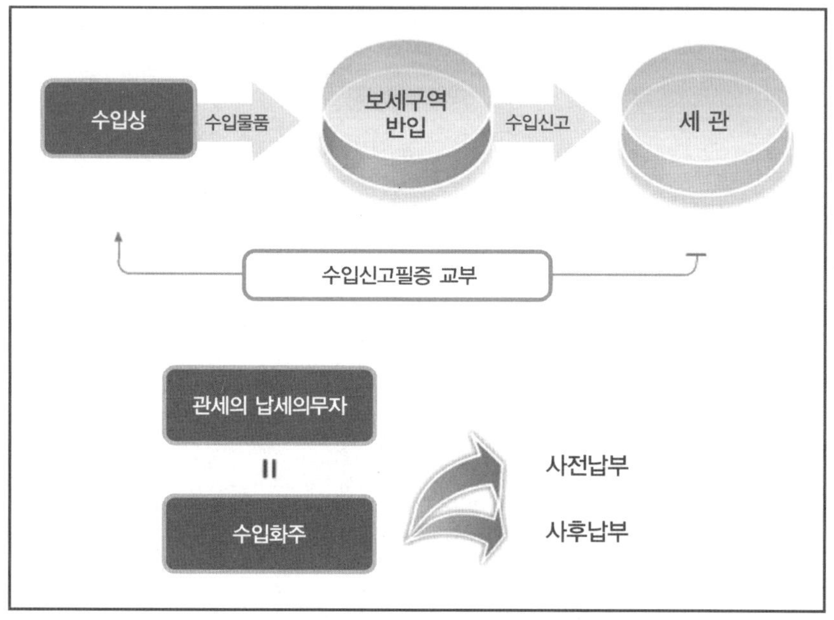

05 수입물품 원산지 표시제도

(1) 수입물품 원산지 표시제도

수입물품 원산지 표시제도란 공정한 무역거래 질서를 확립하고 소비자 보호를 위해 수입하는 물품에 대해 원산지 표시를 의무화한 제도로서 원산지 표시 대상물품과 원산지 판정 및 확인으로 나누어져 있다.

(2) 원산지 표시

대외무역관리규정에 기재된 수입물품 및 그 부장품은 당해 물품에 원산지를 표시해야 한다.

(3) 원산지 표시의 요건

수입물품의 원산지 표시는 다음의 요건을 구비해야 한다.

- 한글, 한문 또는 영문으로 표시할 것
- 최종구매자가 용이하게 판독할 수 있는 크기의 활자체로 표시할 것
- 최종구매자가 식별하기 용이한 위치에 표시할 것
- 표시된 원산지는 쉽게 지워지지 않으며 물품(또는 포장·용기)에서 쉽게 떨어지지 않도록 할 것

(4) 원산지 표시 대상물품

원산지 표시 당해 물품에 원산지를 표시해야 한다. 다만, 예외적으로 원산지 표시 대상물품이 다음에 해당되는 경우에는 당해 물품에 원산지를 표시하지 않고 당해 물품의 포장, 용기 등에 수입물품의 원산지 표시를 할 수 있다.

- 당해 물품에 원산지를 표시하는 것이 불가능한 경우
- 원산지 표시로 인해 당해 물품이 크게 훼손되는 경우(예 : 당구공, 콘택트렌즈, 집적회로 등)
- 원산지 표시로 인해 당해 물품의 가치가 실질적으로 저하되는 경우
- 원산지 표시의 비용이 당해 물품의 수입을 막을 정도로 과도한 경우(예 : 물품값보다 표시비용이 더 많이 드는 경우 등)
- 상거래 관행상 최종구매자에게 포장, 용기에 봉인되어 판매되는 물품 또는 봉인되지는 않았으나 포장, 용기를 뜯지 않고 판매되는 물품(예 : 비누, 칫솔, 비디오 테이프 등)
- 실질적 변형을 일으키는 제조공정에 투입되는 부품 및 원재료를 수입 후 실수요자에게 직접 공급하는 경우

(5) 수입물품 원산지 표시의 일반원칙

수입물품 원산지 표시의 일반적인 원칙은 다음과 같다.

- 수입물품의 원산지는 다음에 해당되는 방식으로 한글, 한자 또는 영문으로 표시할 수 있다.
  ① '원산지 : 국명' 또는 '국명 산(産)'
  ② 'Made in 국명' 또는 'Product of 국명'
  ③ '물품 제조자의 회사명, 주소, 국명'
  ④ 수입물품의 크기가 작아 ①~③의 방식으로 당해 물품의 원산지를 표시할 수 없을 경우에는 국명만을 표시할 수 있음
  ⑤ 'Brewed in 국명' 또는 'Distilled in 국명' 등 기타 최종구매자가 원산지를 오인할 우려가 없는 방식
- 수입물품의 원산지는 최종구매자가 당해 물품의 원산지를 용이하게 판독할 수 있는 크기의 활자체로 표시해야 한다.
- 수입물품의 원산지는 최종구매자가 식별하기 용이한 곳에 표시해야 한다. 식별하기 용이한 곳이라 함은 최종구매자가 정상적인 물품구매과정에서 표시된 원산지를 용이하게 발견할 수 있는 곳을 의미한다.
- 표시된 원산지는 쉽게 지워지지 않으며 물품(또는 포장·용기)에서 쉽게 떨어지지 않아야 한다. 고의적인 행위로 원산지 표시를 제거

하지 않는 한 물품의 정상적인 유통·보관 과정에서 표시된 원산지가 손상되지 아니하고 최종구매자에게 전달될 수 있으면 쉽게 떨어지지 않는 상태로 본다.

- 수입물품의 원산지는 제조단계에서 인쇄(printing), 등사(stenciling), 낙인(branding), 주조(molding), 식각(etching), 박음질(stitching) 또는 이와 유사한 방법으로 원산지를 표시하는 것을 원칙으로 한다. 다만, 물품의 특성상 이와 같은 방식으로 표시하는 것이 부적합하거나 물품을 훼손할 우려가 있는 경우에는 날인(stamping), 라벨(label), 스티커(sticker), 꼬리표(tag)를 사용해 표시할 수 있다.

(6) 원산지 표시의 면제

원산지 표시 대상으로 지정된 물품이라도 다음 각 사항에 해당하는 경우에는 원산지 표시를 면제할 수 있다.

- 수출용 원재료 및 시설기재로 수입된 물품
- 개인에게 무상 송부된 탁송품, 별송품 또는 여행자 휴대품
- 실수요자가 수입하는 제조용 물품(부품 등 원재료, 시설기계류 및 그 부품), 연구개발용품으로서 판매목적이 없는 물품(실수요자를 위해

수입을 대행하는 경우 포함)

- 견본품(진열 및 판매용이 아닌 것에 한함) 및 수입된 물품의 하자보수용 물품
- 수입 후 실질적 변형을 일으키는 제조공정에 투입되는 부품 및 원재료로서 실수요자가 직접 수입하는 경우(실수요자를 위해 수입을 대행하는 경우 포함)
- 우리나라로 수입되기 20년 전에 생산된 물품
- 보세운송, 환적 등에 의해 우리나라를 단순히 경유하는 통과화물
- 재수출조건부 면세대상 물품 등 일시 수입물품
- 우리나라에서 수출된 후 재수입되는 물품
- 외교관 면세대상 물품
- 기타 관세청장이 지식경제부 장관과 협의해 타당하다고 인정하는 물품

▶ 해외로부터 물품을 수입하는 절차와 수입대금을 지급하는 방법은?

수입상이 해외로부터 물품을 수입하기 위해 수입대상품목의 거래처를 선정해 수입계약을 체결한 후 수입승인(승인대상품목에 한함)을 받은 다음 수입신용장을 개설한 후에 해외의 수출상으로부터 물품선적 관련 서류 및 수입어음이 도착되면 수입대금을 지급하고 서류를 인도받아 수입통관 절차를 거쳐 물품을 수령하게 된다.

01 다음 중 수입절차에서 발생되지 않는 것은?

① 수입통관

② 매매계약

③ 관세납부

④ Nego

해설 : Nego란 Negotiation의 약칭으로서 수출의 마지막 단계인 수출상이 거래은행에
서류를 제시하고 수출대금을 받는 것을 말한다.

02 다음 중 원산지 표시가 잘못 된 것은?

① 원산지 : 중국

② Made in China

③ Assembled in China

④ Product of China

해설 : 'Assembled in China'는 단순히 중국에서 조립되었음을 의미한다.

03 다음 중 수입절차가 올바른 것은?

① 수입통관 – 매매계약 – 대금결제 – 신용장 발행

② 신용장 발행 – 매매계약 – 수입통관 – 대금결제

③ 매매계약 – 신용장 발행 – 대금결제 – 수입통관

④ 신용장 발행 – 대금결제 – 수입통관 – 매매계약

해설 : 일반적으로 수입은 매매계약을 체결한 후 신용장을 발행하고 대금결제를 한 후 수
입통관을 하고 물품을 수령한다.

1. ④　　　2. ③　　　3. ③

Onega
Ladoga
St Petersburg
RUS
Finland
Riga
Nynt
Mos
R
Baltic Sea
Konigsberg
Dantzic
Stettin
Hamburg
Berlin
GERMANY

2부

무역계약 실무

품질 및 수량조건

학습목표

① 수출입 물품의 품질조건의 종류와 품질표시 방법을 알아야 한다.
② 수출입 물품의 수량조건의 종류와 수량표시 방법을 알아야 한다.
③ 수출입 물품의 종류에 따른 적절한 품질 및 수량표시 방법을
   터득해야 한다.

무역계약 시 수출입 물품의 품질, 수량, 단가 및 총금액, 납기, 대금결제방법, 포장, 검사 등 무수히 많은 조건들이 있다. 일반적으로 국제무역을 할 때 분쟁이 기장 많이 발생하는 것이 품질과 수량이다. 따라서 수출입 물품의 품질과 수량을 정확히 결정하는 것이 매우 중요하다.

01 품질 결정의 방법

물품의 품질은 무역거래에서 가장 분쟁이 많이 발생하는 것이므로 거래당사자가 가장 세심한 주의해야 할 조건이다.

품질조건에는 상품명(Brand Naming), 사이즈(Size), 컬러(Color), 타입(Type), 모델(Model) 등의 항목이 포함되며, 품질 결정기준에 따라 거래형태가 결정된다.

품질 결정의 방법은 견본매매(Sales by Sample), 점검매매(Sale by Inspection), 명세서매매(Sales by Specification), 표준품매매(Sales by Standard), 상표매매(Sales by Trade Mark), 규격매매(Sales by Type) 등으로 분류할 수 있다.

무역계약에서 결정해야 할 물품의 품질조건에는 품질 결정의 방법, 품질 결정의 시기, 품질의 입증방법이 있다.

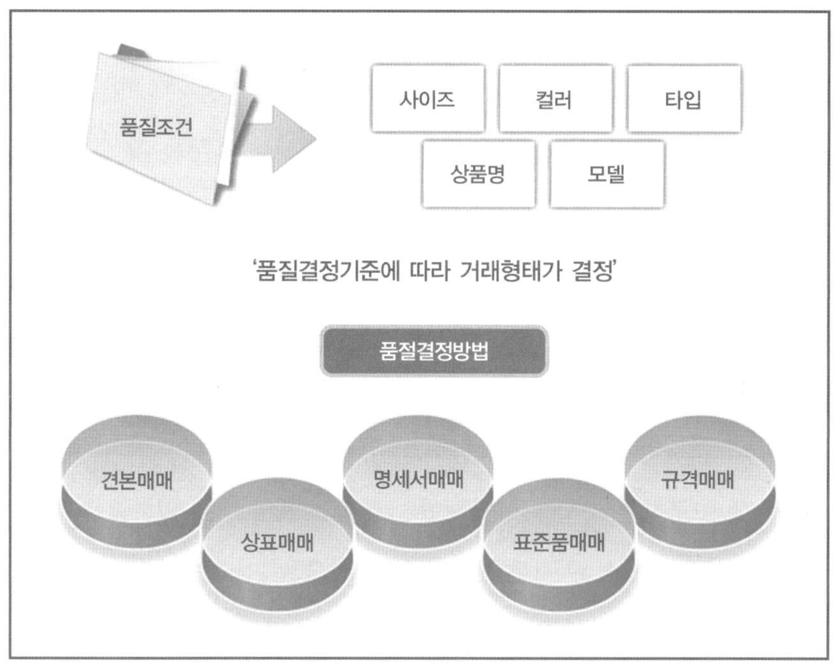

(1) 견본매매(Sales by Sample)

견본매매란 거래물품의 품질을 제시된 견본에 의해 약정하는 방법이다. 즉, 매매당사자가 제시한 견본과 같은 품질의 물품을 인도하도록 약정하는 방법을 의미하며 오늘날의 무역거래에서 가장 널리 이용되고 있는 방법이다.

견본매매는 거래하고자 하는 상품의 품질을 제시된 견본에 의해 약정하는 것으로 Seller가 제시하는 Seller's Sample과 Buyer에 의해 제시되는 Buyer's Sample로 나뉜다.

견본매매 방법을 택할 경우에는 향후의 조회나 분쟁 시의 입증을 위해 수출업자는 동일한 견본품 3개를 1조로 해 준비해 두는 것이 보통이다. 그것은 수입업자에게 발송하는 Original Sample, 다른 한 개는 수출업자 자신이 보존하는 Duplicate Sample, 또 다른 하나는 물품공급자의 보존용인 Triplicate Sample로 사용하기 위해서이다.

일반적인 제품은 주로 견품으로 품질을 결정한다. 규격품이 아니거나 수제품의 품질약정 시에는 견품과 실제 선적품 간에 다소의 품질상의 허용치를 인정하는 조항을 삽입해야 클레임을 예방할 수 있다.

실무상 유의할 점은 견본용어에 관한 것으로, 품질수준을 표시함에 있어 "견본과 완전히 일치하는 것"이라는 표현과 "대체로 견본과 비슷한 것"이라는 부드러운 표현을 구분하여 사용해야 한다는 것이다.

다시 말하자면 "Quality to be same as sample", "Quality to be up to sample" 또는 "Quality to be fully equal to sample" 등의 표현과 "Quality to be similar to sample", "Quality to be as per sample" 또는 "Quality about equal to sample" 등의 표현을 구분하여 사용해야 한다.

그렇게 해야 Market Claim을 미연에 방지할 수 있고 그 거래를 원활히 종결지을 수 있다. 규격품이 아니거나 수제품인 경우에는 후자의 표현이 바람직하다.

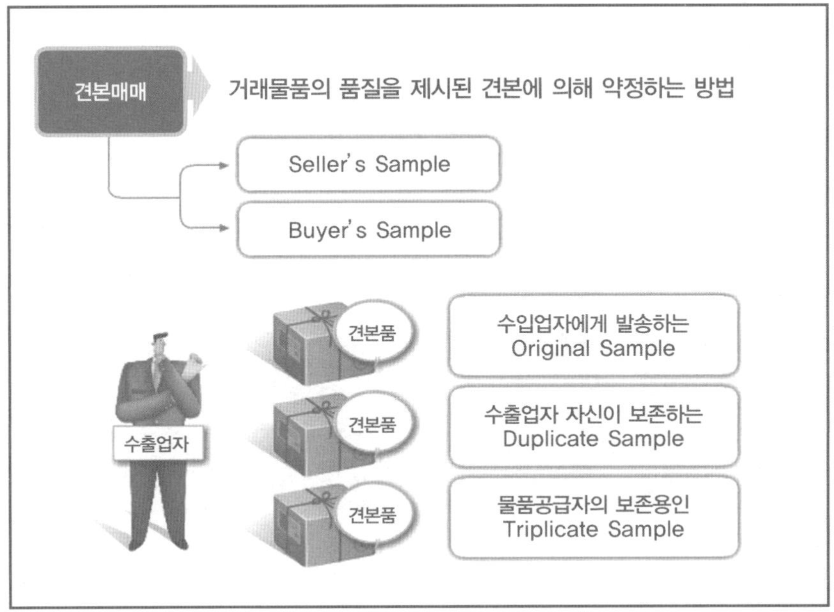

(2) 점검매매(Sales by Inspection)

수입업자가 거래물품을 현지에서 직접 확인한 후 매매계약을 체결하는 품질약정 방법을 점검매매라 한다. 이 조건은 BWT(Bonded Warehouse Transaction : 보세창고도거래), COD(Cash on Delivery : 물품인도방식)에서 많이 사용된다. 이 조건은 수입업자가 직접 점검하고 구매하는 방식을 취하므로 분쟁 발생의 가능성이 낮다.

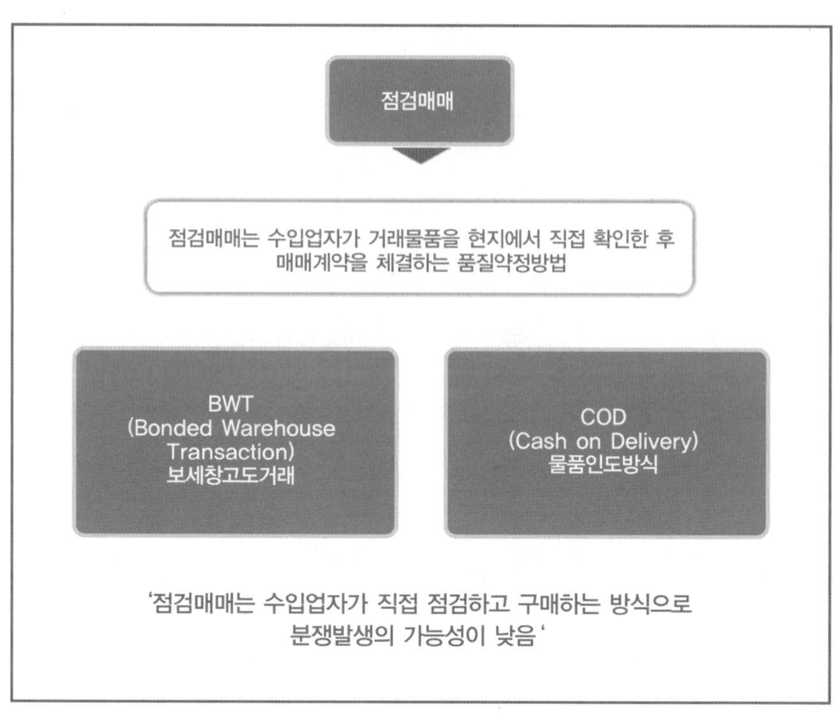

(3) 명세서매매(Sales by Specification)

주로 기계류 매매계약에 사용되는 방법으로 이러한 기계류의 경우 사전 견본 제시가 불가능하므로 설계도나 청사진 등 규격서 또는 설명서로 물품의 품질을 약정하는 방법이다.

선박, 철도차량, 발전기 등 거대한 기계류 등은 견본매매나 상표매매에 부적합하므로 그 소재와 구조, 성능, 특징, 규격 등을 상세히 알려주는 설명서(description)나 명세서(specification or dimension), 도해목록 (illustrated catalog) 또는 청사진(blueprint) 등을 제시해 이로서 품질을 약정하는 설명매매 방법을 명세서매매라고 한다.

(4) 표준품매매(Sales by Standard)

농산물이나 수산물과 광물의 경우에는 공산품과 달리 일정한 규격이 있을 수 없고 유명한 상표도 있을 수 없으며 견본 제시도 곤란하다. 이 처럼 동종이지만 이질적인 개품이 혼합되어 한 가지 종류의 상품을 이루는 천연산물은 등급을 정해 거래하는 것이 일반적인데, 이러한 품질 결정방법을 표준품매매라 한다. 농수산물 등의 1차산품 거래에 이용되는데 표준품이란 동종 이질상품의 품질을 대표하는 것을 말하며, 이에 의해 거래되는 표준품매매 방식에는 다음과 같은 두 가지가 있다.

1) 평균중등 품질조건(Fair Average Quality : FAQ)

거래목적물의 품질을 당해 선적 내지 출하의 지역과 시기에 있어서 그 계절의 출하품 가운데 평균적인 중등품질의 것으로 하는 품질조건으로 주로 곡물, 과실류, 차 등의 농산물 거래에 많이 이용된다.

2) 판매적격 품질조건(Good Merchantable Quality : GMQ)

물품 인도 시에 그 품질이 당해 품질의 성질과 상관습에 비추어 판매가 가능한 것, 즉 판매적격성(merchantability)을 지닌 것임을 매도인이 보증하는 품질조건으로 주로 목재나 냉동어류, 광물류 등에 적용되는 품질조건으로 이용된다.

(5) 상표매매(Sales by Trade Mark)

세계적으로 널리 품질이 알려진 상품의 경우에는 구태여 견본을 제시할 필요가 없이 상표(Trade Mark)나 통명(Brand)에 의해 품질수준을 표

시해 거래하는 경우를 상표매매 또는 통명매매라 한다. 예를 들어 만년
필의 Parker, 지퍼의 YKK, 음료의 Coca Cola 등의 매매에 활용할 수
있는 것이다.

(6) 규격매매(Sales by Type)

규격매매는 해당물품의 규격이 국제적으로 공인되어 있거나, 수출국
특정의 규정(JIS, KS 등)이 정해져 있는 경우에 이를 매매계약의 품질조
건으로 선정하게 되는 방식이다.

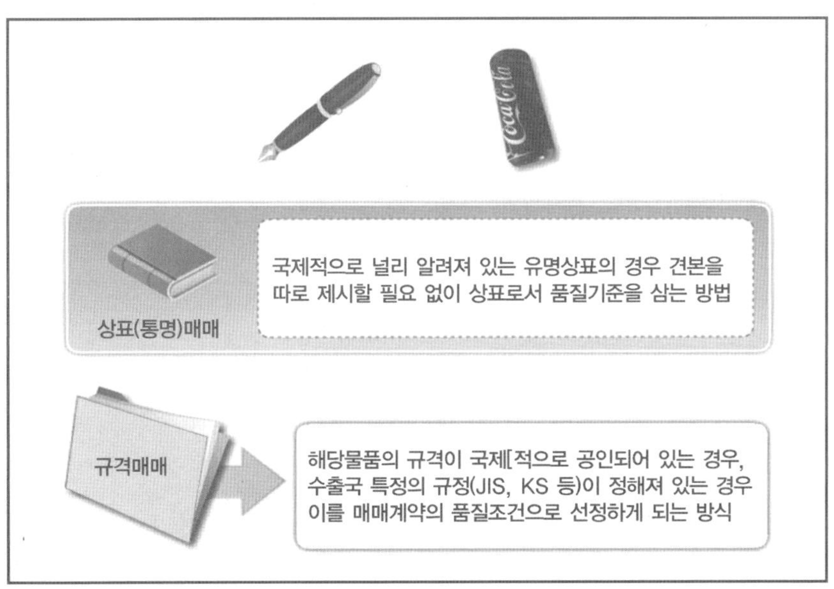

02 품질 결정시기

물품의 운송 중에 기후, 온도, 습도 등에 따라 품질의 변화가 발생해 그로 인해 매매당사자 사이에 분쟁이 일어날 수 있다. 즉 선적 시의 품질과 양륙 시의 품질이 다를 수 있으므로 어느 시점의 품질상태가 약정한 품질수준을 충족하는지를 사전에 협의한다. 이러한 품질 결정시기에 대하여 다음과 같은 조건들이 사용된다.

(1) 일반물품의 품질 결정시기

1) 선적품질조건(Shipped Quality Term)

인도된 물품의 품질이 선적 시점에서 매매계약상의 품질조건과 일치할 경우, 그 후의 운송 또는 보관과정에서 발생하게 되는 변질에 대해서 매도인이 책임을 지지 않는 조건이다. 매매계약 시 품질 결정시기에 대한 구체적인 명시가 없는 경우 무역조건의 E, F, C그룹은 선적품질조건인 것으로 본다.

2) 양륙품질조건(Landed Quality Terms)

인도된 물품의 품질이 상품 양륙 시에 매매계약 품질조건과 일치해야 함을 명시한 것으로, 운송 또는 보관과정에서 발생할 수도 있는 변질에 대해 매도인이 책임을 지게 되는 조건이다.

매매계약 시 품질 결정시기에 대한 구체적인 명시가 없는 경우 도착지 인도조건(Delivered Terms)인 DAF, DES, DEQ, DDU, DDP 등의 D그룹 거래조건은 양륙품질조건으로 볼 수 있다.

(2) 농산품의 품질 결정시기

곡물의 거래에서는 선적 시와 양륙 시의 품질 불일치에 대해 매매당사자 중 누가 책임을 지는지에 대해 통용하는 특수한 조건이 있다.

1) Tale Quale Terms(T.Q)

선적품질조건의 하나로 매도인은 계약에 적합한 물품의 품질을 선적할 때까지만 책임을 지는 조건이다.

2) Rye Terms(R.T)

물품이 양륙 시 변질되어 있는 경우에 그 손해에 대해 매도인이 변상하는 양륙품질조건이다. 이 조건은 호밀(rye) 거래에 사용되면서 통용되어 온 관행에서 생긴 것이다.

3) Sea Damaged Terms(S.D)

조건부 선적품질조건으로 해상운송 중에 발생한 해수(海水), 비, 증기 등에 기인하는 품질손해에 대해 매도인이 책임을 부담한다. 이는 선적품질조건과 양륙품질조건을 절충한 조건이다.

품질의 입증방법은 품질 결정시기와 직결된다.

선적품질조건에서는 이러한 입증책임이 매도인에게 있으므로 매도인은 권위있는 공인검사기관에게서 품질증명서(Certificate of Quality) 또는 검사증명서(Certificate of Inspection)를 발급받아 매수인에게 제공해야 한다.

이에 비해 양륙품질조건인 경우에는 입증책임이 매수인에게 있다. 매수인이 인도물품에서 품질의 불일치를 발견하였을 경우 양륙지의 감정인(鑑定人, Surveryor)에 품질감정을 의뢰하고 그곳에서 발행한 감정보고서(Survey Report)를 매도인에게 발송해 손해배상을 청구한다.

이러한 감정기관으로는 Lloyd's Surveyor, Lloyd's Agent, SGS 등이 세계적으로 권위있는 기관이다. 농산물이나 일부 천연산물의 품질에 대

해서는 공공기관의 검사, 관련 조합이나 협회의 검사 및 물품별 전문검

사기관의 검사에 의한 증명으로도 품질을 증명하기도 한다.

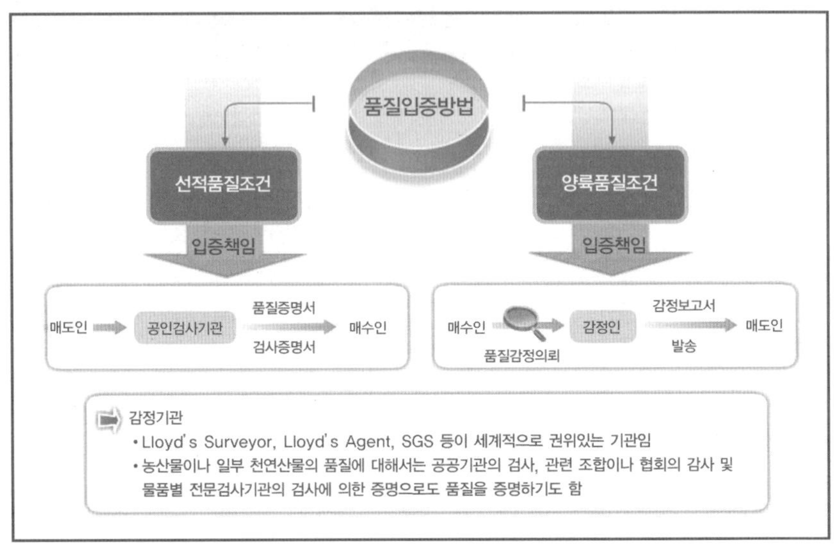

04 수량 결정(표시) 단위

무역매매에서 수량에 대한 관습이 나라마다 다르기 때문에 거래당사자간의 품질 다음으로 분쟁의 소지가 많으므로 주의해야 한다. 특히 수량조건의 불명확으로 인하여 클레임이 발생하는 경우가 종종 있으므로 문제가 일어나지 않도록 계약서에 분명하게 명시할 필요가 있다.

무역계약에서 결정해야 할 목적물의 수량에 관한 조건에서는 수량 결정(표시)의 단위, 수량 결정의 시기, 수량의 입증방법, 과부족 용인 등이 있다.

수량단위란 거래량의 기준이 무엇인지에 관한 것이다. 수량단위에는 중량(weight), 길이(length), 용적(measurement), 포장(package), 개수(number)가 주로 활용되고 있다. 이러한 수량단위는 상품의 성질과 각국의 도량형에 따라 차이가 있으므로 각별한 주의가 필요하다.

무역계약을 체결할 때 빈번히 사용되고 있는 중요한 단위에는 다음과 같은 것이 있다.

(1) 개수

낱개 또는 포장(package) 단위로 piece, dozen, gross를 사용하며, 잡화제품에 많이 사용된다.

- 1dozen = 12pcs(pieces)
- 1gross = 12dozen(12×12=144pieces)
- 1great gross = 12gross(12×12×12=1,728pieces)
- 1small gross = 10dozen(12×10=120pieces)

(2) 용적

1) 갤론(gallon)

1English gallon(imperial gallon)은 4.546liter, 1American gallon(wine gallon)은 3.7853liter에 해당된다.

2) SF(super foot)

이 단위는 목재(timber, lumber)의 수량표시 단위로 1SF는 1square foot × 1inch에 상당하는 부피이다.

3) 용적톤(measurement ton : M/T)

M/T는 용적을 나타내는 용적톤(measurement ton)의 약어로 공용되고 있는데, 중량톤인 metric ton과 혼동할 수 있으므로 잘 구별해서 사용해야 한다. 용적톤으로서 1M/T는 40cft 즉 480SF에 해당한다.

(3) 중량

1) 측정방법

- 총중량(gross weight)은 상품을 포장한 채로의 중량, 즉 상품(ware)과 포장용기(tare)를 다 합한 총무게를 말한다.
- 순중량(net weight)은 상품의 순중량, 즉 포장용기(tare)의 무게를 공제한 순상품 중량을 말한다.

2) 중량의 단위

- 영국식 : L/T(long ton) = 1,016kgs = 2,240Lbs
- 미국식 : S/T(short ton) = 907kgs = 2,000Lbs

- 프랑스 및 대륙식 : M/T(metric ton) = 1,000kgs = 2,204Lbs

3) 톤(ton)

톤에는 English ton(long ton, gross ton), American ton(short ton, net ton), metric ton(M/T)의 세 가지가 있다. 1English ton은 2,240 lbs, 즉 1,016 kgs이며, 1 American ton은 2,000lbs, 즉 907kgs이다. 그리고 1M/T는 약 2,204lbs, 즉 1,000kgs를 나타낸다.

따라서 무역계약 체결 시에 수량을 톤으로 결정할 경우 반드시 위의 세 가지 가운데 어느 것인지를 명확히 해야 한다.

(4) 길이

길이는 섬유제품의 거래에 많이 이용되며, 미터(meter)와 야드(yard) 를 단위로 하는 경우가 대부분이다.

05 수량 결정시기와 입증방법

물품의 품질조건에서와 같이 수량조건에서도 구체적으로 어느 시점에 수량을 확인해 계약수량과 일치하는지를 결정한다. 일반적으로 수량결정의 기준시기는 선적수량조건과 양륙수량조건 중 하나의 방법을 선택한다.

(1) 수량 결정시기

1) 선적수량조건(Shipping Quantity Terms)

선적수량조건은 선적수량이 약정한 바에 적합한지 여부를 선적시점에서 검량한 결과로써 판정하는 것이다.

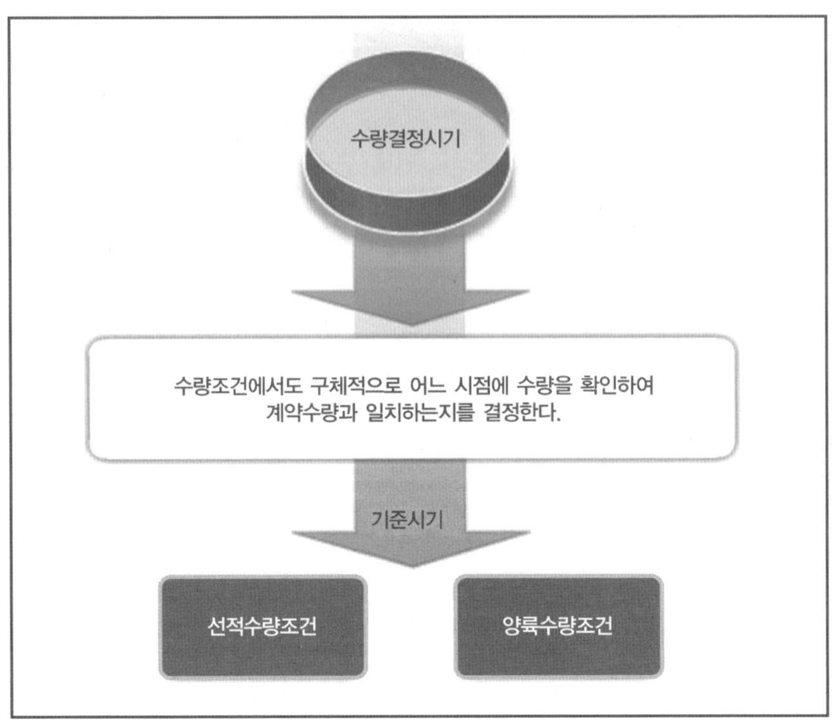

따라서 이 조건은 선적 시에 약정수량과 일치하면 매도인은 운송 도중의 감량에 대해서는 아무런 책임을 지지 않는다. 통상 FOB, CIF 등의 조건은 선적수량조건이라 볼 수 있다.

FOB, CIF 가격조건에서 계약상 특별한 조건이 명시되어 있지 않는 한 이 조건에 따르며, 운송 시의 수량을 Final로 매도인의 책임이 끝나는 것으로서 Seller에게 유리한 조건이며, Seller의 부정을 방지하기 위해 Buyer가 지정한 검사기관이 검량하기도 한다.

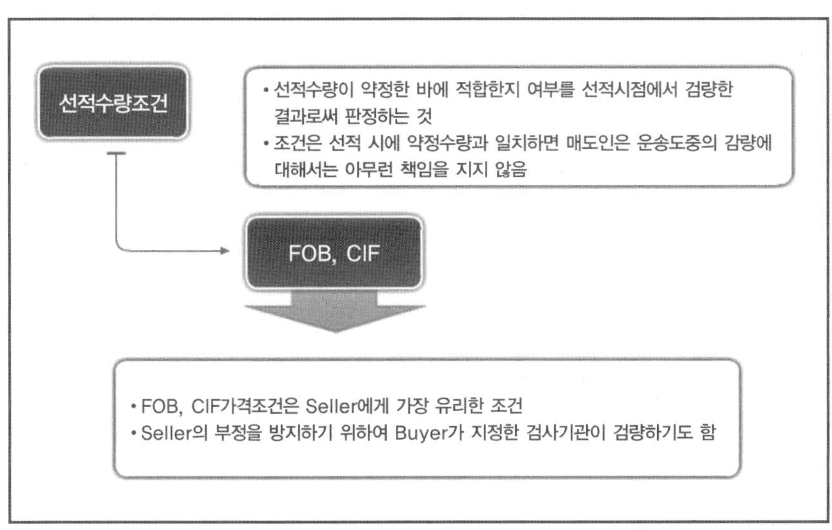

선적수량조건
• 선적수량이 약정한 바에 적합한지 여부를 선적시점에서 검량한 결과로써 판정하는 것
• 조건은 선적 시에 약정수량과 일치하면 매도인은 운송도중의 감량에 대해서는 아무런 책임을 지지 않음
FOB, CIF
• FOB, CIF가격조건은 Seller에게 가장 유리한 조건
• Seller의 부정을 방지하기 위하여 Buyer가 지정한 검사기관이 검량하기도 함

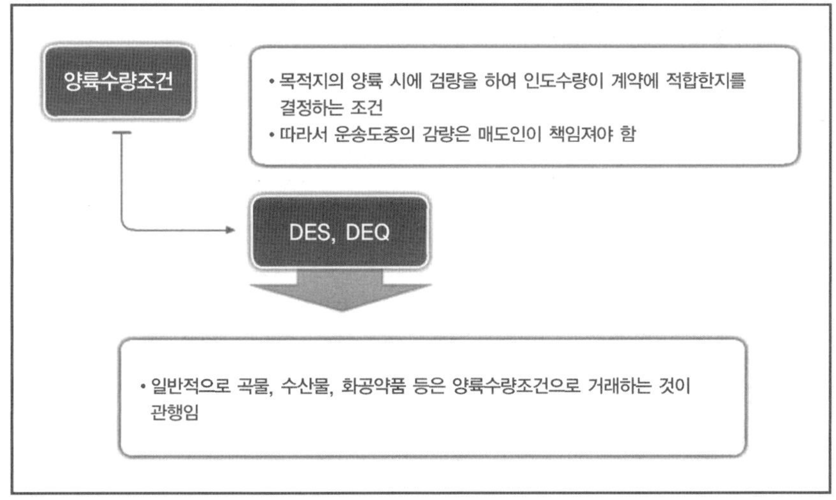

양륙수량조건
• 목적지의 양륙 시에 검량을 하여 인도수량이 계약에 적합한지를 결정하는 조건
• 따라서 운송도중의 감량은 매도인이 책임져야 함
DES, DEQ
• 일반적으로 곡물, 수산물, 화공약품 등은 양륙수량조건으로 거래하는 것이 관행임

2) 양륙수량조건(Landing Quantity Terms)

양륙수량조건은 목적지의 양륙 시에 검량을 해 인도수량이 계약에 적합한지를 결정하는 조건이다. 따라서 운송 도중의 감량은 매도인이 책임져야 한다.

통상 DES, DEQ 등의 조건은 양륙수량조건이라 볼 수 있다. 일반적으로 곡물, 수산물, 화공약품 등은 양륙수량조건으로 거래하는 것이 관행이다.

(2) 수량의 입증방법

수량의 입증방법은 수량 결정시기와 직결된다.

선적수량조건에서는 수량의 입증책임이 매도인에게 있으므로 매도인은 권위 있는 공인검사기관에게서 중량용적증명서(Certificate of Weight and/or Measurement)를 발급받아 매수인에게 제공해야 한다.

이에 비해 양륙수량조건인 경우에는 입증책임이 매수인에게 있다. 매수인이 인도물품에서 수량의 불일치를 발견하였을 경우 양륙지의 공인검량인(public weighter)에 수량검량을 의뢰하고 그곳에서 발행한 중량용적증명서를 매도인에게 발송해 손해배상을 청구한다. 때로는 매수인이 수입국 세관검사를 활용해 수량을 증명하기도 한다.

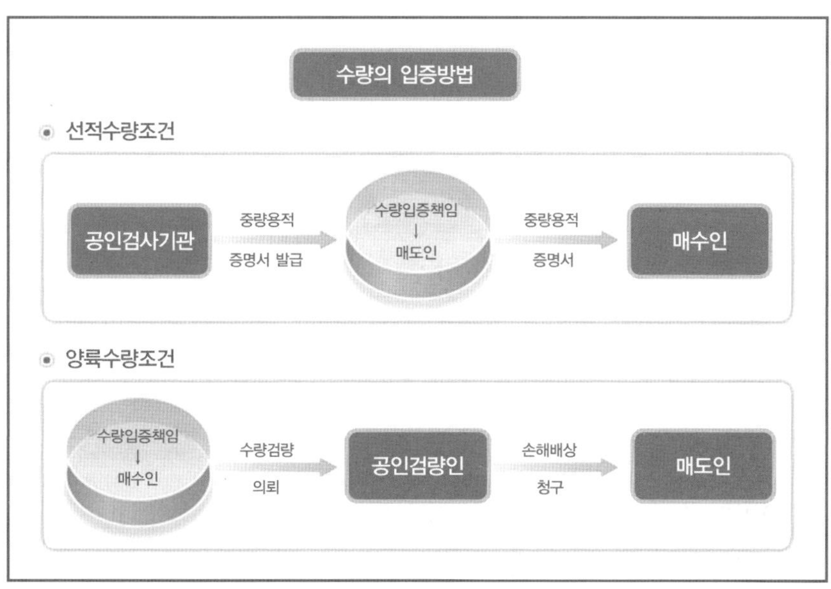

(3) 과부족 용인조항

일반화물(general goods)의 일정한 개수의 포장단위(예 : cases, boxes, drums) 또는 개별품목(예 : pieces)의 경우에는 정확히 약정한 대로 물품을 인도하면 된다.

그러나 비포장 상태로 거래하는 벌크화물(bulk cargo)의 경우에는 정확한 수량을 인도하는 것이 사실상 불가능하므로 인도수량에 다소의 오차가 생기는 것이 일반적이다.

따라서 이러한 벌크화물의 거래에 일정량의 수량 부족이나 초과를 인정해 주는 것이 국제상 관행이다. 이와 같이 벌크화물의 매매에 다소의 과부족을 인정하는 약관을 설정하는 바, 이를 '과부족 용인조항(more or less clause : M/L clause)' 이라고 한다.

1) 특약에 의한 과부족 용인조항

매매당사가 간에 일정한 수량의 과부족 한도를 특별히 약정하고 그 범위 내에서 물품이 인도되면 수량 클레임을 제기하지 않도록 한다. 이러한 과부족 용인조항은 통상 "Tolerance of 5% more or less in quantity and amount are acceptable(거래 수량 및 금액에서 그 5%가 부족하거나 초과해도 무방하다)"와 같은 표현을 사용한다.

2) 신용장거래 시 UCP에 의한 과부족 용인조항

신용장에 명시한 신용장 금액, 수량 또는 단가와 관련한 'about', 'approximately' 또는 'circa'와 같은 표현은 10% 과부족을 허용한다. 특히 신용장에서 특정화물의 수량이 과부족되어서는 안 된다고 규정하지 아니한 한 5%의 과부족을 허용한다. 즉 벌크화물의 경우 수량의 5% 과부족을 허용한다. 그러나 일반화물의 일정한 개수의 포장단위(예 : cases, boxes, drums) 또는 개별품목(예 : pieces)의 조건으로 수량을 규정하고 있는 경우에는 적용되지 않는다.

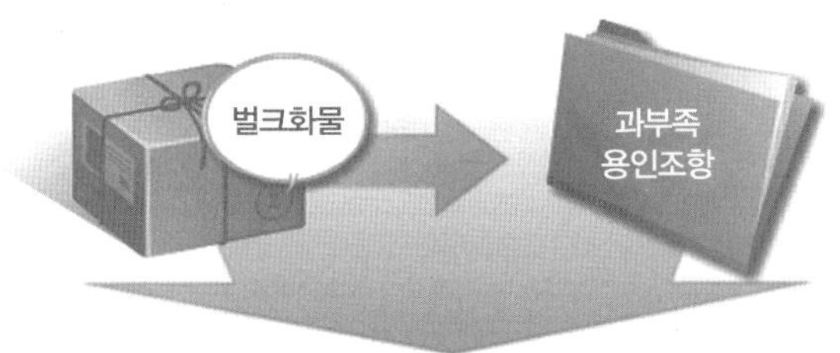

★ 무역실무 TIP

▶ 무역계약 시 상품의 종류에 따른 품질과 수량을 표시하는 방법은?

무역계약 조건에는 수출입 물품의 품질, 수량, 단가 및 총금액, 납기, 대금결제방법, 포장, 검사 등 무수히 많은 조건들이 있다. 이 가운데 국제무역을 할 때 분쟁이 가장 많이 발생하는 것이 품질과 수량이다. 통상 컨테이너화물의 공산품은 선적품질조건에 선적수량조건이며, 농산물이나 광물 같은 벌크화물은 양륙품질조건에 양륙수량조건이 많다.

01 다음 중 옳지 않은 것은?

① L/T(long ton)＝1,016kgs＝2,240Lbs

② S/T(short ton)＝900kgs＝1,800Lbs

③ M/T(metric ton)＝1,000kgs＝2,204Lbs

④ K/T(kilo ton)＝1,000kgs＝2,204Lbs

해설 : S/T(short ton)＝907kgs＝2,000Lbs 이다.

02 다음 중 양륙품질조건에 해당하지 않는 것은?

① DES

② DEQ

③ DDP

④ CIF

해설 : CIF는 선적품질조건이다.

03 신용장에 명시한 신용장 금액, 수량 또는 단가와 관련한 'about'은 어느 정도의 과부족을 허용하는가?

① 30%

② 20%

③ 10%

④ 5%

해설 : 신용장에 명시한 신용장 금액, 수량 또는 단가와 관련한 'about',
　　　　'approximately' 또는 'circa'와 같은 표현은 10% 과부족을 허용한다.

1. ②　　　2. ④　　　3. ③

6장 가격조건

학습목표

① 가격표시 방법의 중요성을 터득해야 한다.
② INCOTERMS의 개념을 완벽히 이해해야 한다.
③ 11가지 무역조건의 위험과 비용분기점을 알아야 한다.

가격은 수량단위상의 단가와 단가에 총수량을 곱한 총금액을 기재한다. 무역계약에서 가격을 표시하는 방법에는 INCOTERMS 2000에 규정한 13가지 종류가 있다. 즉 EXW, FCA, DAT, DAP, CPT, CIP, DDP, FAS, FOB, CFR, CIF이다. 이 중에서 가장 널리 사용되는 것이 FOB와 CIF이다.

INCOTERMS란 International Commercial Terms의 약칭에서 따온 말로 정식 명칭은 '무역조건의 해석에 관한 국제규칙(International Rules for the Interpretation of Trade Terms)'이다.

국제상업회의소(ICC)가 중심이 되어 제정된 INCOTERMS는 외국과의 무역에 가장 일반적으로 사용되는 무역거래조건의 해석에 관해 일련의 국제규칙을 제공하자는 데 그 목적이 있다.

INCOTERMS는 1936년 제정된 이래 1967년, 1976년, 1980년, 1990년, 2000년 그리고 2010년에 각각 개정 또는 보완되어 현재 11가지의 거래조건을 사용하기에 이르렀으며 매매가격의 산출에 있어서 범세계적으로 가장 널리 채택되어 사용되고 있다.

(1) 공장인도(Ex Works : EXW)조건

공장인도조건은 매도인이 물품을 자신의 영업장 구내(premises)에서 매수인에게 인도하는 거래조건을 말한다. 예컨대 매도인은 자신의 영업장 구내에 있거나 또는 기타 지정된 장소에 있는 작업장, 공장, 창고 등에서 물품을 매수인의 임의처분하에 인도하면 매도인의 인도의무는 이행한 것으로 간주한다.

공장인도조건은 매도인의 최소의무(minimum obligation)를 나타내고 있는 반면, 매수인에 대하여는 최대의무(maximum obligation)를 나타내고 있다.

별도의 합의가 없는 한 매도인은 매수인이 제공한 운송수단에 계약물품을 적재하거나 수출물품을 통관할 책임이 없고, 매수인이 매도인의 구내로부터 목적지까지 물품운송에 관련되는 모든 비용과 위험을 부담한다.

그러므로 매수인이 직접 또는 간접적으로 수출절차를 이행할 수 없는 경우 운송인인도(FCA)조건을 사용해야 한다.

공장인도조건하에서 위험 및 비용의 분기점은 물품이 합의된 시기에 매도인의 영업장 구내에서 매수인의 임의처분(at the disposal of the buyer) 상태로 적치된 때이다.

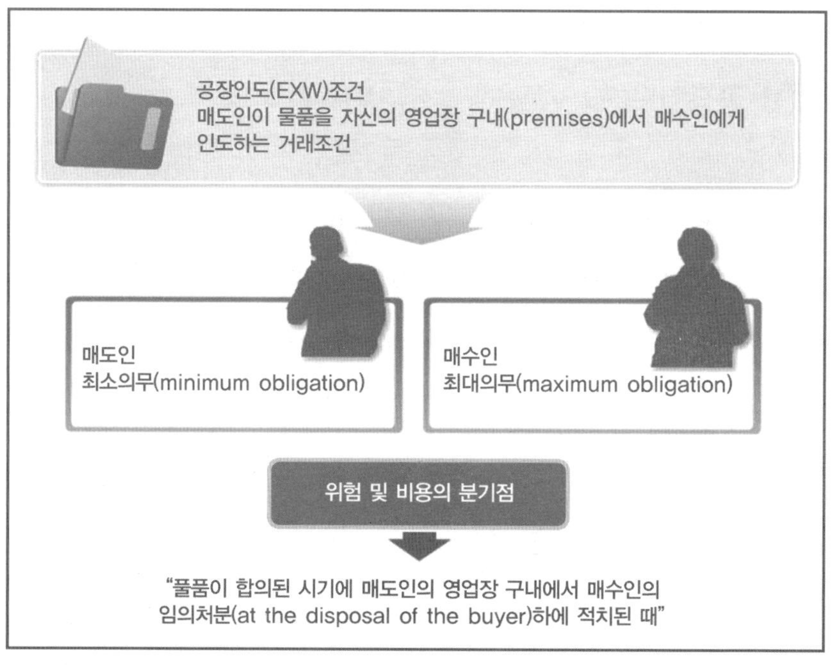

(2) 운송인인도(Free Carrier : FCA)조건

운송인인도조건은 매도인이 수출통관하고, 지정된 장소에서 매수인이 지정한 운송인에게 이를 인도하는 거래조건을 말한다. 따라서 매수인은 물품의 인도지점을 정확히 지정해야 하며, 매수인이 이를 지정하지 아니한 경우 매도인은 지정된 장소 내에서 자신의 목적에 가장 적합한 지점을 선택할 권리가 있다.

이 조건은 매도인이 지정된 장소에서 지정된 운송인에게 인도하는 것을 제외하면 이는 선적항의 본선에서 물품을 인도하는 FOB조건과 동일

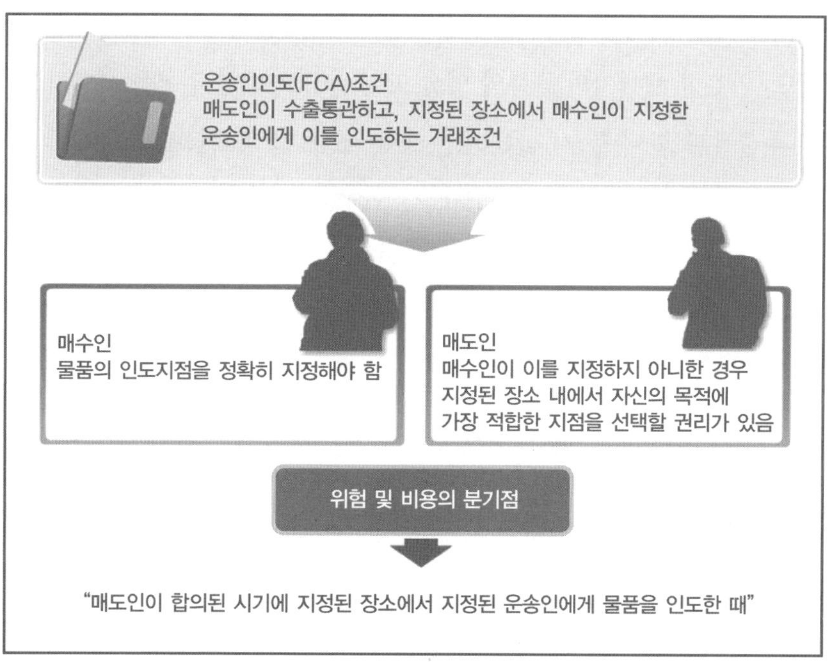

하다. 이 조건은 복합운송뿐만 아니라 철도, 도로, 해상, 항공, 내수로 운송 등 모든 방식에 사용할 수 있다.

운송인인도조건하에서 위험 및 비용의 분기점은 매도인이 합의된 시기에 지정된 장소에서 지정된 운송인에게 물품을 인도한 때가 된다.

(3) 운송비지급인도(Carriage Paid to : CPT)조건

운송비지급인도조건은 CFR조건을 복합운송화한 조건으로 매도인은 지정된 목적지까지 물품의 운송비를 지급하는 조건이다.

매도인은 ① 약정된 일자 또는 기간 내에 최초의 운송인에게 물품을 인도, 완료할 때까지의 물품의 멸실 또는 손상에 대한 위험을 부담하고, ② 수출통관 및 수출 시 발생되는 관세, 조세 및 공과금을 부담해야 한다. 또한 ③ 제3국으로의 통과비용도 매도인이 부담하도록 하였으며 CIP조건에서도 마찬가지이다. 이 조건은 운송방식에 관계없이 복합운송에 부응하기 위한 방식이다.

(4) 운송비 · 보험료지급인도
(Carriage and Insurance Paid to : CIP)조건

운송비 · 보험료지급인도조건은 CIF조건을 복합운송화한 조건으로 지정목적지까지 계약물품에 대한 운송비 · 보험료를 매도인이 지급하는 조건이다. 매도인은 CPT조건과 마찬가지로 약정된 일자 또는 시기에 최초의 운송인에게 물품을 인도, 완료할 때까지의 물품의 멸실 또는 손상에 대한 모든 위험을 부담하고 CPT처럼 수출 및 제반공과금을 포함해 제3국으로의 통과비용도 부담해야 한다.

(5) 도착터미널인도
(Delivered At Terminal : DAT)조건

도착터미널인도조건이란 매도인이 물품을 도착 운송수단에서 양화한 상태로 지정된 목적 항구나 지정된 터미널(지붕의 유무와 상관없이 부두, 창고, CY, 도로 · 철도 · 항공화물의 터미널)에서 매수인의 처분하에 인도하는 조건을 말한다.

DAT조건에서 매도인은 물품의 수입통관이나 수입관세 지급, 또는 수입통관 절차를 수행할 의무가 없다.

(6) 도착장소인도(Delivered At Place : DAP)조건

도착장소인도조건은 매도인이 물품의 수입통관을 제외하고 최종목적지까지 운반해 운송수단으로부터 양하하지 아니한 상태로 매수인에게 인도하는 거래조건을 말한다.

이 조건에서 위험 및 비용의 분기점은 물품이 합의된 시기에 지정된 목적지에서 운송수단으로부터 양하되지 아니하고 매수인의 임의처분하에 적치된 때가 된다. 다만, 수입통관 절차의 모든 비용과 위험은 매수인에게 귀속된다.

(7) 관세지급인도(Delivered Duty Paid : DDP)조건

관세지급인도조건은 매도인이 물품을 수입통관하고 최종목적지까지 운반해 운송수단으로부터 양하하지 않는 상태로 매수인에게 인도하는 거래조건을 말한다. 이 조건하에서는 매도인은 수입통관의 절차와, 관세, 조세 및 기타 부과금을 부담하고 지정된 목적지까지 운반해 매수인에게 인도해야 한다.

위험 및 비용의 분기점도 합의된 시기와 지정된 목적지에서 운송수단으로부터 양하되지 아니하고 매수인의 임의처분하에 적치된 때가 된다. 관세지급인도조건은 매도인의 최대의무가 되고 있다.

(8) 선측인도(Free Alongside Ship : FAS)조건

선측인도조건이라 함은 매도인이 물품을 수출통관해 선적항에서 본
선의 선측(부두상 또는 부선내)에 인도하는 거래조건을 말한다.

이 조건은 단지 해상운송 또는 내수로 운송에만 사용될 수 있으며, 주
로 곡물 및 원목 등 대량의 살화물(bulk cargo) 거래 시 이용되는 조건으
로 계약물품을 지정선적항의 부두 또는 선측에 인도, 완료하였을 때 매
도인의 의무가 완료된다.

또한 물품의 수출통관을 매도인이 이행하도록 함에 따라 매도인은 이

154

에 수반하는 모든 관세, 수출통관비용 및 기타 수출국가가 징수하는 부과금도 지급해야 한다.

반면 매수인은 본선의 선측에 적치된 이후의 모든 위험과 비용, 예컨대 선적전 검사비용, 본선적재비용, 운임, 보험료 및 수입통관비 등을 부담해야 한다.

(9) 본선인도(Free on Board : FOB)조건

　본선인도조건은 매도인이 물품을 선적항에서 본선의 난간(ship's rail)을 통과 시에 인도되는 거래조건을 말한다. 이 조건은 선적항의 본선상에서 인도를 이행하는 거래조건이므로 물품이 본선의 난간을 통과한 이후부터의 멸실 또는 손상의 위험은 매수인이 부담한다. 또한 이 조건은 단지 해상운송 또는 내수로 운송에만 사용될 수 있으며, 위험 및 비용부담의 분기점은 본선의 난간을 통과한 때가 된다.

　본선인도조건은 선적항에서 본선의 갑판상에 물품을 인도하는 것이

지만, 본선의 난간이 현실적인 의미가 없는 경우뿐만 아니라 당사자들이 본선의 난간을 분기점으로 인도할 의도가 없는 경우에는 이 조건 대신에 FCA조건을 사용할 것을 권고하고 있다.

또한 ICC는 CFR과 CIF조건의 경우에도, 위와 동일한 사정에서는 CPT와 CIP조건을 사용할 것을 권고하고 있다.

본선인도조건에서 매도인은 ① 매매계약과 일치하는 물품을 본선의 난간 통과 시에 인도하고, ② 자신의 비용부담으로 수출허가 및 통관을 하고 수출세와 부과금까지 지급해야 한다. 또한 ③ 상업송장을 비롯한 제반서류도 제공해야 한다.

반면 매수인은 ① 자신의 비용부담으로 물품운송계약을 체결하고, 선박명·적재장소 및 시기를 매도인에게 통지한다. ② 본선적재비가 운임에 포함되어 있을 경우에는 적재비용 그리고 목적항에서의 양륙비를 지급해야 한다. 또한 ③ 매도인에 대한 통지불이행, 지정선박의 입항지연이나 물품의 수령 불이행 등에 기인한 위험과 추가적인 비용을 지급해야 한다.

(10) 운임포함인도(Cost and Freight : CFR)조건

운임포함인도조건은 해상운송 및 내수로 운송에만 사용될 수 있는 조건으로 매도인은 목적항까지 물품을 인도하는데 필요한 운임을 지급해야 하며, 위험의 분기점은 FOB조건처럼 본선의 난간이 되고 있다.

이 조건에서 매도인은 ① 자신의 비용부담으로 약정품의 운송에 통상적인 선박 및 항로로 목적항까지 물품의 운송계약을 체결해야 하고, ② 매매계약과 일치한 물품을 선적항의 본선의 난간 통과 시에 인도해야 한다. ③ 자신의 비용부담으로 물품의 수출허가와 수출통관을 이행하고 이에 따른 수출세와 부과금을 지급해야 하고, ④ 계약에 일치함을 입증하는 상업송장과 목적항까지의 무사고 운송서류(유통성 선화증권, 해상화물운송장, 내수로 운송서류 등)를 지체 없이 제공해야 한다.

(11) 운임·보험료포함인도
(Cost, Insurance and Freight : CIF)조건

운임·보험료포함인도조건은 매도인이 목적항까지 물품을 운반하는 데 필요한 운임 및 보험료까지 지급하는 거래조건이다. 이 조건도 CFR조건과 마찬가지로 물품이 본선의 난간을 통과한 이후의 위험과 추가적인 비용은 매수인에게 이전된다.

매도인은 매수인과 별도의 합의가 없는 한 보험료는 최소담보조건인 ICC(FPA) 또는 ICC(C)조건을 부보하면 된다. 이 조건도 FOB나 CFR처럼 해상운송 또는 내수로 운송에만 사용될 수 있다.

운임·보험료포함인도조건에서 매도인은 ① 자신의 비용부담으로 약정품의 운송에 통상적인 선박 및 항로로 목적항까지 물품의 운송계약을 체결해야 하고, ② 매매계약과 일치한 물품을 선적항의 본선의 난간 통과 시에 인도해야 하며, ③ 자신의 비용부담으로 물품의 수출허가와 수출통관을 이행하고 이에 따른 수출세와 부과금을 지급해야 한다. 특히 매도인은 ④ 자신의 비용부담으로 보험자와 목적항까지의 운송에 수반되는 보험계약을 체결하고 보험료를 지급해야 한다.

∨ 물품이 본선의 난간을 통과한 때
∨ FOB나 CFR처럼 해상운송 또는 내수로 운송에만 사용

INCOTERMS 2010 요약

INCOTERMS 2010의 각 거래조건별로 매도인과 매수인간의 비용부담의 한계를 상호 비교하면 다음과 같다.

INCOTERMS 2010의 무역조건

수단	무역조건	위험(Risk)이전	비용(Cost)이전	비고
해상 항공 육상	① EXW(공장인도조건)	수출국 공장에서 매수인이 지정한 운송인에 물품인도시 (차량적재위험·비용 매수인 부담)	좌동	매수인이 수출통관
	② FCA(운송인인도조건)	수출국 지정장소(내륙, 항구, 공항)에서 매수인이 지정한 운송인에게 물품인도시 (차량적재위험·비용 매도인 부담)	좌동	매도인이 수출통관
	③ CPT(운송비지급인도조건)	"	최종 도착지	매도인이 도착지까지 운송비 부담
	④ CIP(운송비·보험료지급인도조건)	"	"	매도인이 도착지까지 운송비·보험료 부담
	⑤ DAT(도착터미널인도조건)	수입국 도착 터미널	좌동	"
	⑥ DAP(도착장소인도조건)	수입국 최종 도착지	좌동	매수인이 수입통관
	⑦ DDP(관세지급인도조건)	수입국 최종 도착지	좌동	매도인이 수입통관
해상	⑧ FAS(선측인도조건)	선적항 본선 선측	좌동	"
	⑨ FOB(본선인도조건)	선적항 본선 적재시	좌동	"
	⑩ CFR(운임포함인도조건)	"	도착 항구	도인이 도착항까지 운임 부담
	⑪ CIF(운임·보험료포함인도조건)	"	"	매도인이 도착항까지 운임·보험료 부담

INCOTERMS(무역조건의 해석에 관한 국제규칙)

INCOTERMS의 목적

외국과의 무역에 가장 일반적으로 사용되는 무역거래조건의 해석에 관하여 일련의 국제규칙을 제공하는 것

INCOTERMS 2010의 11가지 무역조건

1. EXW(공장인도조건)(Ex Works)
2. FCA(운송인인도조건)(Free Carrier)
3. CPT(운송비지급인도조건)(Carriage Paid to)
4. CIP(운송비·보험료지급인도조건)(Carriage and Insurance Paid to)
5. DAT(도착터미널인도조건)(Delivered At Terminal)
6. DAP(도착장소인도조건)(Delivered At Place)
7. DDP(관세지급인도조건)(Delivered Duty Paid)
8. FAS(선측인도조건)(Free Alongside Ship)
9. FOB(본선인도조건)(Free On Board)
10. CFR(운임포함인도조건)(Cost and Freight)
11. CIF(운임·보험료포함인도조건)(Cost, Insurance and Freight)

★ 무역실무 TIP

▶ 수출이나 수입 시에 가격을 어떻게 표시해야 하는가?

가격표시를 잘못하면 반드시 분쟁이 발생하게 된다. 예컨대 가격을 '$20'이라고 표기하면 분쟁이 발생하는 것은 당연하다. 즉 물품인도 장소와 달러종류, 기준 단위 등 문제의 소지가 한두 가지가 아니다. 무역계약에서 가격을 표시하는 방법에는 11가지 종류 중 어느 하나를 정확히 기재해 "FOB Busan port US$20.00 per piece (INCOTERMS 2010)" 등과 같이 명확히 기재해야 한다.

※ 〈인코텀즈 2010〉에 관한 자세한 내용은 《무역실무자가 꼭 알아야 할 인코텀즈 2010》(오시학 지음, 중앙경제평론사 발행)을 참고하세요.

확·인·문·제

01 다음 중 수출상 입장에서 위험 및 비용부담이 가장 적은 것은?

① EXW

② FOB

③ CIF

④ DDP

해설 : EXW는 수출상이 수출상공장에서 수입상이 지정한 운송인에게 물품을 인도하므로
위험 및 비용부담이 가장 적다.

02 다음 중 위험이전 시점이 틀린 것은?

① FOB

② CFR

③ CIF

④ CIP

해설 : FOB, CFR, CIF는 위험이전 시점이 선적항 본선 난간이지만 CIP는 운송인에게
물품을 인도 시에 위험이 이전된다.

03 다음 중 가격조건에 대한 국제규칙은?

① UCP

② INCOTERMS

③ WTO

④ IMF

해설 : 가격조건에 대한 국제규칙이 INCOTERMS이며, 신용장에 관한 국제규칙이 UCP
이다.

1. ①　　　2. ④　　　3. ②

7장 선적 및 보험조건

학습목표

① 선적조건 표시방법을 알아야 한다.
② 보험조건 표시방법을 알아야 한다.
③ 선적조건과 보험조건의 연관성을 이해해야 한다.

무역계약에 있어서 반드시 포함되어야 하는 것이 선적조건이며, 선적조건에는 납기, 인도장소, 분할납품 여부 등이 명기된다. 그리고 매매계약서에 보험조건은 가격조건이 CIF 및 CIP조건의 경우에만 포함되며 보험금액, 보험조건 등이 명기된다.

(1) 선적(인도)방법의 약정

거래조건으로서의 Shipment의 의미는 '운송기한' 의 뜻으로 해석된다. 그런데 '선적' 의 의미로 쓰일 때가 있다. 즉 운송인에게 인도하면 현실적 선적을 아니해도 Shipment가 행해진 것으로 해석된다. 심지어 미국 등에서는 육상운송의 적입도 Shipment라고 한다.

(2) 운송시기의 결정과 표시방법

운송시기의 결정과 표시방법을 정리해보면 다음과 같다.

1) 특정조건(Specific Terms)

구체적인 일자, 기간을 약정한다. 운송조건은 운송일을 확정하기보다 운송기한을 제시하는 것이 보통이다.

① 기간용어 및 일자용어(Date Term)의 해석(UCP600)

② Not later than May 31, On or Before May 31, By May 31 : 해당일 포함

③ To, Until(Till), From, Between : 해당일 포함

④ After, Before : 해당일 제외

⑤ On or About : 지정일 전후 5일(양쪽 끝나는 날 포함 총 11일간)

⑥ First Half, Second Half : 1~15일, 16~말일

⑦ In the Beginning of (Early) May Shipment, In the Middle of (Mid) May Shipment, At the End of May Shipment : 예문처럼 한 달을 3등분해 상순(1~10일), 중순(11~20일), 하순(21~말일) 선적과 같이 표시한다.

⑧ 단월조건 : May Shipment, Shipment during May(6월중 선적)

⑨ 연월조건 : June-July Shipment(6월에서 7월 사이의 선적)

2) 신용장의 유효기간(Expiry Date)과 선적기일(Shipping Date)

① L/C상 유효기간은 정해져 있으나 선적기일이 정해져 있지 않으면 E/D를 Latest Shipping Date(S/D)로 본다.

② E/D가 국경일, 일요일, 은행의 휴무일일 때 E/D는 다음 영업일까

지 자동연장되나, Lastest Shipping Date(S/D)는 연장되지 않는다. 따라서 수출상은 S/D가 공휴일인 경우 당일 또는 전일까지 선적을 완료해야 한다.

3) 즉시선적 조건(General Terms)

① 구체적인 월, 일을 제시하지 않고, '즉시선적' 하는 조건으로 약정하는 방법이다.

② Shipment As Soon As Possible(ASAP), Promptly, Immediately, Soonest, At Once, Quickly, Without Delay, As Early As Possible 또는 Ready Shipment, Near Delivery

등은 각국의 실제 적용일수간에 차이가 있어 혼란이 일어날 우려가 있다. 그리고 무역통신문상의 표현은 명확해야 하므로 이와 같은 표현은 바람직하지 않다.

③ 신용장 거래 시 막연히 '즉시 선적'이라 명시한 경우 선적기한에 대한 약정이 없는 것으로 간주한다. 신용장 통일규칙에 의하면 신용장상에 이러한 표현이 명시되었을 경우에는 은행이 이를 무시하도록 되어 있다.

(1) 분할선적(Partial Shipment)

1) 분할선적을 허용하는 경우

거액거래이거나, 수입자의 판매계획이나 시황에 따라 여러 번에 걸쳐 공급받고자 할 때, 또는 제품재고에 여유가 있어서 분할해 공급받아도 지장이 없을 때 분할선적을 허용한다.

2) 분할선적과 할부선적

할부선적(Shipment by Instalments, Instalment Shipment)과는 구분된다. 할부선적은 분할횟수, 수량, 각 분할분의 선적시기 등을 구체적으로 정한 경우를 말한다.

3) 분할선적 시 유의사항

① 신용장 거래인 경우 어느 분할분의 선적이 약정대로 이루어지지 않았다면, 당해분에 대한 unpaid와 잔여계약분에 대한 취소권을 개설은행측이 가지게 된다.

② 신용장 거래에서 신용장상에 분할선적을 금지하는 조항이 없다면 분할선적을 허용하는 것으로 해석한다(UCP600).

③ 분할운송을 신용장에서 금지하지 않은 경우에는 원칙적으로 허용된다. 그러나 1회의 주문에 여러 색상이 섞였거나 Size별로 한 Lot로 주문된 경우 등에는 금지되는 것이 보통이다.

(2) 환적(Transhipment)

- 환적이란 간단히 말해서 화물의 이적, 즉 옮겨 싣는 것을 말한다. 복합운송(Combined Transport, Multimodal Transport)에서 환적이 일반적이다.
- 직항선적 약정 시에는(Direct Shipment by Customary Route 등) 환적이 금지된다고 보나, 직항선적의 약정이 있더라도 해난에 조우해 피난항(Port of Refuge)에 기항하거나 선용품 조달을 위한 일시적인 기항은 인정된다.

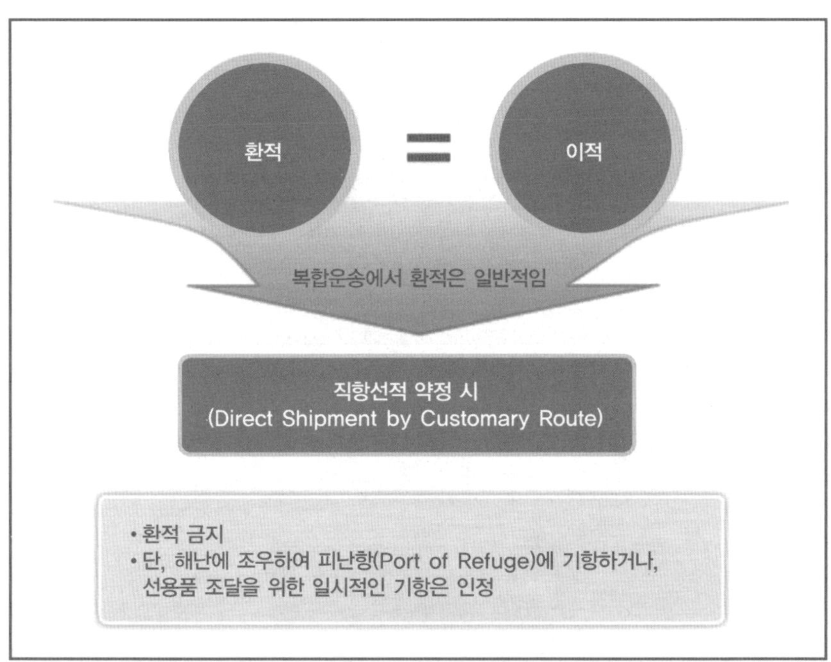

- 분할운송 및 환적을 신용장에서 금지하지 않은 경우에는 원칙적으로 허용된다. 그러나 깨어지기 쉬운 물품이나 귀중품 등은 환적을 처음부터 명시적으로 금지시키는 것이 바람직하다.

03 지연운송과 선적일의 입증

(1) 지연운송

　운송일은 선하증권의 선적일로 하는데, 선적을 선적기일의 최종일까지 완료할 수 없는 경우에 지연선적이 된다. 이때 Seller의 고의나 과실로 인해 발생하였을 경우에는 클레임의 원인이 되지만 불가항력(Force Majeure)에 의한 지연운송은 면책된다.

(2) 인도장소와 운송수단

　선적항(Shipping Port)과 도착항(Destination Port) 등 인도장소를 명

시한다. 통상 From Busan Port to Seattle Port 등과 같이 표기한다.

운송수단은 From Busan Port to Seattle Port로 표기되면 선박 (Ship/Vessel)으로 운송하며, From Incheon Airport to Chicago Airport로 표기되면 항공기(Airplane/Air Craft)로 운송함을 의미하므로 별도로 표기하지는 않는다.

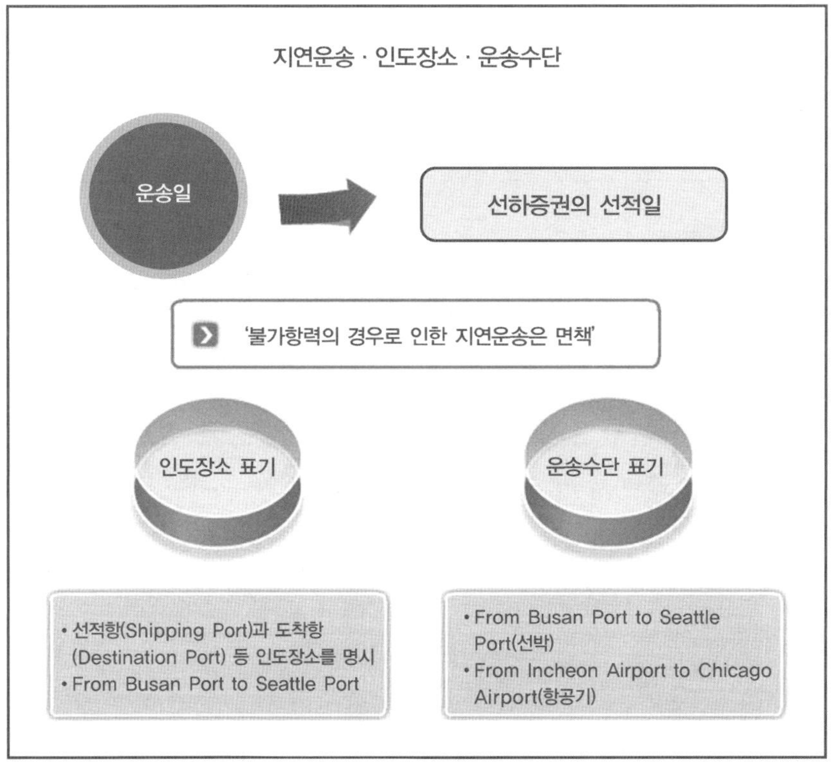

(3) 선적일의 입증

선적선하증권(Shipped B/L)은 선하증권 발행일이 선적일이 되며, 수취선하증권(Received for Shipment B/L)은 본선적재부기일이 선적일이 된다.

① 선적선하증권 : B/L 발급일이 신용장상의 선적일보다 빠르면 된다.

② 수취선하증권 : B/L상의 본선적재일(On Board Notation)이 신용장상의 선적일보다 빨라야 한다.

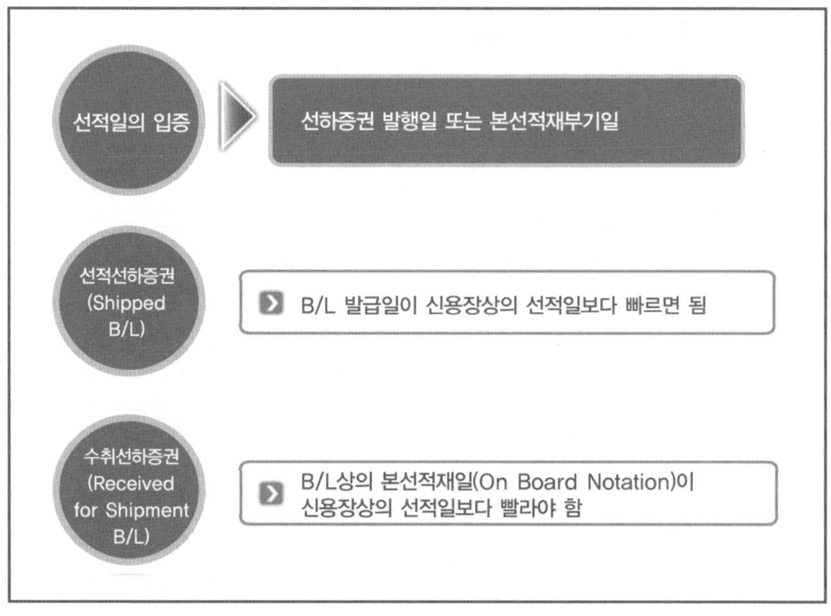

04 보험조건

(1) 보험조건의 중요성

물품을 운송하는 과정에서는 사고로 인한 손해발생에 대비해야 한다. 보험가입 금액, 보험 목적물의 성질, 운송상황 등에 따라 어떠한 담보조건으로 누가 부보할 것인가를 약정해야 한다.

무역에서 취급하는 보험은 해상보험 중 적하보험을 말하는 것이 보통이다. 화물을 수송하는 도중에 발생하는 위험에 대한 손해를 보험회사가 보상해 주는 것으로, 계약에서 결정한 부보조건에 해당하는 부분만 보상해 준다.

보험약관은 런던보험자협회가 제정한 협회적하약관(Institute Cargo Clause)에 의해 규정된 보험계약에 관한 조항으로서 크게 구약관과 신

약관 두 가지 형식으로 분류되어 보험가입자가 선택할 수 있도록 되어
있다.

구약관은 200여 년 전부터 사용되어온 영국의 Lloyd's S. G. Policy
을 모체로 하는 S. G. Policy와 그의 특별약관 ICC(FPA, WA, A/R)조건
을 말한다. 신약관은 1979년 UNCTAD의 해상보험에 관한 보고서를
기초로 하여 1982년 제정된 ICC(A, B, C)조건을 말한다. 담보범위는
ICC(A/R)과 ICC(A)가, ICC(WA)와 ICC(B)가, ICC(FPA)와 ICC(C)가 유사
하고 ICC(A/R)과 ICC(A)가 가장 넓으며 ICC(FPA)와 ICC(C)가 가장 좁은
것이다.

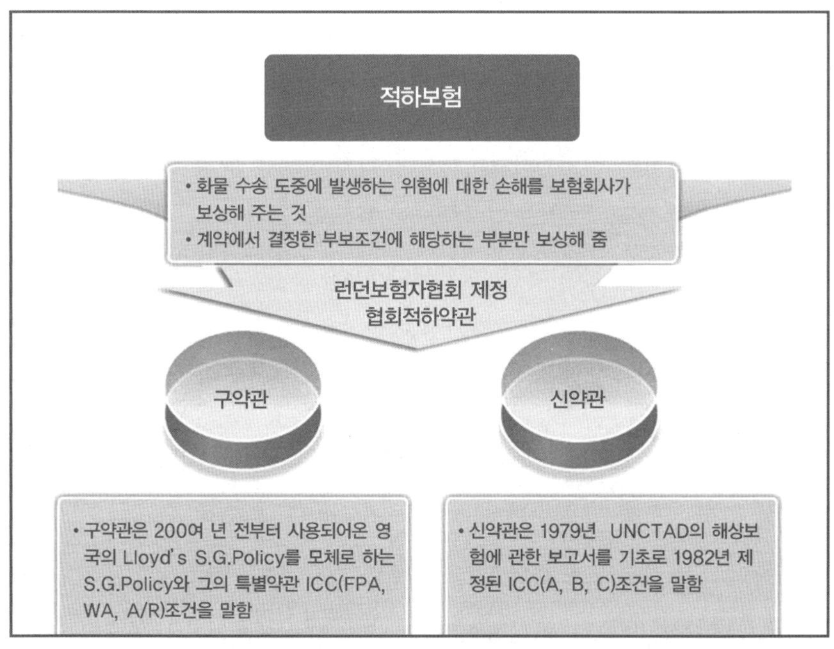

(2) 거래조건별 적하보험 부보범위

거래조건별 적하보험 부보범위를 살펴보면 다음과 같다.

- EXW : 매수인이 해상운송구간에 내륙운송구간을 추가해야 완전한 담보를 받을 수 있다.
- FAS : 매수인은 계약물품이 선측에 인도된 이후부터 최종목적지까지의 운송위험에 대해 부보하는데, 동조건은 선적비용이 많이 소요되는 부피가 큰 물품(운면, 원목, 곡물 등)에 주로 사용된다.
- FOB : 매수인이 물품의 본선인수 후부터 최종목적지까지의 운송위험을 부보한다.
- CFR : 적하보험은 FOB와 동일하다.
- CIF : 매도인이 선적 전에는 매도인 본인을 위해, 선적 후에는 매수인을 위해 보험을 가입한 후 매수인에게 양도한다.

(3) 구협회 적하보험 약관

구협회 적하보험 약관의 보험조건별 내용은 대략 다음과 같다.

- FPA(Free From Particular Average, 단독해손부담보조건) : 담보위

험을 Positive List로 나열한다.

- WA(With Average, 분손담보조건) : WA 3%와 WAIOP가 가장 일반적이다. WA 3%는 손실액이 3% 미만인 경우 보상하지 않는다는 의미이다. 그리고 WAIOP는 With Average Irrespective of Percentage의 약칭으로 손실액의 다과에 관계없이 보상하는 WA의 특약사항이다.

- A/R(All Risk, 전위험담보조건) : 담보위험의 범위가 가장 넓으며, Negative List로 면책위험만을 나열한다.

구협회 적하보험 약관

보상하는 손해(담보위험)	FPA	WA	A/R
① 전손	O	O	O
② 공동해손	O	O	O
③ 해난구조비 및 손해방지비	O	O	O
④ 좌초, 침몰, 대화재가 발생된 경우의 단독해손	O	O	O
⑤ 선적, 환적, 양하 중의 매포장 단위당의 전손	O	O	O
⑥ 화재, 폭발, 충돌, 접촉 및 피난항에서의 양하로 인한 손해	O	O	O
⑦ 악천후에 의한 해수손	X	O	O
⑧ 약관상 면책사항 이외의 외래적, 우연적 사고에 의한 손해	X	X	O

주) 면책사항 :
① 보험계약자 또는 피보험자의 고의 또는 불법행위로 인한 일체의 손해
② 보험목적물의 고유의 하자 또는 성질과 운송의 지연으로 인한 손해
③ 위험의 요건을 구비하지 않은 사유로 의한 손해, 즉 통상적인 손해(Ordinary Loss or Trade Loss)
④ 전쟁, 파업, 폭동 등에 의한 손해(War, Strike, Riots and Civil Commotion, W/SRCC)

신협회 적하보험 약관

보상하는 손해(담보위험)	ICC(C)	ICC(B)	ICC(A)
① 화재 또는 폭발	○	○	○
② 본선 또는 부선의 좌초, 교사, 침몰, 전복	○	○	○
③ 육상운송용구의 전복, 탈선	○	○	○
④ 본선, 부선, 운송용구의 타물과의 충돌, 접촉	○	○	○
⑤ 피난항에서의 화물의 하역	○	○	○
⑥ 지진, 화산의 분화, 낙뢰	×	○	○
⑦ 공동해손희생 손해	○	○	○
⑧ 투하(Jettison)	○	○	○
⑨ 갑판유실(Washing Overboard)	×	○	○
⑩ 본선, 부선, 선창, 운송용구, 컨테이너, 지게차(Liftvan) 또는 보관장소에의 해수, 호수, 강물의 유입	×	○	○
⑪ 본선, 부선에의 선적 또는 양륙작업 중 바다에 떨어지거나 갑판에 추락하여 발생한 포장단위당의 전손	×	○	○
⑫ 약관상 면책사항 이외의 외래적, 우연적 사고에 의한 손해	×	×	○
⑬ 공동해손, 구조비	○	○	○
⑭ 쌍방과실충돌(Both to Blame Collision)	○	○	○

주) ICC(B)에서 10항의 우수(Rainwater)의 경우는 부담보.

(4) 부가위험

1) 부가위험 담보의 필요성

기본약관인 ICC(A/R), ICC(WA), ICC(FPA) 또는 ICC(A), ICC(B),

ICC(C)로 부보하더라도, 화물의 특성에 따라 추가로 위험에 부보할 경우에는 부가보험약관에 부보해야 한다.

2) 부가위험 담보 고려 요소

화물의 종류, 포장방법, 운송방법 등을 고려해 기본조건인 FPA, WA나 ICC(B), ICC(C)에 다음과 같이 열거된 부가위험의 종류를 참고하여 보험조건을 추가해 부보함으로써 보다 저렴한 보험료로서 전 위험담보조건으로 부보한 것과 동일한 효과를 거둘 수도 있다.

3) 부가위험 종류

① TPND(Theft, Pilferage & Non-Delivery) : 도난, 발하, 불착손

② R.F.W.D(Rain and/or Fresh Water Damage) : 비나 민물에 의한 손상

③ Breakage : 파손

④ Sweat and Heating Damage : 습기와 열에 의한 손상

⑤ Leakage/Shortage : 누손 및 부족손

⑥ JWOB(Jettison and Washing Over Board) : 투하 및 갑판유실

⑦ Denting and/or Bending : 곡손

⑧ Spontaneous Combustion : 자연 발화

⑨ Mould and Mildew : 곰팡이손

⑩ ROD(Rust, Oxidation, Discolouration) : 녹, 산화, 변색

⑪ Hook and Hole : 갈고리손

⑫ Contamination : 오염손

(5) 확장담보조건과 기타 특별약관

1) 내륙보관 확장담보조건(Inland Storage Extension : ISE)

통상적인 운송과정에서 중간창고나 보세창고 보관 중의 위험을 적하보험증권에 명시된 기간(수출 : 모선으로부터 하역 후 60일, 수입 : 최종도착항 하역 후 30일) 이상으로 연장할 경우 담보하는 조건이다.

2) 기타 특별약관

화물의 종류에 따라 보험자가 자동적으로 첨부하는 원산지 손해약관, 기계류수선 특별약관, 중고기계수선 특별약관, 냉동기관약관, 생동물약관, 상표약관, 갑판적약관 등이 있다.

★ **무역실무 TIP**

▶ **매매계약서에 선적조건과 보험조건을 어떻게 표시해야 하는가?**

매매계약서에 선적조건은 "From Busan Port, Korea to Seattle Port, U.S.A not later than December 31 partial shipment allowed and transshipment prohibited"와 같이 표시하며, 보험조건은 "Seller to cover the 110% of CIF invoice value against ICC(All Risks) with clams payable in Seattle, U.S.A in the U.S. dollars"와 같이 표시한다.

01 다음 중 매매계약서에 포함해야 할 선적조건이 아닌 것은?

① 납기
② 인도장소
③ 분할인도 여부
④ 운임

해설 : 매매계약서에 포함해야 할 선적조건이 납기, 인도장소, 분할인도 여부 등이다.

02 다음 중 L/C상 선적기일의 기준은?

① 본선적재일(On Board Notation Date)
② 물품 수취일(Cargo Receipt Date)
③ 출항일(Departure Date)
④ 입고일(Warehouse Enter Date)

해설 : 선적일의 증명은 별도의 증명이 없는 한 본선적재일을 선적일로 간주한다.

03 다음 중 보상범위가 가장 좁은 보험조건은?

① ICC(All Risks)
② ICC(A)
③ ICC(FPA)
④ ICC(B)

해설 : 보상범위가 가장 좁은 보험조건은 구약관에서 ICC(FPA)이며, 신약관에서는 ICC(C)이다.

1. ④　　　2. ①　　　3. ③

대금결제조건

① 대금결제방법의 종류를 알아야 한다.
② 수출상 입장에서 유리한 대금결제방법부터 불리한 대금결제방법의 순서를 알아야 한다.
③ 신용장의 개념과 메커니즘을 터득해야 한다.

무역을 하는 이유는 돈을 벌기 위해서이다. 따라서 무역계약에서 가장 중요한 것은 대금결제조건이다. 대금결제방법의 종류에는 크게 송금방식, 추심방식, 신용장방식이 있다.

쌍무계약인 무역매매에서는 매도인의 물품인도와 매수인의 대금결제로 계약이 이행되므로 무역거래에서는 인도조건과 함께 결제조건이 중요한 조건의 하나라고 할 수 있다. 물품대금의 결제와 관련해 중요한 사항으로는 대금의 지급방법, 지급시기 및 지급통화가 있다. 대금결제방법에는 크게 송금방식, 추심방식, 신용장방식 등이 있다.

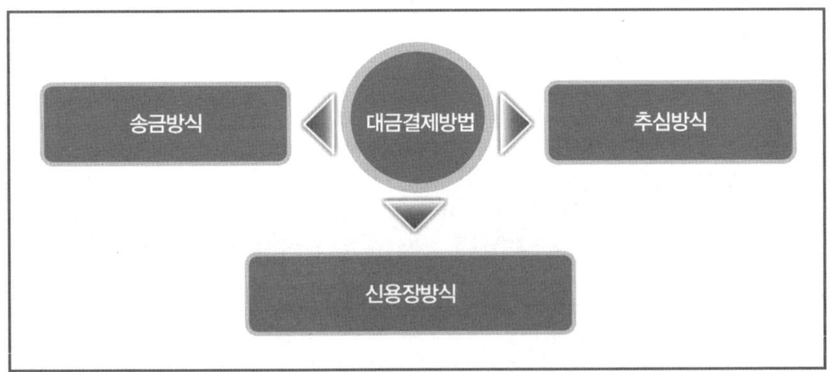

(1) 송금방식

송금방식에 의한 대금결제란 수입업자가 수출업자에게 물품대금을 송금해 결제하는 방식을 말한다. 수입업자의 물품 인도시기에 따라 사전송금방식(T/T in Advance)과 사후송금방식(Open Account : O/A)으로 분류된다.

(2) 추심방식

추심 결제방식은 송금방식의 한계성, 신용장방식의 번잡성과 비용 절감을 이유로 국제적으로 상호 신용상태가 높은 무역업자간의 대금결제에 사용한다. 이는 수출업자가 신용장 없이 환어음을 발행해 거래은행에 추심을 의뢰해 수입업자가 대금을 결제하는 방식을 말한다.

추심방식의 장점으로는 송금 결제방식의 문제인 수입업자의 신용위험을 줄일 수 있다는 것이다. 그러나 수입업자와 수출업자의 상호 신용을 바탕으로 한 경우에야 가능하므로 상당한 거래실적이 있거나 또는 본사와 해외지사간의 대금결제에 주로 이용된다.

추심 결제방식은 지급인도조건(Document against Payment : D/P) 방식과 인수인도조건(Document against Acceptance : D/A) 방식이 있다.

(3) 신용장방식

　국제무역에서 수출업자의 가장 큰 관심사는 자신은 매매계약에 따라 물품을 인도하려 하나 수입업자가 과연 대금을 지급할 것인지에 관한 것이다. 이에 비해 수입업자의 가장 큰 관심사는 자신은 매매계약에 따라 물품대금을 지급하려 하나 수출업자가 과연 물품을 인도할 것인지에 관한 것이다.

　이와 같이 무역업자의 상충한 이해관계를 송금방식이나 추심방식의 대금결제는 충분히 만족시켜 주지 않는다.

　반면에 신용장방식의 대금결제는 개설은행이 수출업자를 위해 수입업자를 대신해 대금지급을 확약하고, 또한 수입업자를 위해 수출업자를 대신해 신용장 조건에 일치하는 서류를 인도해 상호 이해관계를 충족시켜 주는 거래방식이다. 즉 신용장이란 매수인의 지시와 요청으로 신용장을 개설한 개설은행이 수출업자가 신용장 조건에 일치하는 서류를 제시하면 그 금액을 지급하겠다고 확약하는 증서를 말한다.

02 송 금

송금방식에 의한 대금결제는 수출상이 상품을 인도하기 전이나 후에 수입상이 결제하거나 또는 상품인도와 동시에 수입상이 수출상에게 대금을 송금해 결제하는 방식을 말하는데, 이는 상품의 인도시기에 따라 다음과 같이 나누어진다.

(1) 사전송금방식(T/T in Advance)

수입업자가 먼저 대금의 전액을 상품선적 전에 전신환 또는 수표 등으로 수출업자에게 미리 송금해 지불하고, 수출상은 일정 기간 이내에 이에 상응하는 상품을 만들어 선적하는 방식이다.

이 방식은 수출상에게는 가장 유리한 결제방식이다. 대금을 미리 받고 제품을 생산해 선적하고 필요한 선적에 관련된 서류를 송부하면 된다. 그러나 수입업자는 계약상품이 도착하기 전까지는 안심할 수 없다. 그러므로 이 거래는 수입상이 수출상을 믿기 전에는 이용할 수 없다.

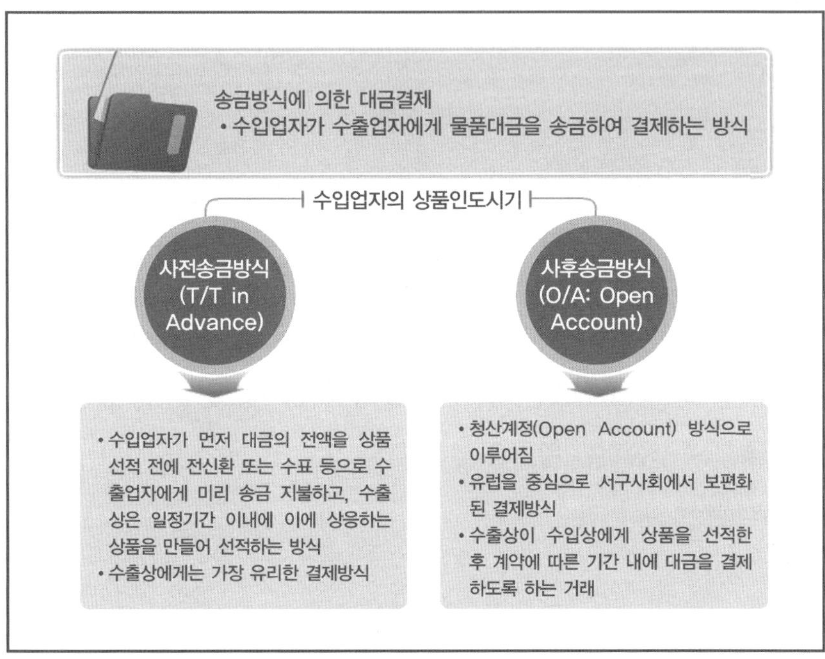

(2) 사후송금방식(Open Account : O/A)

이 방식은 주로 청산계정(Open Account) 방식으로 이루어지고 있다.

유럽을 중심으로 서구사회에서 보편화된 결제방식이며, 사전송금방식
과는 정반대로 수출상이 수입상에게 상품을 선적한 후 계약에 따른 기
간 내에 대금을 결제토록 하는 거래이다.

추심방식에 의한 대금결제방법은 수입자가 신용장을 개설하지 않아도 수출자가 수입자에게 신용을 제공하는 거래로서 수출자는 수출품을 선적한 뒤 환어음에 선적서류를 첨부해 이를 은행을 통해 추심해 수출대금을 회수하는 방식이다.

수입자은행은 대금지급을 약속하지 않고 단순히 어음을 추심하는 업무만 수행한다.

추심 결제방식의 거래에는 결제기간으로 보아 일람불(At Sight)인 지급인도조건(D/P)과 기한부(Usance) 거래인 인수인도조건(D/A)이 있다.

(1) 지급인도조건(Document against Payment : D/P)

수출자가 수출물품을 선적한 후 수입자를 지급인으로, 수출자를 수취인으로 일람불 어음을 발행해 선적서류와 함께 거래 외국환은행에 추심을 의뢰하고 의뢰받은 은행(추심의뢰은행)은 이를 수입지의 은행에 추심 요청을 하게 되고 이의 요청을 받은 추심은행(수입자의 거래은행)은 어음 지급인(수입자)이 환어음 대금을 지급함과 동시에 선적서류를 수입자에게 인도하고 그 대금을 추심의뢰은행(수출자의 거래은행)에 송금해 수출자가 수출대금을 영수하는 거래방식이다.

(2) 인수인도조건(Document against Acceptance : D/A)

수출자가 기한부환어음을 발행해 추심은행을 통해 수입자에게 제시하면 수입자는 어음상에 'Accepted' 라는 표시와 함께 서명하고 환어음을 인수하고, 추심은행은 수입자에게 선적서류를 인도하면 추심은행은 어음의 지급만기일에 어음지급인(수입자)으로부터 대금을 지급받아 추심의뢰 은행에 송금하면 수출자가 대금을 영수하는 거래방식이다.

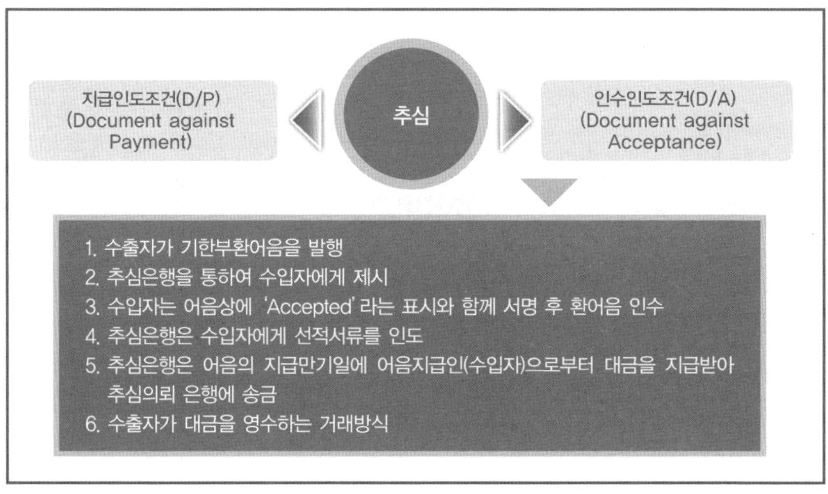

04 신용장

(1) 신용장의 발행요건

신용장의 발행요건은 다음과 같다.

- 발행되는 신용장은 반드시 취소불능 신용장이어야 한다.
- 기재되는 모든 조건들은 매매계약과 정확하게 일치해야 한다.
- 신용장 조건은 명확해야 하며 신용장조건간의 모순된 조건이 있어서는 안 된다.
- 물품의 명세는 정확하고 간단하게 기술해야 한다.
- 신용장 거래는 매매계약과는 별개의 계약이므로 신용장 조건에 매매계약의 내용을 참조하도록 해서는 안 된다.

- 기타 신용장의 발행방법(전송 또는 우편), 신용장 수수료 외에 소요되는 기타 경비는 누가 지급할 것인지, 신용장의 확인이 필요하지는 않은지 등의 내용까지도 정확하게 검토해 기재해야 한다.

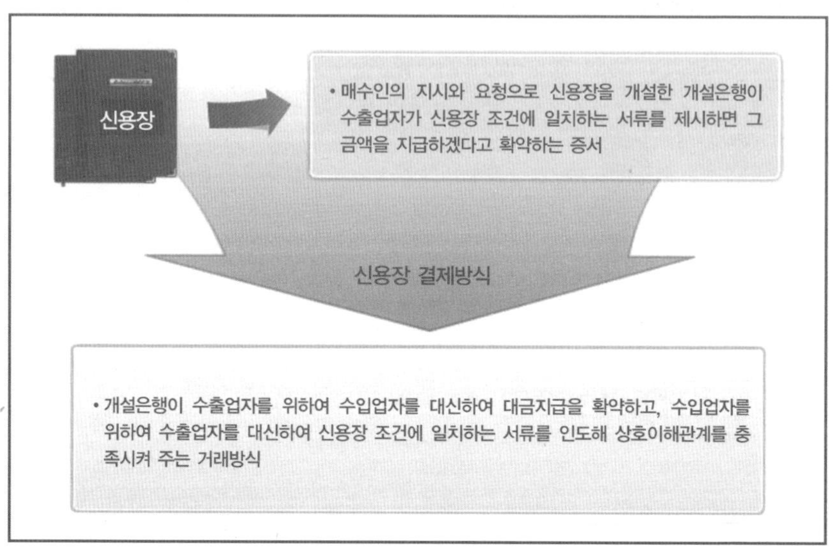

(2) 신용장 발행 신청 시의 제출서류

신용장 발행 신청을 할 때 다음과 같은 서류를 제출해야 한다.

- 신용장 발행 신청서
- 담보차입증

- 신용장 거래 약정서
- 수입승인서(I/L)(필요 시)
- 보험증권(CIF, CIP의 경우는 제외)
- 물품매도확약서

(3) 신용장의 조건 변경

취소불능 신용장에서는 신용장 조건의 변경을 위해 수익자, 확인은행 (확인 신용장인 경우), 발행은행의 합의가 있어야 한다. 신용장 조건의 변경과정은 다음과 같다.

- 수출업자가 수입업자에게 신용장 조건 변경 요청
- 수입업자는 발행은행에게 신용장 조건 변경 신청서 제출
- 발행은행은 수익자에게 통지은행을 통해 신용장 조건 변경 사실과 변경 내용을 통지
- 수익자인 수출업자가 변경(취소)동의서를 통지은행에 제출
- 통지은행은 발행은행에게 변경(취소)동의서를 송부
- 발행은행은 이 내용을 발행의뢰인에게 통보

(4) 신용장의 구성

신용장의 구성 내용은 다음과 같다.

- 개설은행명(Name of Issuing Bank)
- 개설장소 및 일자(Place and Date of Issue)
- 신용장의 종류(Type of Credit) : 신용장 상단 부분에

  'Irrevocable Documentary Credit' 이라고 인쇄되어 있음
- 신용장번호(Credit Number) : 우측 상단에 명기
- 유효기일 및 장소(Date and Place of Expiry)
- 개설의뢰인(Applicant)
- 수익자(Beneficiary)
- 신용장 통지 은행 및 통지 번호(Advising Bank and Advising No.)
- 신용장 금액(Amount)
- 분할선적(Partial Shipment)

  ① 허용의 표시 : allowed, permitted

  ② 불허의 표시 : not allowed, not permitted, prohibited

  ③ 아무런 표시가 없는 경우 : 허용하는 것으로 간주함
- 환적(Transhipment) : 수입상 입장에서는 불허하는 것이 좋음
- 본선 적재, 발송 또는 수탁지점(Place of Loading on Board/

  Dispatch/Taking in Charge)

- 목적지(Destination)

- 사용 가능 방법 : 지급(Payment), 연지급(Deferred Payment), 인수
  (Acceptance), 매입(Negotiation)

- 환어음(Draft, Bill of Exchange) : 통상 2장 발행

- 사용 가능한 은행(Nominated Bank)

- 상품명세(Commodity Description)

- 가격조건(Price Terms)

- 요구서류(Documents Required)

- 특별지시사항(Special Instruction)

- 서류제시기간(Period for Presentation)

- 신용장통일규칙 준거 문언

- 지급확약 문언(Engagement Clause)

- 상환방법(Reimbursement Method)

- 서류발송 지시(Mailing Instruction) : in 2lots 등

(5) 신용장 거래의 특성

신용장 거래의 특성은 독립성(Independence), 추상성(Abstraction), 한계성(Iimitation)의 세 가지 형태로 나누어진다.

1) 신용장의 독립성

신용장은 매매계약에 근거해 개설되는 것이지만, 일단 신용장이 개설되면 신용장은 매매계약으로부터 독립되어 그 자체로서 별도의 법률관계를 형성하는데 이를 '신용장의 독립성' 이라 한다.

이는 매매계약의 당사자가 아닌 은행을 무역계약으로부터 독립시켜 신용장 거래의 안정성을 확보하기 위함이다.

그러므로 수입자는 신용장 조건과 매매계약 조건이 서로 다르다는 점을 이유로 대금지급을 지연 또는 취소할 수 없으며, 매매계약이 취소되었다 할지라도 신용장 조건대로 이행한 수출자는 신용장의 독립성에 의해 보호를 받을 수 있다.

2) 신용장의 추상성

신용장 거래에 있어서 모든 관계 당사자는 서류상의 거래를 하는 것이며 그러한 서류들이 관련되어질 수도 있는 상품, 용역 또는 계약이행상의 거래를 하는 것이 아니다. 즉 신용장 거래는 상품거래가 아니고 서류상의 거래인데 이를 '신용장의 추상성' 이라 한다.

이와 같이 신용장에 독립·추상성이 필요한 이유는 상품거래에 대한 지식과 경험이 없는 은행을 보호하고, 나아가 은행으로 하여금 매매계약 등의 제약으로부터 해방시켜 줌으로써 신용장 거래의 원활화를 기하기 위함이다.

3) 신용장의 한계성

신용장의 한계성을 살펴보면, 첫째는 신용장은 하나의 독립된 지급수단이 될 수 없다는 점이다. 신용장에서 개설은행은 매매계약의 당사자가 아니며, 단지 일정한 조건이 충족되는 경우에만 개설은행이 지급·연지급·인수·매입을 하겠다는 독자적인 약속을 하는 것이지 매수인이 상품대금을 지급하지 않으면 은행이 대신 지불한다는 것은 아니다. 둘째는 신용장은 계약상품의 인수를 보장하지 않는다는 점이다.

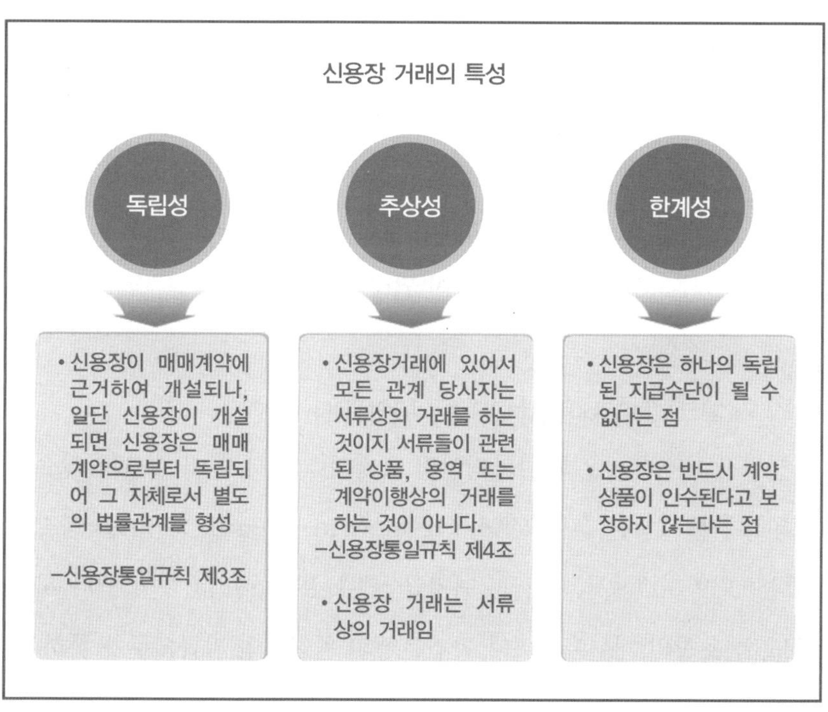

(6) 신용장의 당사자

신용장 거래의 당사자는 권리의무의 주체가 되는 기본 당사자로서 다음과 같이 구분할 수 있다.

1) 개설의뢰인(Applicant)

거래계약의 당사자인 매수인은 자기 거래은행에 신용장의 개설을 의뢰하게 된다. 개설의뢰인은 원칙적으로 매수인에 해당하는 것이지만, 때로는 매수인의 거래처인 제3자가 되는 경우도 있다. 또한 개설의뢰인은 화물의 수하인인 동시에 환어음의 결제자가 된다.

개설의뢰인은 보는 각도와 기능에 따라 수입업자(Importer), 매수인(Buyer), 개설인(Opener), 대금결제인(Accountee), 환어음 지급인(Drawee), 수하인(Consignee) 등이 된다.

2) 개설은행(Issuing Bank, Opening Bank)

신용장 개설은행은 개설의뢰인의 요청과 지시에 따라 수출자 앞으로 신용장을 발행하는 은행으로서 Credit Writing Bank, Grantor라고도 한다. UCP 600에서는 지급, 연지급, 인수 또는 매입은행이 있다 하더라도, 신용장의 개설은행이나 확인은행의 원칙적인 지급의무를 특히 강조하고 있다.

3) 수익자(Beneficiary)

신용장의 수취인을 수익자 또는 수혜자라고도 하며 수출자가 신용장 거래 시에 수익자가 된다. 수익자는 그 기능과 보는 각도에 따라 수출업자(Exporter), 선적인(Shipper), 환어음 지급인(Drawee), 대금영수인(Payee), 신용수령인(Accreditee) 등이 된다.

양도 가능 신용장에서는 원신용장의 수혜자를 제1수익자라 하며 양도받은 양수인을 제2수익자라 한다.

4) 통지은행(Advising Bank, Notifying Bank)

신용장 개설은행은 신용장을 개설하면 그 사실과 내용을 수출자에게 통지해야 한다. 신용장의 통지방법은 첫째, 수익자에게 직접 통지하는 방법, 둘째, 수익자 소재지에 있는 개설은행의 환거래은행을 통해 통지하는 방법이 있다. 후자의 경우 개설은행의 요청을 받아 신용장을 통지해 주는 은행을 신용장 통지은행이라 한다. 통지은행은 개설은행의 요청에 의해 신용장이 개설되었음을 단순히 통지하는데 그치며, 거래에 대해 어떠한 책임을 지거나 또는 약정을 하는 것은 결코 아니다.

5) 확인은행(Confirming Bank)

신용장 개설은행 이외에 제3은행이 그 신용장에 의해서 발행되는 어음을 지급 · 연지급 · 인수 · 매입하겠다는 약속을 추가하거나, 개설은행이 그 어음을 지급 · 연지급 · 인수 · 매입할 것이라는 보증을 하는 경우

가 있다. 이러한 행위를 신용장의 확인이라 하고 이 확인을 행한 은행을
확인은행이라고 한다.

6) 매입은행(Negotiating Bank)

수익자는 물품선적을 완료한 후 개설은행 앞으로 환어음을 발행하고
신용장에서 요구하는 운송서류를 첨부하여 자기의 거래은행에 환어음
의 매입을 신청하는데, 이때 환어음을 매입하는 은행을 매입은행이라고
한다.

▶ 수출이나 수입 시에 대금결제방법에는 어떤 것들이 있는가?

수출이나 수입 시에 대금결제방법에는 크게 분류하면 송금방식, 추심방식, 신용장방
식이 있다. 송금방식은 다시 사전송금방식과 사후송금방식이 있으며, 추심방식에는
지급인도조건(D/P) 방식과 인수인도조건(D/A) 방식이 있다. 그리고 신용장방식에는
일람불신용장과 기한부신용장이 있다.

01 다음 중 수출입 시의 대금결제방법의 종류가 아닌 것은?

① L/C

② D/P

③ D/O

④ D/A

해설 : 대금결제방법에는 크게 송금방식, 추심방식, 신용장방식 등이 있다. 추심 결제방식
은 지급인도조건(D/P)과 인수인도조건(D/A) 방식이 있다.

02 다음 중 수출상 입장에서 가장 안전한 대금결제방법은?

① O/A

② D/A

③ D/P

④ L/C

해설 : 수출상 입장에서 L/C가 가장 안전한 대금결제방법이다.

03 다음 중 수입상 입장에서 가장 불리한 대금결제방법은?

① T/T in Advance

② D/A

③ D/P

④ L/C

해설 : 수입상 입장에서 T/T in Advance가 가장 불리한 대금결제방법이다.

1. ③　　　2. ④　　　3. ①

Onega
Ladoga
St Petersburg
RUS
Riga
Nynd
Mosc
R
Finland
Baltic Sea
Konigsberg
Danzig
Hamburg
Stettin
Berlin
GERMANY
England

3부

통관 실무

9장 통관 기초

10장 수출통관

11장 수입통관

12장 관세환급

통관 기초

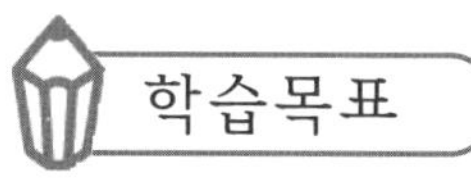

① 통관의 개념과 품목분류의 중요성을 이해해야 한다.
② 관세율의 개념과 종류를 알아야 한다.
③ 원산지제도의 개념을 이해해야 한다.

수출입 시에 반드시 거쳐야 하는 것이 수출입 통관이며, 수출입 상품에 대해 적법 여부를 확인하는 시스템이 HS Code이다. 우리나라에서는 10자리까지 사용하며 이를 HSK(HS of Korea)라 한다.

관세율이란 수입물품에 대해 적용되는 세율을 말하며 수입물품에 대한 관세는 '과세표준 × 관세율 = 관세액'에 의해 계산된다. 그리고 물품의 '원산지(Country of Origin)'란 수출입 물품의 국적을 의미하는 것으로 그 물품이 성장했거나, 생산·제조·가공된 지역을 말한다.

　　수출입하고자 하는 모든 물품은 세관의 수출입 통관절차를 밟아야 한다. 수출입 통관절차라 함은 수출입하고자 하는 물품을 세관에 수출입 신고를 한 후 신고필증을 받아 물품을 국내외로 수출입하는 절차를 말하는 것이다.

　　물품을 수출입하고자 하는 경우에는 우선 당해 물품이 관련법령에 의한 수입요건(검사, 검역, 허가, 추천증 등)을 구비해야 하는지 여부를 확인하고 수출입계약을 체결하는 것이 좋다. 요건구비 대상에 해당되는 물품은 요건확인 기관(검사, 검역, 추천기관 등)의 확인을 받고 해당 구비서류를 갖추어야 세관의 수출입 통관이 가능하기 때문이다.

　　모든 수출입 물품은 세관에 수출입 신고를 해야 하며, 세관에서 수출입 신고를 수리해야 물품을 국내외로 수출입할 수 있다.

(1) 품목분류란

품목분류란 전세계에서 거래되는 각종 물품을 세계관세기구(WCO)가 정한 국제통일상품분류체계 즉, HS체계에 의거 하나의 품목번호(Heading)에 분류하는 것으로서 국제통일상품분류체계에 관한 국제협약(The International Convention on the Harmonized Commodity Description and Coding System : HS협약)에 의해 체약국은 HS체계에서 정한 원칙에 따라 품목분류 업무를 수행한다.

(2) HS의 중요성

HS체계는 관세, 무역통계, 운송, 보험 등과 같은 다양한 목적에 사용될 수 있도록 만든 다목적 상품분류제도이다. 이러한 HS제정의 목적은 상품분류 체계의 통일을 기해 국제무역을 원활히 하고 관세율 적용의 일관성을 유지하기 위한 것이다.

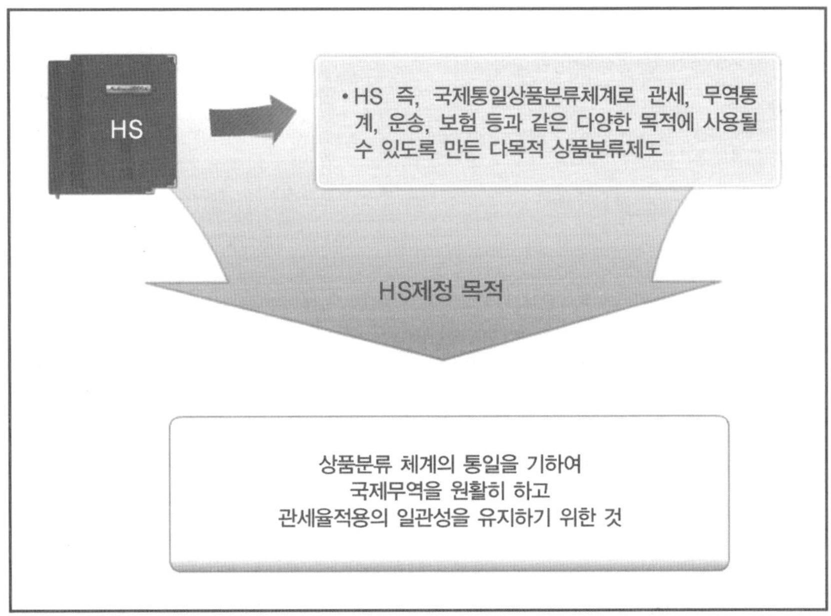

(3) 관세와 품목분류의 관계

수입물품에 대한 관세는 해당 품목번호마다 적용되는 관세율이 미리 정해져 있으므로, 정확한 품목분류가 선행되어야 납부할 관세액이 결정된다. 특히 품목번호는 기능은 유사하지만 형태가 다르거나, 형태는 유사하나 기능이 다른 경우 또는 범용성 부분품인지 아니면 전용부분품인지 여부에 따라 달라지게 된다. 따라서 정확한 관세를 납부하기 위해서는 수입신고 시 올바른 품목분류가 중요하다.

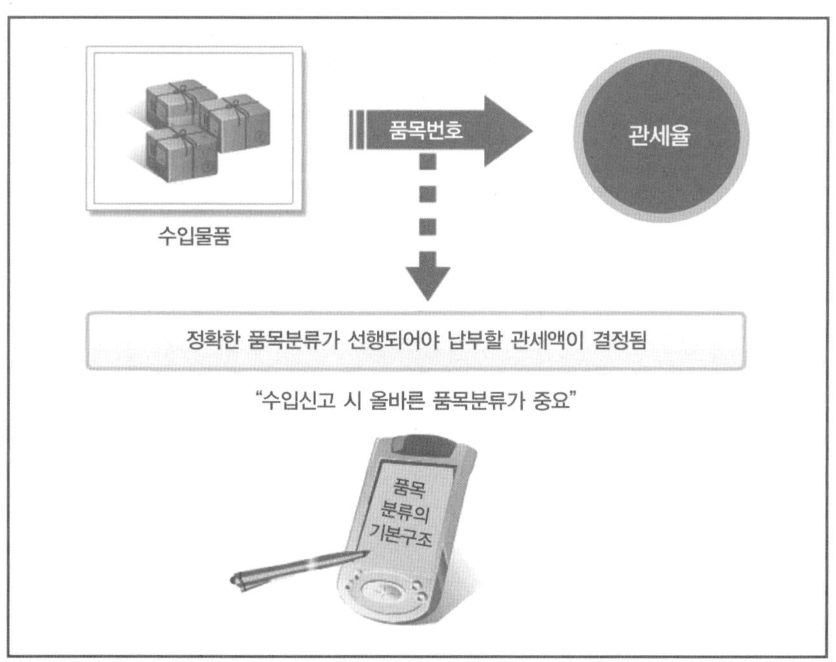

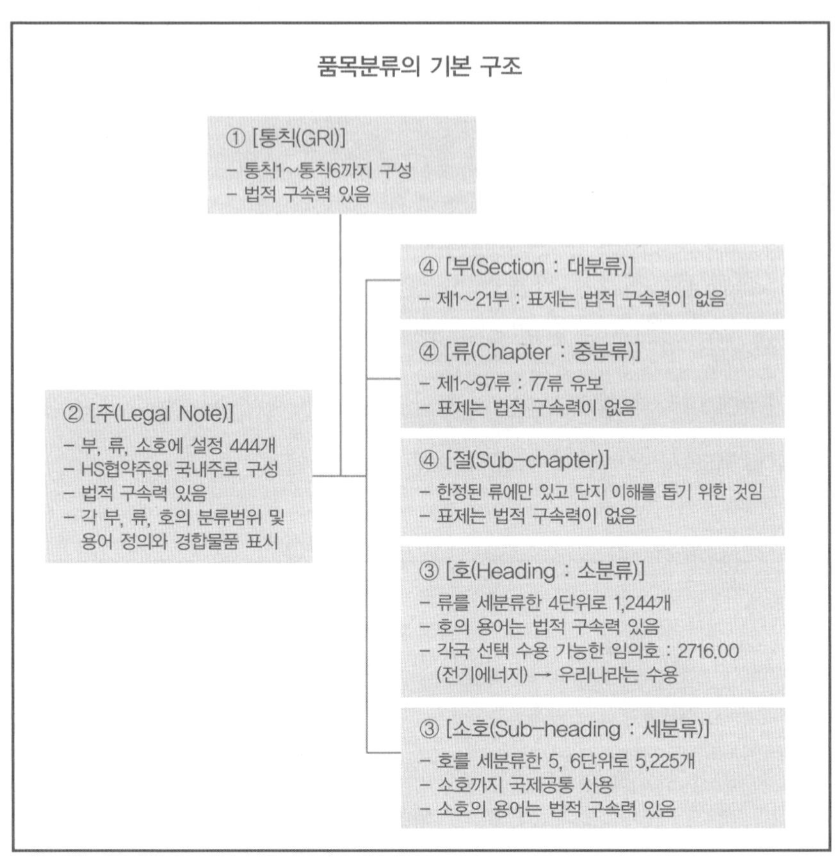

(4) HS Code의 구조

HS Code란 수출입 물품에 대해 HS협약에 의해 부여되는 상품분류 코드로서 6자리까지는 국제적으로 공통으로 사용하는 코드이며, 7자리부터는 각 나라에서 6단위 소호의 범위 내에서 이를 세분해 10자리까지 사용할 수 있다. 우리나라에서는 10자리까지 사용하며 이를 HSK(HS of Korea)라 한다(EU는 8자리, 일본은 9자리 사용).

HS Code의 구조를 살펴보면 다음과 같다.

- 01 : 산 동물이 분류되는 류(類, Chapter)로서 앞 2자리를 말한다.
- 0102 : 소(牛)가 분류되는 호(號, Heading)로서 앞 4자리를 말한다.
- 0102.90 : 기타의 소가 분류되는 소호(小號, Sub-heading)로서 앞 5, 6자리를 말한다.
- 0102.90-1000 : 젖소가 분류되는 10자리 코드이다. 7단위 이하는 6단위에서 정하는 범위 내에서 각국이 이를 세분해 사용할 수 있다. 우리나라는 마지막 4자리를 세분해 10단위로 사용하고 있다.

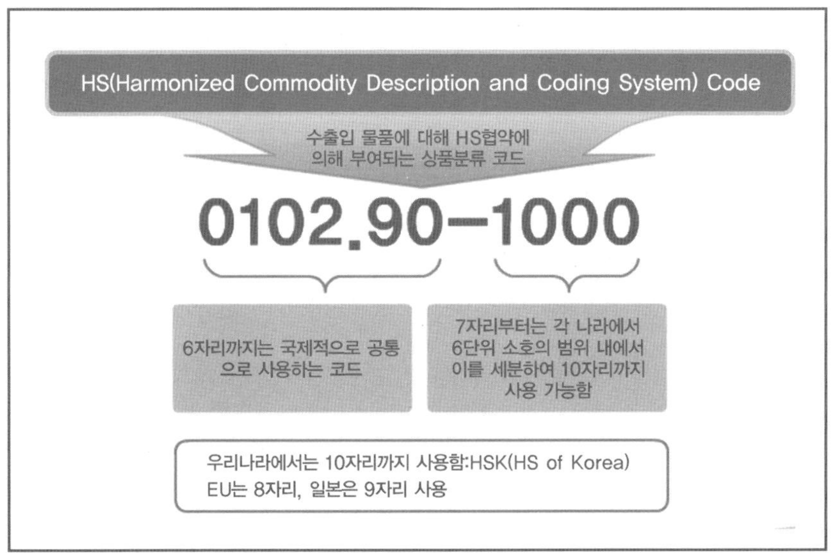

(1) 관세율이란

관세율(Tariff Rate)이란 수입물품에 대해 적용되는 세율을 말한다. 그리고 수입물품에 대한 관세는 '과세표준 × 관세율 = 관세액' 에 의해 계산된다.

종가세인 경우 과세표준은 물품의 과세가격, 관세율은 백분율(%)이 되고, 종량세인 경우 과세표준은 물품의 과세수량, 관세율은 1단위 수량당 금액으로 나타난다.

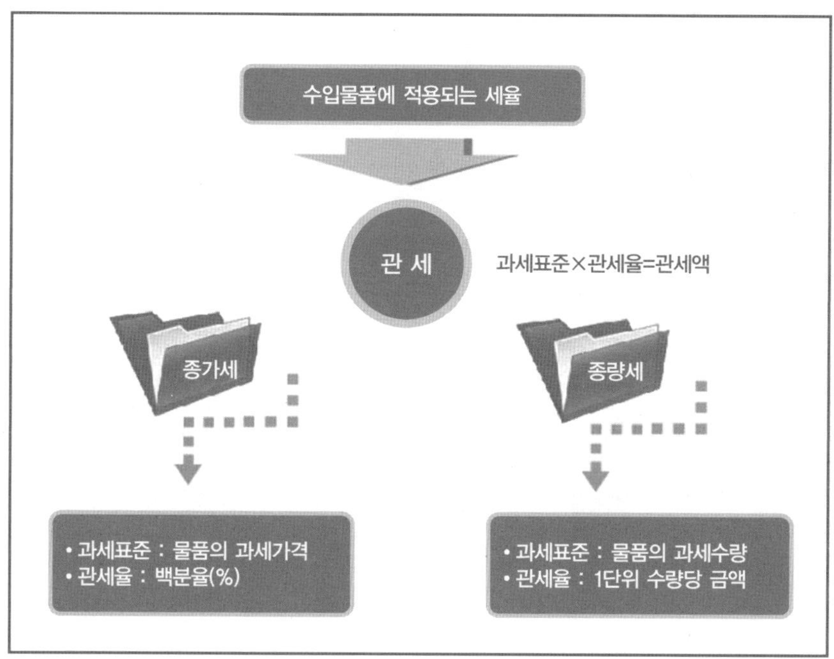

(2) 관세율의 종류

관세율의 종류는 크게 나누면 기본관세율, 탄력관세율, 양허관세율의 세 가지가 있다.

1) 기본관세율

기본관세율은 우리나라 국회에서 법률의 형식으로 제정한 세율을 말하며, 관세법별표 관세율표에 품목별 세율이 기재되어 있다.

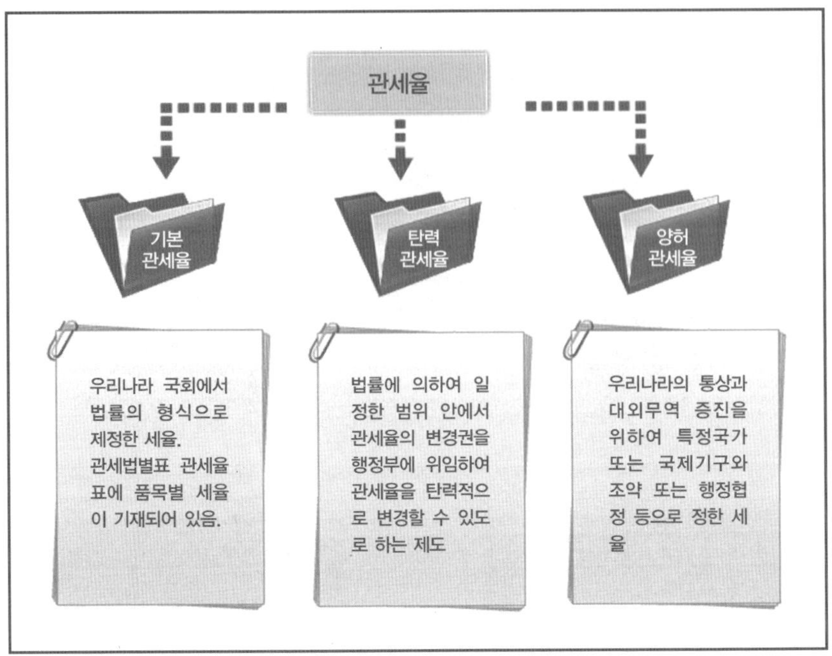

2) 탄력관세율

탄력관세제도(Flexible Tariff System)란 법률에 의해 일정한 범위 안에서 관세율의 변경권을 행정부에 위임해 관세율을 탄력적으로 변경할 수 있도록 함으로써 급격하게 변동하는 국내외적 경제여건 변화에 신축성 있게 대응해 관세정책을 보다 효과적으로 수행하는 제도이다.

3) 양허관세율

양허관세율은 우리나라의 통상과 대외무역 증진을 위해 특정국가 또는 국제기구와 조약 또는 행정협정 등으로 정한 세율이다.

04 원산지제도

(1) 원산지란

물품의 '원산지(Country of Origin)' 란 수출입 물품의 국적을 의미하는 것으로 그 물품이 성장했거나, 생산·제조·가공된 지역을 말한다.

일반적으로 원산지는 정치적 실체를 지닌 국가를 의미하나 한 국가의 국경선 밖에 있는 식민지, 속령 또는 보호령과 중국 귀속 후의 홍콩, 마카오 등과 같이 독립적 국가가 아닌 지역도 원산지가 될 수 있다. 그러나 EU, NAFTA, ASEAN 같은 정치적, 경제적 독립체가 아닌 지역협력체인 경우에는 원산지 국가가 될 수 없다.

원산지 관련 국제규범은 WTO GATT 제9조(Marks of Origin), 원산지 규정에 관한 협정 및 WCO Kyoto 협약부속서(D.1 내지 D.3)가 있다.

이러한 국제규범에도 불구하고 각국은 자국의 이익에 따라 해석·적용해 원활한 무역을 저해하는 경우가 있어, WTO에서는 보다 명료하고 국제적으로 통일된 원산지 규정의 제정을 추진하고 있다.

우리나라의 원산지 표시제도는 1991년 7월 1일부터 시행되고 있는데, 대외무역법령에 원산지 판정기준, 원산지 표시대상 물품, 위반 시의 벌칙 등에 관한 규정을 두고 있고, 관세법령에는 통관 시의 원산지 및 그 표시의 확인 및 시중 유통과정에서의 단속 등에 관한 규정을 두어 운영하고 있다.

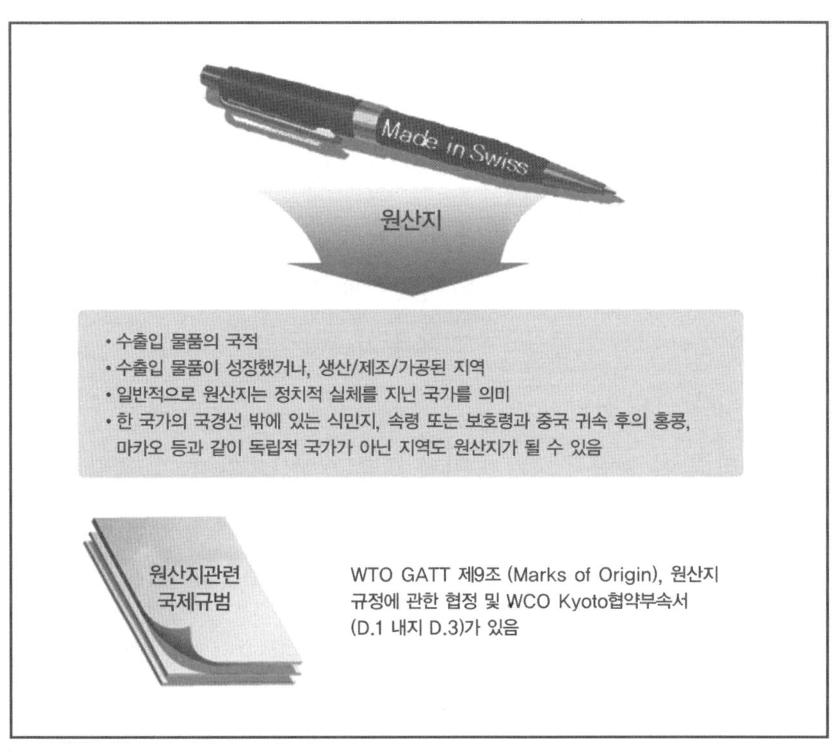

(2) 원산지 표시 목적

생산 활동의 세계화 현상으로 2개국 이상에 걸쳐서 생산되는 물품이 증가하면서 품질이 떨어지고 임금이 싼 국가의 저가 수입품과 OEM 방식으로 생산한 수입품이 국산품으로 둔갑하는 것을 방지해 구매과정에서 소비자가 피해를 보지 않도록 하고, 특정지역 생산품(예 : 한국산 인삼) 또는 양질의 물품을 생산하는 자(국가)는 원산지를 표시함으로써 소비자로부터 우선 구매의 이익을 얻게 된다.

또한 병충해 발생 지역(국가)으로부터의 수입, 멸종 위기에 처한 동식물 등의 국제거래를 통제할 수 있도록 해 국민 보건과 자연환경에 대한 보호 기능을 한다.

특정 국가나 지역으로부터 수입하는 특정 물품에 대해 호혜적으로 관세양허 등 특혜 조치를 취할 때나, 저가 수입물품에 대한 덤핑 관세를 부과하거나, 긴급수입 제한조치 또는 수입 수량을 할당할 때는 당해 물품의 원산지가 기준이 되므로 산업 및 무역정책에 있어서도 중요한 역할을 한다.

(3) 원산지 표시대상 물품

대외무역법 제23조의 규정에 의거 지식경제부 장관은 공정한 거래질서 확립과 소비자 보호를 위해 수입물품 중 농수산물, 식품류, 의류, 가방, 전자제품, 게임 용구 등 소비재 위주로 HS 4단위 653품목을 원산지 표시대상 품목으로 공고해 원산지를 표시토록 하고 있다.

2004년 9월 1일부터는 활어의 보관시설 및 운송차량에도 탱크별로 원산지 표시를 해야 한다. 따라서 수출물품과 지정되지 않은 수입물품은 원산지 표시 의무가 없으나 원산지를 허위로 표시하거나 오인하게 하는 표시는 할 수 없다.

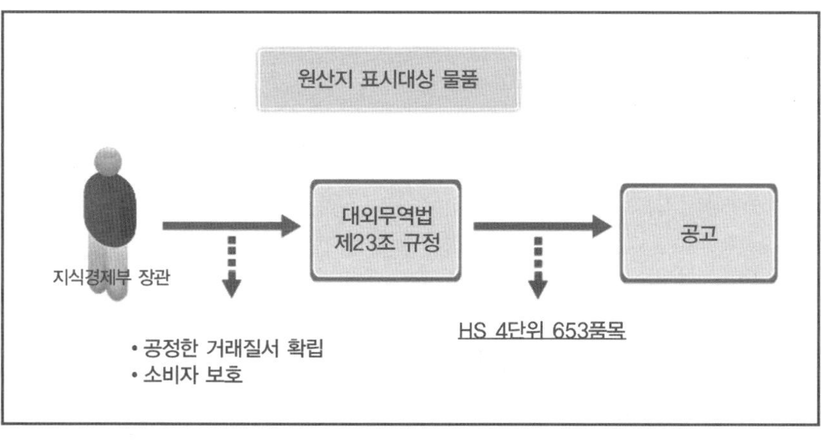

(4) 원산지 표시 방법

원산지는 당해 현품에 한글, 한문 또는 영문으로 소비자가 용이하게 판독할 수 있는 위치에 용이하게 판독할 수 있는 크기로 견고하게 표시해야 한다.

1) 현품 및 포장에 표시

원산지 표시는 당해 물품(현품)에 표시함을 원칙으로 한다. 다만, 현품에 표시가 곤란하거나 표시비용이 과도하게 많이 드는 경우에는 예외적으로 당해 물품의 포장 · 용기에 표시할 수 있다(예 : 비누, 칫솔, 비디오테이프 등과 같이 상거래 관행상 최종구매자에게 포장 · 용기로 봉인되어 판매되는 물품).

2) 한글, 한문 또는 영문으로 표시

한글, 한문 또는 영문으로 표시해야 한다(예 : 원산지:한국, 韓國産, Made in Korea). 프랑스어, 일본어, 중국 간자체 등 기타 다른 나라 언어로 표시하는 것은 우리나라 소비자가 쉽게 알아볼 수 없으므로 금지된다.

원산지 오인 우려가 없는 경우에는 'Made by 회사명 + 주소 + 국명'의 방법으로 표시하는 것도 가능하다.

3) 구매자가 용이하게 판독할 수 있는 크기

최종구매자가 용이하게 판독할 수 있는 크기의 활자체로 표시해야 하며, 일반 소비자가 쉽게 알아볼 수 있는 크기여야 한다.

4) 식별하기 용이한 위치에 표시

물품의 크기, 특성 등을 고려하여 최종구매자가 정상적인 물품 구매 과정에서 표시된 원산지를 용이하게 발견할 수 있는 위치에 표시해야 한다.

(5) 수출물품의 원산지 표시 방법

수출물품의 경우에는 원산지 표시 의무가 없으나, 표시하는 경우 수입물품과 같이 영문 등으로 소비자가 잘 보이는 위치에 견고하게 표시해야 한다.

수입국의 원산지 표시 규정이 우리나라와 다를 경우에는 수입국의 규정에 따라 표시하면 된다. 그러나 수입한 물품을 우리나라에서 단순 가공하거나 중계무역, 반송절차로 재수출하는 경우에는 우리나라를 원산지로 표시할 수 없다.

• 원산지 표시 의무가 없으나, 표시하는 경우 수입물품과 같이 영문 등으로 소비자가 잘 보이는 위치에 견고하게 표시하여야 함

• 다만, 수입국의 원산지 표시 규정이 우리나라와 다를 경우 수입국의 규정에 따라 표시함

• 수입한 물품을 우리나라에서 단순가공하거나 중계무역, 반송절차로 재수출하는 경우 우리나라를 원산지로 표시할 수 없음

★ 무역실무 TIP

▶ 수출이나 수입 시에 반드시 거쳐야 하는 통관은 왜 해야 하는가?

수출입하고자 하는 모든 물품은 세관의 수출입 통관절차를 밟아야 한다. 수출입 통관절차란 수출입하고자 하는 물품을 세관에 수출입 신고를 한 후 신고필증을 받아 물품을 국내외로 수출입하는 절차를 말한다.

물품을 수출입하고자 하는 경우에는 우선 당해 물품이 관련법령에 의한 수출입 요건을 구비해야 하는지 여부를 확인하고 수출입 계약을 체결해야 한다. 요건구비 대상에 해당되는 물품은 요건확인 기관의 확인을 받고 해당 구비서류를 갖추어야 세관의 수출입 통관이 가능하기 때문이다.

모든 수출입 물품은 세관에 수출입 신고를 해야 하며, 세관에서 수출입 신고를 수리해야 물품을 국내외로 수출입할 수 있다.

01 다음 중 수출입 시의 반드시 거쳐야 하는 수출입 절차는?

① 신용장

② 통관

③ 담보

④ 네고

해설 : 수출입 통관절차라 함은 수출입하고자 하는 물품을 세관에 수출입 신고를 한 후 신고필증을 받아 물품을 국내외로 수출입하는 절차를 말한다. 수출입하고자 하는 모든 물품은 세관의 수출입 통관절차를 밟아야 한다.

02 다음 중 수출입 상품의 분류시스템은?

① WTOA

② L/C

③ B/L

④ HS Code

해설 : HS Code란 수출입 물품에 대해 HS협약에 의해 부여되는 상품분류 코드로서 6자리까지는 국제적으로 공통으로 사용하는 코드이다. 그리고 우리나라에서는 10자리까지 사용하며 HSK(HS of Korea)라 한다.

03 다음 중 수출입상 물품의 국적을 의미하는 것은?

① Origin

② HS Code

③ AWB

④ L/C

해설 : 물품의 '원산지'란 수출입 물품의 국적을 의미하는 것으로 그 물품이 성장했거나, 생산·제조·가공된 지역을 말한다.

1. ②   2. ④   3. ①

수출통관

학습목표

① 수출통관 절차를 알아야 한다.
② 수출신고 방법을 알아야 한다.
③ 적하목록 제출 및 적재방법을 알아야 한다.

수출통관 절차란 수출하고자 하는 물품을 세관에 수출신고를 한 후 신고수리를 받아 물품을 우리나라와 외국 간을 왕래하는 운송수단에 적재하기까지의 절차를 말한다.

물품을 수출하고자 하는 자는 수출물품을 선박 또는 항공기에 적재하기 전까지 수출물품의 소재지를 관할하는 세관장에게 수출신고를 하고 수리를 받아야 한다. 수출신고가 수리된 물품은 수출신고 수리일로부터 30일 이내에 우리나라와 외국간을 왕래하는 운송수단에 적재해야 한다.

01 수출통관 절차

수출절차란 수출하고자 하는 물품을 세관에 수출신고한 후 신고수리를 받아 물품을 외국무역선(기)에 적재하기까지의 절차를 말한다.

수출이라 함은 내국물품을 외국으로 반출함을 말하는 것으로서 수출하고자 하는 물품이 대외무역법 및 관계법령 등에 의해 수출이 가능한 물품인지 여부를 먼저 확인해야 하며, 대금 영수 방법에 대해도 외국환거래법 관계법규에 의거 제약이 없는지 사전 확인할 필요가 있다.

수출하고자 하는 모든 물품은 세관의 수출통관 절차를 밟아야 한다. 수출통관 절차라 함은 수출하고자 하는 물품을 세관에 수출신고를 한 후 신고수리를 받아 물품을 우리나라와 외국간을 왕래하는 운송수단에 적재하기까지의 절차를 말하는 것이다.

수출하고자 하는 자는 당해 물품을 적재하기 전까지 당해 물품의 소재지 관할 세관장에게 수출신고를 하고 수리를 받아야 한다. 현재는 EDI(Electronic Data Interchange) 방식 및 인터넷을 통한 수출통관 절차로서 수출물품을 간단하고 신속하게 통관하고 있으며, 신문 등 보도용품이나 카탈로그 등은 더욱 간편한 방법으로 수출통관을 할 수 있다.

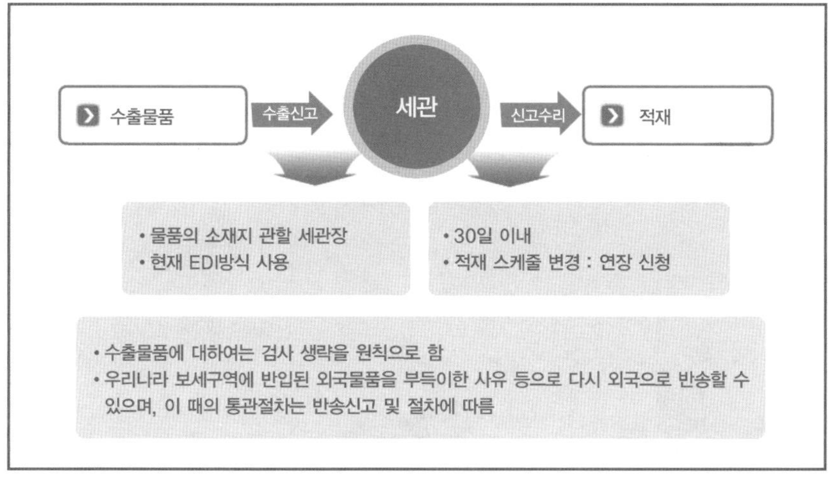

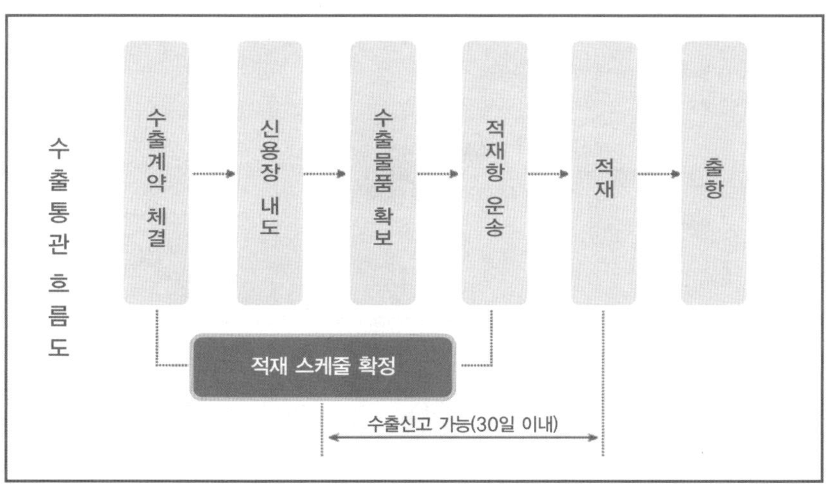

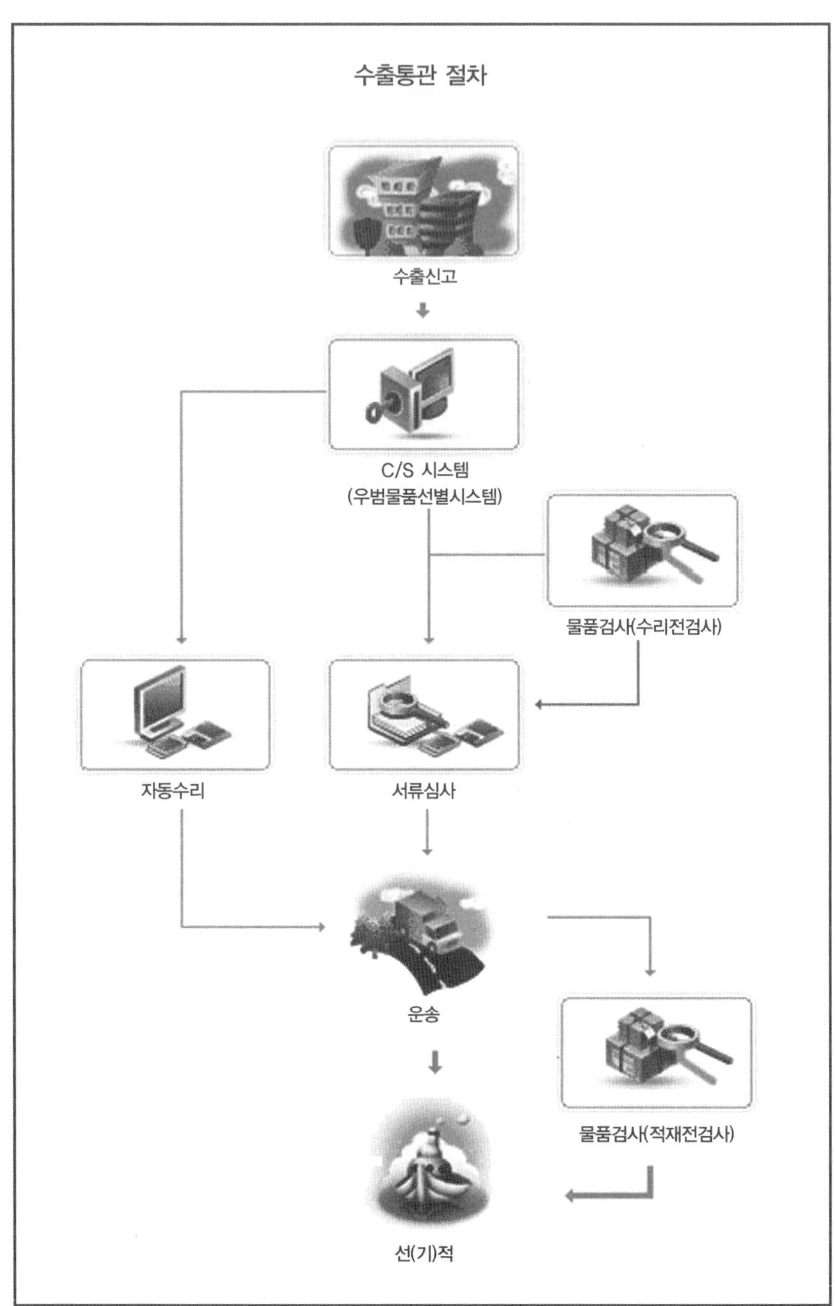

수출통관 절차
수출신고
C/S 시스템
(우범물품선별시스템)
물품검사(수리전검사)
자동수리
서류심사
운송
물품검사(적재전검사)
선(기)적

수출물품에 대해는 검사 생략을 원칙으로 하고 있으나, 전산에 의한 발췌검사 또는 필요한 경우 예외적으로 검사를 실시하는 경우도 있다. 이때 부정수출이나 원산지 표시 위반, 지적재산권 위반 등이 적발되면 관세법 등 관계법규에 의거 처벌되므로 이러한 일이 발생되지 않도록 유의해야 한다.

수출신고가 수리된 물품은 수출신고 수리일부터 30일 이내에 우리나라와 외국 간을 왕래하는 운송수단에 적재해야 한다. 다만 적재 스케줄 변경 등 부득이한 사유가 있는 경우에는 통관지 세관장에게 적재기간 연장승인을 받을 수 있다. 또한 적재기간 내에 적재되지 아니하는 경우에는 수출신고수리가 취소될 수 있으며 관세환급도 불가능하니 유의해야 한다.

우편물이나 휴대탁송품의 적재 관리에 대해서는 별도의 절차를 규정하고 있다. 또한 우리나라 보세구역에 반입된 외국물품을 부득이한 사유 등으로 다시 외국으로 반송할 수 있으며, 이때의 통관절차는 반송신고 및 절차에 따른다.

(1) 수출신고 방법

물품을 수출하고자 하는 자는 수출하고자 하는 물품을 선박 또는 항공기에 적재하기 전까지 수출하고자 하는 물품의 소재지를 관할하는 세관장에게 수출신고를 하고 수리를 받아야 한다.

수출신고는 수출물품의 소유자(화주 또는 완제품 공급자)나 수출입 통관을 전문으로 하는 국가공인자격인(관세사, 통관취급법인 또는 관세사법인)이 전자자료 교환방식에 의한 수출통관 EDI 시스템이나 인터넷을 사용해 전자문서로 수출신고서를 작성해 관세청 통관시스템에 전송하면 된다.

전송한 수출신고 내용에 대해 전산으로 오류사항을 통보받거나 신고

내용을 정정하고자 하는 경우에는 신고번호가 부여되기 전까지는 수정한 내용을 포함한 신고자료를 당초의 제출번호에 의해 다시 전송하면 되고, 신고번호가 부여된 후에 정정사항이 발생한 경우에는 수출신고정정승인신청서를 작성해 신고한 세관장에게 제출하면 된다.

수출신고가 효력이 발생되는 시점은 관세청 통관시스템에서 수출신고번호가 부여된 시점으로 하며, 통관시스템에 기록된 내용과 종이신고서에 기록된 내용이 상이한 경우에는 통관시스템에 기록된 것을 기준으로 한다.

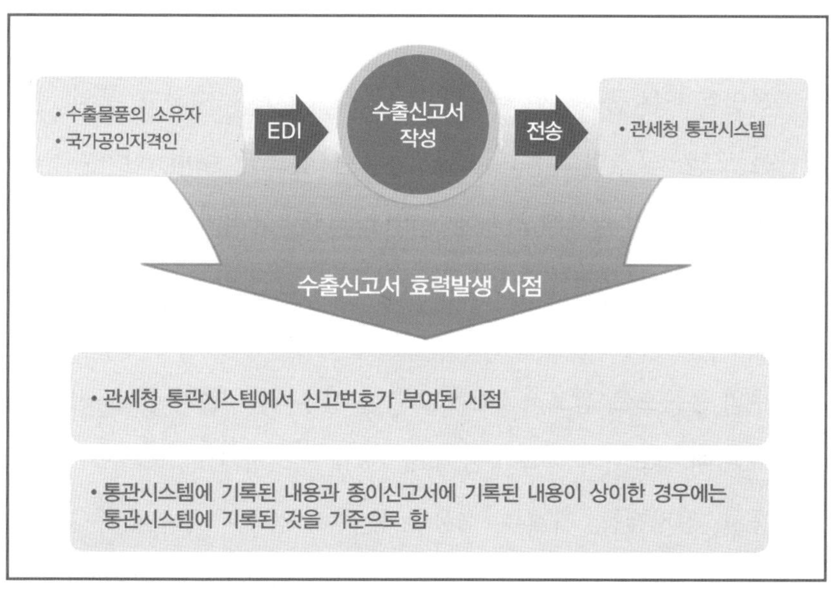

(2) 수출신고서 작성방법

수출신고는 관세청에서 정한 신고서 양식에 수출신고서 작성요령에 따라 작성해야 한다.

보세공장 또는 수출자유지역으로부터 외국으로 반출(반송 · 수출)신고 시는 수출신고서를 사용한다('남북교역물품 통관관리에 관한 고시 및 반송 절차에 관한 고시'의 규정에 의해 반출(반송)하는 물품의 신고 시에도 동일함).

수출신고서는 상업송품장(Commercial Invoice) 또는 포장명세서 (Packing List) 등을 근거로 작성하되 신고시점에 제시된 현품과 동일해야 한다.

품목번호 또는 품목별로 별도의 '란'으로 구분해 기재하고, 동일 '란' 안에는 모델 · 규격별로 '모델 · 규격, 성분, 상표명, 수량, 단가, 금액'을 최대 50행까지 상세히 기재해야 한다. 모델 · 규격이 최대 50행을 초과하는 경우에는 수출신고서의 '송품장 부호'란에 반드시 해당 송품장 부호를 기재해야 한다.

다수의 품목으로 신고서 1매를 초과할 경우에는 '을지'를 사용할 수 있으며 이때 신고서의 우측 상단에 '을지'라 표시한다.

자동차, 전자제품, 기계류, 섬유류 등 주요 품목에 부수해 수출되는 품목으로서 금액이 적고 종류가 다양하며 관세환급 또는 무역통계 작성에 지장이 없는 것으로서 품목별로 각각 별도의 '란'을 구분해 기재하는 것이 비능률적이라고 판단되는 경우에는 여러 가지 부수되는 품목 중에

234

서 무역통계상 별 의미가 없는 품목은 일괄해 한 '란' 에 기재할 수 있다. 이 경우에는 수출신고서의 '송품장 부호' 란에 반드시 해당 송품장 부호를 기재해야 한다.

원 · 부자재와 자동차 · 전자제품 등의 주요 부품(A/S 목적 등) 및 해외 현지조립 방식(Knock Down방식) 수출물품으로 종류가 다양하며 관세환급 또는 무역통계 작성에 지장이 없는 경우에는 일괄해 한 '란' 에 기재할 수 있다. 이 경우에는 수출신고서의 '송품장 부호' 란에 반드시 해당 송품장 부호를 기재해야 한다.

비환급 대상 물품의 경우에는 품목별로 '란'을 구분해 기재하되 모델·규격 구분 없이 일괄해 기재할 수 있다. 이 경우에는 수출신고서의 '송품장 부호' 란에 반드시 해당 송품장 부호를 기재해야 한다.

이사물품의 경우 그 종류와 금액이 다양해 품목별로 각각 별도의 '란'을 구분해 기재하는 것이 비능률적일 때에는 제1란 품명 및 거래품명에 대표적으로 이사물품임을 'Household good'으로 영문표기하고 그에 대한 세번은 2424.00-0000으로 기재하며, 품목별 수량, 중량, 포장개수, 금액 등은 일괄해 해당란에 기재한다. 품목별 세부내용은 신고서에 첨부된 포장명세서, 기타 물품목록 등에 기재된 내용으로 갈음할 수 있다.

다만 이사물품 중 재수출 조건 이행 또는 재수입 면세와 관련된 물품이 포함된 경우에는 이를 분리해 제2란부터 당해 물품의 HS세번별로 각각의 품명·규격란을 설정해 일반 수출물품의 경우와 같이 품명, 거래품명, 모델·규격, 성분, 상표명, 원산지, 세번, 수량, 중량, 포장개수, 금액 등을 각 해당란에 기재하거나 별도의 신고서에 의거 수출신고를 해야 한다.

결제금액에 운임, 보험료 등이 포함된 경우에는 그 운임·보험료 등을 수출자(제조자)가 구분해야 하며 관세사 등 신고인은 그 적정성을 심사해 신고해야 한다.

수출신고된 물품에 대한 신고서의 처리방법은 '자동수리', '즉시수리', '검사 후 수리' 라는 세 가지가 있다.

(1) 자동수리

전산에 의해 자동으로 수리되는 것을 말하며, 검사대상 또는 서류제출 대상이 아닌 물품은 수출통관 시스템에서 자동수리된다. 수출신고 시 서류를 세관에 제출해야 하는 물품(서류제출 대상물품)은 다음과 같다.

- 법 제 226조의 규정에 의한 세관장 확인물품 및 확인방법 지정 고시 중 수출신고 수리 전에 요건구비의 증명이 필요한 물품(수출승인기관과 전산망이 연계된 품목은 제외)
- 계약내용과 상이한 물품의 재수출 또는 재수출조건부로 수입통관된 물품
- 수출자가 재수입 시 관세 등의 감면, 환급 또는 사후관리 등을 위해 서류제출로 신고하거나 세관검사를 요청하는 물품 수출통관 시스템에서 서류제출 대상으로 통보된 물품

(2) 즉시수리

자동수리대상이 아닌 물품 중 검사가 생략되는 물품으로 세관직원이 신고내용을 심사하고 수리를 하는 방법이다.

(3) 검사 후 수리

수출물품에 대해서는 검사 생략이 원칙이나, 수출 시 현품의 확인이 필요한 경우와 우범물품으로 선별된 물품 중 세관장이 검사가 필요하다고 판단한 물품에 대해 수출물품을 실제로 검사하고 수출신고를 수리하는 방법이다.

수출화물 적하목록 작성의무자는 Master B/L일 경우 선사 또는 항공사가 작성하며, House B/L일 경우 포워더가 작성한다. 이때 자체 전산시스템이 없는 포워더일 경우 입력대행 사무소를 이용해 작성할 수 있다. 수출화물 적하목록은 선사 또는 항공사가 자신이 작성한 Master B/L과 포워더가 작성한 House B/L을 취합해 해상화물은 적재 전까지, 항공화물은 출항 익일까지 세관에 전자문서로 제출해야 한다.

(1) 적하목록 작성 및 제출

적하목록(Manifest : M/F)이란 선박 또는 항공기에 적재된 화물의 총

괄목록을 말한다. 적하목록은 선사, 항공사, 포워더가 작성하며 적하목록을 틀리게 작성한 경우에는 적하목록을 수정하거나 정정할 수 있다.

선사나 항공사는 자신이 발행한 Master B/L 자료를 입력한다. 포워더는 선사, 항공사로부터 발급받은 Master B/L을 기초로 자신이 발행한 House B/L 자료를 입력한다.

Master B/L이란 선사나 항공사가 자신이 운송하기로 한 화물에 대해 포워더 화주에게 발행한 유가증권이다.

포워더란 선박 또는 항공기에 수출입 화물운송 등의 알선(주선)을 업으로 하는 국제물류 주선업자를 말한다. 포워더는 선사, 항공사에 화물운송 주선을 하고 Master B/L을 발급받는다. 그리고 포워더는 일반인을 상대로 화물운송계약을 체결하고 각각의 화주에게 House B/L을 발행한다.

선사, 항공사가 입력한 Master B/L 자료와 포워더가 입력한 House B/L 자료는 컴퓨터에서 취합이 되며, 취합이 완료된 자료(이를 적하목록이라 함)는 세관에 전송된다. Master B/L과 House B/L을 취합하는 컴퓨터 시스템을 적하목록취합시스템(Manifest Consolidation System : MFCS)이라 한다.

적하목록은 선사, 항공사, 포워더가 각각 작성하지만 제출책임자는 선사와 항공사이다.

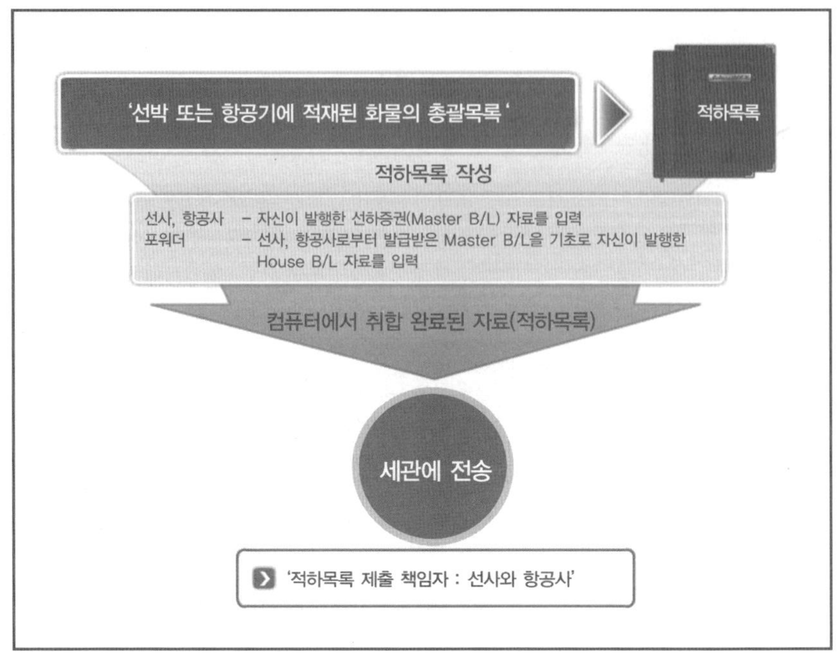

(2) 적하목록의 수정 및 정정

적하목록이 잘못 작성된 경우에는 기재사항을 수정 또는 정정해야 한다.

세관에서 적하목록을 접수하기 전에 선사에서 작성한 적하목록에 오류가 발생하였을 경우에는 전산에 의해 수정이 가능하다. 그러나 세관에서 적하목록을 접수한 후에는 수정(정정)신청서를 작성해 B/L과 정정사유를 증명할 수 있는 증빙서류와 함께 제출해야 수정이 가능하다.

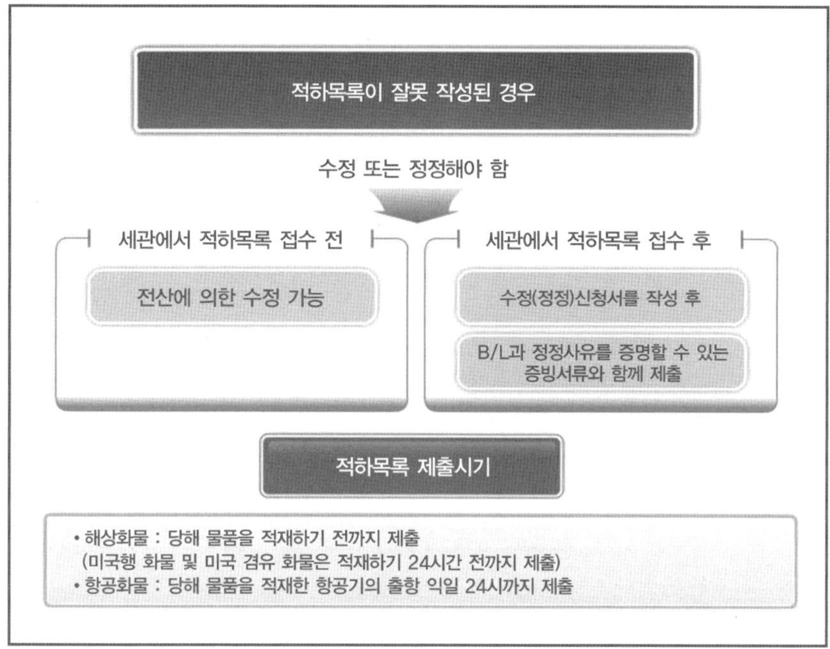

(3) 적하목록의 제출시기

해상화물은 당해 물품을 적재하기 전까지(미국행 화물 및 미국 경유 화물은 적재하기 24시간 전까지) 제출해야 한다. 다만, 다음에 해당하는 경우에는 출항 익일 24시까지 제출할 수 있다.

• 벌크화물
• 중국 및 일본을 최종 목적지로 하는 화물

- 환적화물, 공컨테이너
- 수출통관사무처리에관한고시 제2-6-1조(선상 수출신고) 해당물품
- 기타 적재 전까지 제출하기 곤란하다고 세관장이 인정하는 물품

항공화물은 당해 물품을 적재한 항공기의 출항 익일 24시까지 제출해야 한다.

05 수출신고수리물품의 적재

수출신고가 수리된 물품은 수출신고 수리일로부터 30일 이내에 우리나라와 외국 간을 왕래하는 운송수단에 적재해야 한다. 수출신고가 수리되었더라도 적재되지 않는 물품은 수출로 인정받을 수 없게 된다.

관세청은 수출수리된 물품의 적재관리를 위해 수출화물 EDI 시스템과 수출통관 시스템을 연계해 활용하고 있다. 수출물품에 대한 관세환급도 수출물품의 적재 사실이 확인되어야 가능하게 된다.

수출수리물품의 적재가 불가피하게 연장되어야 할 사유가 발생한 경우 수출자는 적재기간 내에 세관장에게 적재기간연장승인 신청서를 제출해 승인을 받고 적재기간을 연장할 수 있다.

수출수리 후 연장승인 없이 적재를 하지 않은 물품에 대해 세관장이 미적재에 의한 수출수리취소 예정통보를 한 후 14일 이내에 미적재 원

인 규명을 하지 않으면 세관장은 직권으로 수출신고수리를 취소할 수
있다.

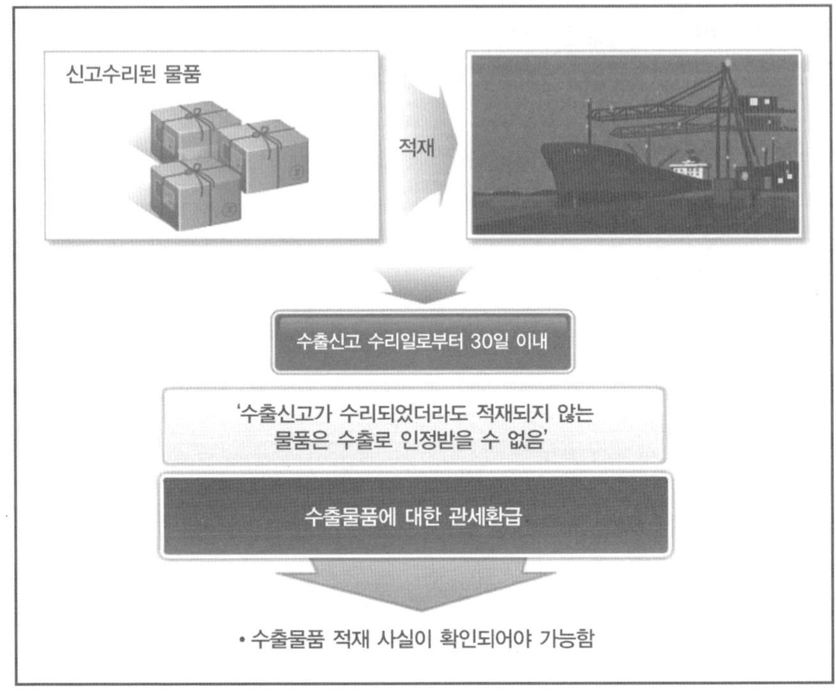

★ 무역실무 TIP

▶ 수출물품을 생산 후 선박이나 항공기에 적재할 때까지의 절차는?

물품을 수출하고자 하는 자는 수출하고자 하는 물품을 선박 또는 항공기에 적재하기
전까지 수출하고자 하는 물품의 소재지를 관할하는 세관장에게 수출신고를 하고 수
리를 받아야 한다. 수출신고가 수리된 물품은 수출신고 수리일로부터 30일 이내에
우리나라와 외국 간을 왕래하는 운송수단에 적재해야 한다.

01 다음 중 수출신고를 할 수 있는 세관은?

① 선적할 관할 세관
② 생산공장 관할 세관
③ 물품소재지 관할 세관
④ 사업장소재지 관할 세관

해설 : 수출신고를 할 수 있는 세관은 물품의 소재지를 관할하는 세관이다.

02 수출신고 후 수리 방법이 아닌 것은?

① 자동수리
② 즉시수리
③ 검사 후 수리
④ 검사 전 수리

해설 : 수출신고 후 수리방법에는 자동수리, 즉시수리, 검사 후 수리가 있다.

03 수출신고가 수리된 물품은 수출신고 수리일로부터 몇 일 이내에 선적해야 하는가?

① 7일 이내
② 10일 이내
③ 30일 이내
④ 60일 이내

해설 : 수출신고가 수리된 물품은 수출신고 수리일로부터 30일 이내에 우리나라와 외국 간을 왕래하는 운송수단에 적재해야 한다.

1. ③ 　　　 2. ④ 　　　 3. ③

수입통관

학습목표

① 수입통관 절차를 알아야 한다.
② 수입신고 방법을 알아야 한다.
③ 보세구역의 개념을 이해해야 한다.

모든 수입물품은 보세구역에 반입한 후 세관에 수입신고를 해야 하며, 세관에서 적법 여부를 심사하고 실물검사를 하여 수입신고를 수리해야 물품을 보세구역으로부터 반출할 수 있다.

물품을 수입하고자 하는 경우에는 우선 당해 물품이 관련법령에 의한 수입요건(검사, 검역, 허가, 추천증 등)을 구비해야 하는지 여부를 확인하고 수입계약을 체결하는 것이 좋다. 요건구비 대상에 해당되는 물품은 요건확인 기관(검사, 검역, 추천기관 등)의 확인을 받고 해당 구비서류를 갖추어야 세관의 통관이 가능하기 때문이다.

모든 수입물품은 세관에 수입신고를 해야 하며, 세관에서 수입신고를 수리해야 물품을 국내로 반출할 수 있다.

한편 관세청은 신고인이 자기 사무실에서 전산으로 수입신고하고 전산으로 수입신고수리 결과를 통보받을 수 있는 '서류 없는(Paperless) 수입통관제도'를 시행하고 있다. 이 제도는 수입신고의 정확도가 높고, 체납 사실이나 관세법 또는 환급특례법 위반 사실이 없는 성실업체로 지정을 받은 업체가 이용할 수 있다.

또한 우리나라에 수입물품이 도착된 경우에는 이를 보세구역에 장치해야 하는데 수입신고는 보세구역 반입 전이나 반입 후 어느 때라도 가능하다.

수입신고는 화주, 관세사, 관세사법인, 통관취급법인의 명의로 해야 한다. 수입신고 시에는 신고자가 관세 등 세금의 부과기준이 되는 과세가격, 관세율 및 품목분류번호, 과세환율 등을 확인해 신고해야 한다.

수입신고는 관세청에서 정한 수입신고서에 기재사항을 기재한 후 수입신고서를 세관에 제출해야 한다.

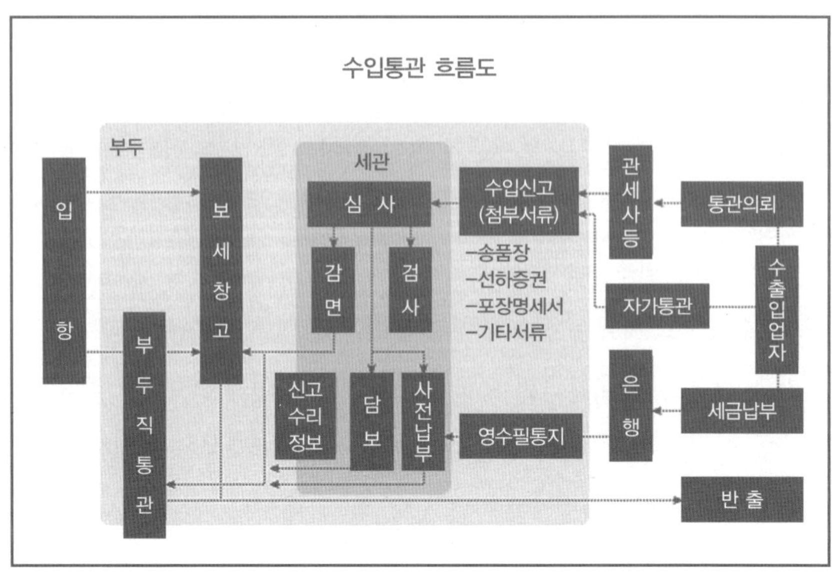

수입신고서를 접수한 세관에서는 신고한 물품의 검사 여부를 결정하게 된다. 대부분의 물품은 검사 없이 신고내용의 형식적·법률적 요건만 심사하고 수리하지만, 검사대상으로 선정된 물품은 세관공무원이 수입물품에 대한 검사 및 심사를 한 후 신고수리를 하고 있다.

세관의 심사결과 수입신고가 법의 규정에 따라 정당하게 이루어진 것으로 확인된 경우에는 당해 물품에 대한 관세 등을 납부하거나 해당 세액에 상당하는 담보를 제공해야 신고수리가 되어 물품을 반출할 수 있다. 수입 신고수리 후 15일 이내에 관세를 납부해야 한다.

(1) 수입신고 시기 및 요건

수입신고는 우리나라에 물품이 도착되기 전뿐만 아니라 선박(항공기)이 도착한 후 보세구역에 도착하기 전, 보세구역에 장치한 후 어떠한 시점에서도 신고가 가능하다.

물품을 어디에 두고 신고하느냐에 따라 세관에서는 편의상 출항전 신고, 입항전 신고, 보세구역 도착전 신고, 보세구역 장치후 신고로 구분하고 있다. 이 중에서 출항전 신고 및 입항전 신고는 당해 물품을 적재한 선박 등이 우리나라에 입항하기 5일전(항공기에 의한 경우에는 1일전)부터 신고할 수 있다.

1) 출항전 신고

출항전 신고는 수입하고자 하는 물품을 적재한 항공기 또는 선박이 당해 물품을 적재한 공항 또는 항구를 출발하기 전에 수입신고를 하는 것을 말한다. 항공기로 수입되는 물품 또는 일본·중국·대만·홍콩으로부터 선박으로 수입되는 물품은 출항전 신고가 가능하며, 수입물품을 적재한 선박이 도착할 입항예정지 세관장에게 수입신고를 해야 한다.

2) 입항전 신고

입항전 신고는 수입하고자 하는 물품을 적재한 항공기나 선박이 선적지 공항 또는 항구에서 출항한 후 우리나라 항구(공항)에 입항하기 전에 수입신고 하는 것을 말한다. 출항전 신고와 같이 수입물품을 적재한 선박(항공기)이 도착할 입항예정지 세관장에게 수입신고를 해야 한다.

3) 보세구역 도착전 신고

보세구역 도착전 신고는 수입하고자 하는 물품이 우리나라 항구 또는 공항에 도착한 후 '보세구역에 입고하기 전'에 수입신고하는 것을 말하는데, 이때의 보세구역이란 보세창고는 물론 부두 밖 컨테이너 보세창고 및 컨테이너 내륙통관기지, 선상도 포함해 지칭한다.

4) 보세구역 장치후 신고

보세구역 장치후 신고는 수입하고자 하는 물품이 우리나라 항구 또는 공항에 도착하고 '보세구역에 입고한 후'에 수입신고하는 것을 말하는데, 이때의 보세구역이란 보세창고는 물론 부두 밖 컨테이너 보세창고 및 컨테이너 내륙통관기지, 선상도 포함해 지칭한다.

(2) 수입신고 시 구비서류

수입신고 시 제출서류는 수입화주가 원본 대조 필한 사본(Fax, Copy)을 제출할 수 있으며, 세관장이 제출서류의 원본을 확인하고자 하는 경우에는 해당서류의 원본을 제출하도록 요구할 수 있다.

또한 제출서류 중 신고수리 전까지 제출할 수 없는 부득이한 사유가 있는 서류에 대해는 세관장이 기한을 정해 신고수리 후에 제출하게 할 수 있다.

수입신고를 할 때 구비서류는 다음과 같다.

- 송품장(Commercial Invoice)
- 가격신고서(필요시에만 제출)
- 선하증권(B/L) 부본 또는 항공화물운송장(AWB) 부본
- 포장명세서(세관장이 필요 없다고 인정하는 경우에는 제출하지 아니할 수 있음)
- 원산지증명서(관세율의 특혜를 받을 수 있는 해당국에서 생산된 물품인

지 확인할 경우 등에만 제출하며, 수출국의 상공회의소 등에서 발급함)

- 관세법 제226조의 규정에 의해 세관장이 확인하는 수입요건 대상 물품 및 수입요건 확인서류(수입요건 내역을 전산으로 확인할 수 있는 경우에는 제출하지 않아도 됨)
- 관세감면(분납)/용도세율적용신청서(해당물품에 한함)

03 수입물품 검사

세관에 수입물품에 대한 신고를 하면 세관에서는 신고서의 형식적 요건과 법률적 수입요건, 신고 시 제출서류 여부만 확인하고 신고수리하는 것이 원칙이다.

그러나 세관직원이 수입신고서와 제출서류만으로는 각종 표시, 용도, 기능 등을 확인할 수 없거나 신고된 물품 이외의 물품의 은닉 여부와 수입신고 사항과 현품의 일치 여부의 확인이 필요한 경우에는 수입물품을 직접 확인하는 경우가 있는데 이를 물품검사라 한다.

물품검사 대상의 지정 및 물품검사 장소와 방법, 물품검사의 절차는 다음과 같다.

(1) 물품검사 대상

    물품검사 대상은 서류심사만으로 신고사항을 확인하기 곤란한 물품과 수입신고사항을 불성실하게 신고한 업체 등의 대한 정보를 수집해 전산으로 관리하며, 전산에 등록된 기준에 따라 수입물품선별검사(C/S) 시스템에 의해 자동으로 선별하고 있다. 전산에 의해 선별된 물품 외에 통관심사과정에서 현품의 확인이 필요하다고 인정하는 물품의 경우에는 추가로 물품검사 대상으로 지정되어 검사하게 된다.

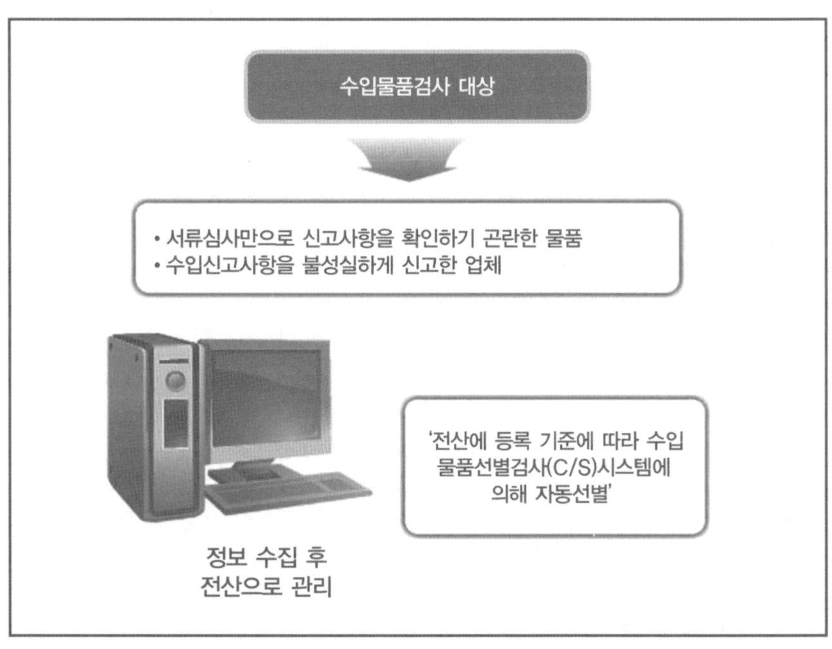

(2) 물품검사 장소

수입신고를 한 물품이 검사대상으로 선정되면 수입자는 수입물품을
세관에서 검사할 수 있는 장소로 반입해야 한다.

검사장소는 물품 및 신고시기에 따라 다음과 같이 달라진다.

- 선박 내 : 출항전 신고 및 입항전 신고 물품으로서 곡물, 원유, 광
  물 등 선상에서 검사가 가능하다고 세관장이 인정하는 물품은 선
  상에 적재한 상태로 검사가 가능하다.
- 부두 내 검사장소 : 출항전 신고 및 입항전 신고한 컨테이너 물품
  으로서 부두직통관 지역으로 반입된 물품의 검사장소이다.
- 입항지 보세창고 : 출항전 신고 및 입항전 신고 물품 중 검사대상
  으로 선정된 물품의 검사장소이다.
- 일반 보세창고 : 당해 수입물품을 장치할 또는 장치된 물품의 검사
  장소이다.
- 보세구역외 장치 : 수입물품이 거대중량, 기타 사유로 보세장고에
  장치하기 곤란한 물품은 세관장의 허가를 받은 장소에서 검사가
  가능하다.

(3) 물품검사 절차

수입자가 수입신고하면 신고물품에 대해 전산으로 검사대상 물품인지 여부를 선별하고 전산에서 선별된 물품에 대해 특별한 사유가 없는 한 당해 물품에 대해 검사를 실시하게 된다.

출항전 신고 및 입항전 신고 물품인 경우에는 수입자가 자신이 물품의 수입신고 사실 및 검사대상 여부를 당해 물품을 운송하는 선박회사 또는 항공사에 통보해 검사로 지정된 물품은 검사장소로 반입을 하도록 알려주어야 한다.

일단 검사대상으로 선정된 물품이 검사장소로 반입되면 세관에서는 검사계획에 따라 수입화주, 관세사 또는 보세구역 운영인에게 전달하고 검사에 필요한 장소와 장비의 확보, 포장을 개봉하기 위한 작업 인부의 배치 등 검사에 필요한 준비를 요구하고 검사준비가 완료되면 검사를 실시한다.

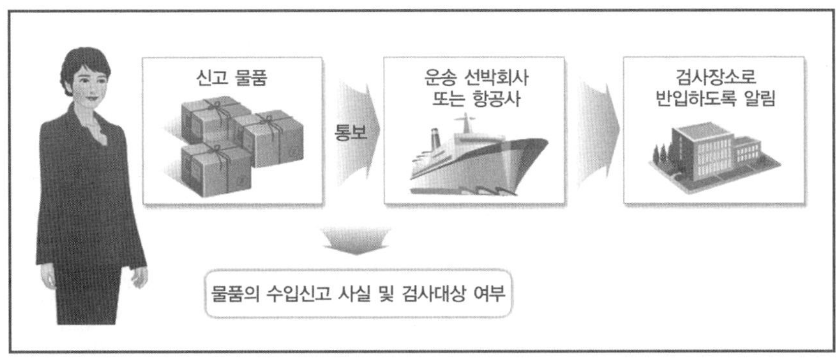

세관의 검사를 완료할 때에는 검사결과에 따라 신고내역을 정정하거나 통관허용 여부를 확정하게 된다. 이때 검사로 인해 발생한 상하차비, 인건비 등 검사비용은 수입자가 부담해야 한다.

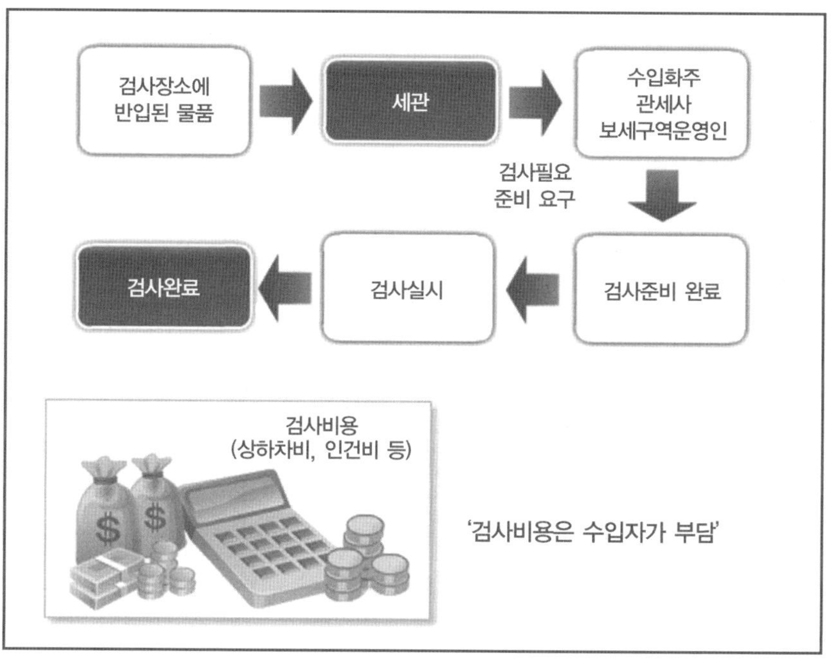

04 수입신고 수리

수입신고 수리란 수입자가 신고한 내역에 대해 세관에서 이를 적법하고 정당하게 이루어졌다고 인정해 통관을 허용하는 행위로서, 실제로 신고인이 신고필증을 교부받는 것으로 신고수리가 이루어졌다고 보면 된다. 수입신고 수리가 된 물품은 내국물품이 되므로 보세구역(창고)에서 즉시 반출할 수 있다.

(1) 신고수리

1996년 6월 이전에는 세관이 모든 수출입 물품에 대해 수출입 신고를 받고 통관허용 여부를 결정하기 위해 적법요건을 심사·검사해 일일

이 면허하던 수입면허제를 운영하였다. 그러나 1996년 7월 이후에는 적법·정당하게 이루어진 신고는 지체 없이 수리해 수출입 신고 즉시 물품이 통관될 수 있도록 하는 수입신고제를 시행하고 있다.

수입신고제를 시행함에 따라 세관장은 수입신고가 관세법의 규정에 따라 적법하고 정당하게 이루어진 경우에는 이를 지체 없이 수리하고 신고인에게 신고필증을 교부하고 있다.

세관장이 신고를 수리할 때에는 납부해야 할 관세에 상당하는 담보를 제공받은 후 또는 납부할 관세를 납부하였음을 확인한 경우 신고수리를 하고 있다. 신고수리가 되지 아니한 물품은 아직도 외국물품 상태이므로 보세창고에서 물품을 반출할 수 없는 것이다.

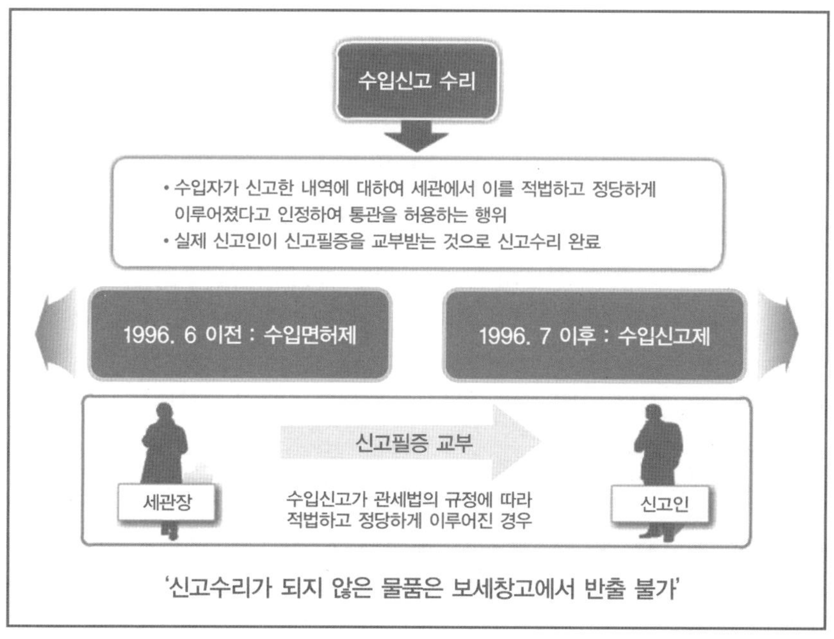

(2) 신고수리 시 담보의 제공

신고수리를 위해 관세에 상당하는 담보를 제공받는 경우 수입자가 제공할 수 있는 담보의 종류는 다음과 같다.

- 금전(현금)
- 국가 또는 지방자치단체가 발행한 채권 및 증권
- 은행지급보증
- 한국증권거래소에 상장되고 있는 대통령령이 지정하는 증권
- 납세보증보험증권
- 신용보증기금법의 규정에 의한 신용보증
- 신기술사업금융지원에 관한 법률의 규정에 의한 신용보증
- 부동산
- 등기 또는 등록된 선박·항공기 및 중기로서 보험에 가입된 것
- 대통령령이 정하는 보증인의 보증
- 관세청장이 인정하는 자가 발행 또는 보증하는 약속어음

(3) 수입신고필증 교부

세관장은 수입신고를 수리한 때에는 수입신고서에 수입신고 수리 번

호와 신고서 처리 담당자의 성함을 기재한 후 교부하고 있다. 이때 교부한 신고필증과 통관시스템에 보관된 신고자료가 상이한 경우에는 통관시스템에 보관된 전자문서의 내용을 원본으로 하고 있다.

신고필증은 신고 후 5년간 보관해야 한다. 신고필증은 자신이 신고한 물품이 무엇인지, 세금은 얼마를 납부하였는지 알 수 있는 자료일 뿐만 아니라, 물품을 창고에서 반출할 때에도 신고가 수리되었음을 창고에 알려주는 증서이기도 하므로 물품을 양도하지 않는 한 타인에게 양도하지 않는 것이 좋다.

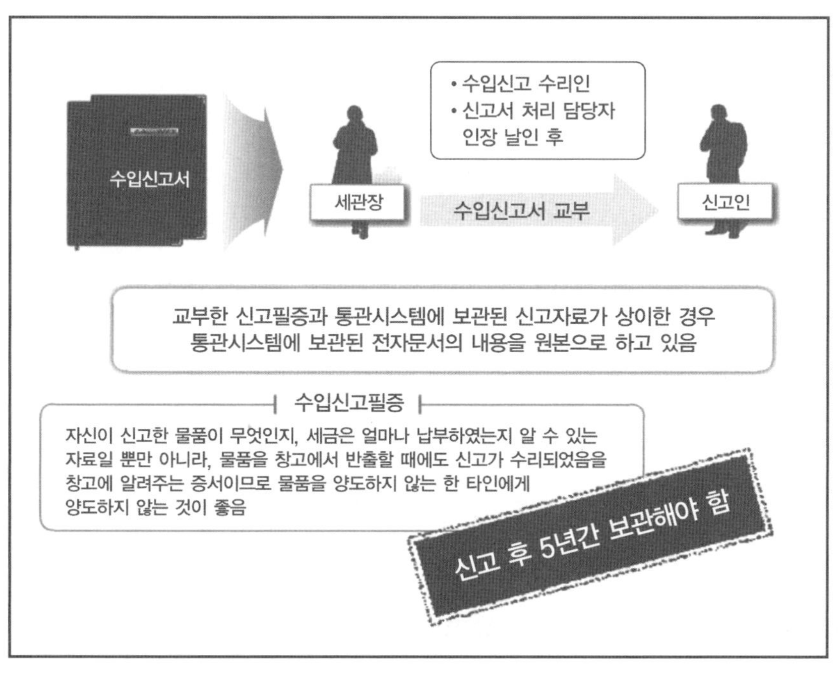

05 보세구역

(1) 보세제도

보세제도(Bonded System)란 외국물품을 세금을 납부하지 않은 상태에서 장치, 제조·가공, 건설, 판매, 전시할 수 있도록 허용한 관세법상의 제도를 말한다.

이 제도를 통해 중계무역과 가공무역 등 수출진흥에 기여하고, 수입물품에 대해서는 보다 안전하고 효율적으로 화물을 관리할 수 있을 뿐아니라 화주가 본인의 화물을 손쉽고 원활하게 통관해 갈 수 있도록 하고 있다.

보세구역은 효율적인 화물관리와 관세행정의 필요성에 의해 세관장이 지정하거나 특허한 장소로서 수출입 및 반송 등 통관을 하고자 하는 외국물품을 장치하거나, 외국물품 또는 외국물품과 내국물품을 원재료로 한 제조 및 가공, 기타 유사한 작업, 외국물품의 전시, 외국물품을 사용하는 건설, 외국물품의 판매, 수출입 물품의 검사 등을 하는 곳이다.

보세화물의 유통을 원활히 하고 화주가 신속히 통관을 해가도록 보세구역에는 장치기간을 설정해 운영하고 있다. 관세채권의 확보 또는 보세구역 내 질서유지 등을 위해 국가가 운영하는 지정보세구역은 화물관리인이 민간이 운영하는 특허보세구역은 운영인이 각각 화물에 대한 보관 책임을 지며, 화물관리인과 운영인이 보세구역에 물품을 반출입 시 반출입신고를 하거나 보세작업을 하고자 할 때 세관장의 허가를 받는 등 소정의 세관절차를 거치도록 하고 있다.

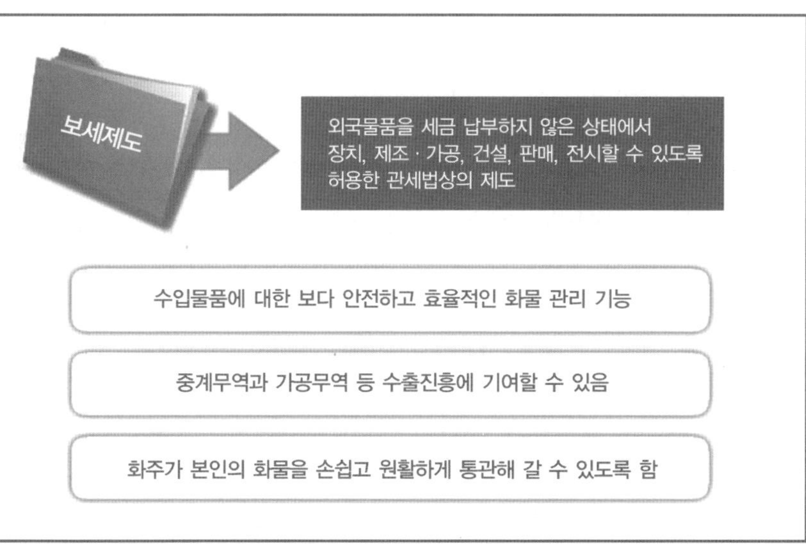

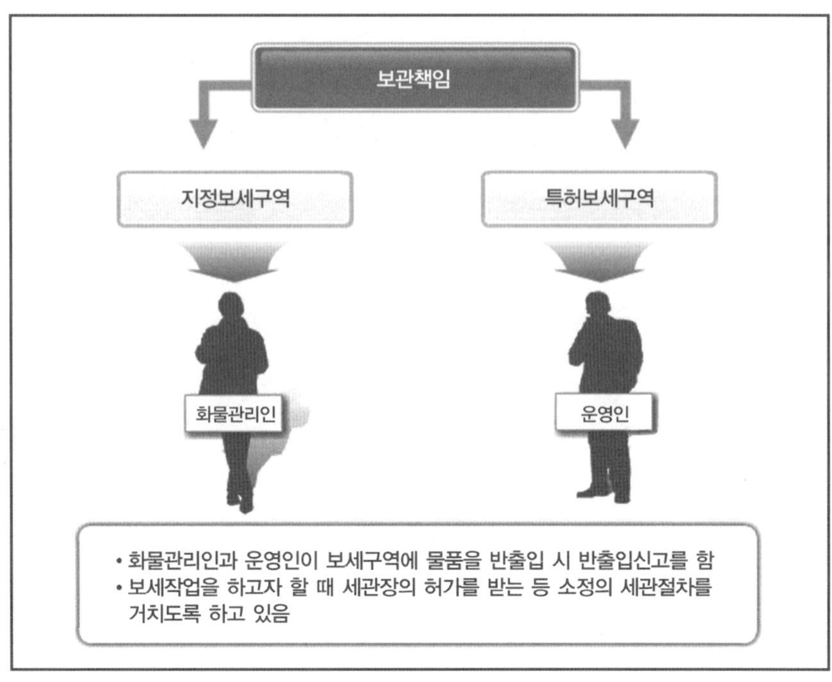

또한 화물관리를 운영인이나 관리인에게 위임해 자율적으로 운영할 수 있도록 자율관리 보세구역제도를 두어 관세청장이 정하는 절차를 생략하도록 하는 등 여러 가지 형태의 보세구역제도가 운영되고 있다.

(2) 보세구역의 종류

보세구역은 크게 지정보세구역과 특허보세구역으로 구분이 된다.

지정보세구역은 국가 또는 지방자치단체 등의 공공시설이나 장소 등 일정구역을 세관장이 보세구역으로 지정한 지역을 말하며, 여기에는 지정장치장과 세관검사장 2가지가 있다.

지정장치장은 통관을 하고자 하는 물품을 일시 장치하기 위한 장소로서 세관 구내창고, 공항·항만을 관리하는 법인이 운영하는 창고 등을 말하며 이곳에서는 물품의 장치와 검사를 할 수 있다. 세관검사장은 통관하고자 하는 물품을 반입해 세관의 검사만을 받도록 한 장소로서 통상적으로 공항·항만 내에 위치하고 있어 통관의 신속을 기하도록 하고 있다.

특허보세구역은 일반 개인이 신청을 하면 세관장이 특별히 허가해주는 보세구역을 말한다. 특허보세구역의 종류는 보세창고, 보세공장, 보세건설장, 보세전시장, 보세판매장 등이 있다.

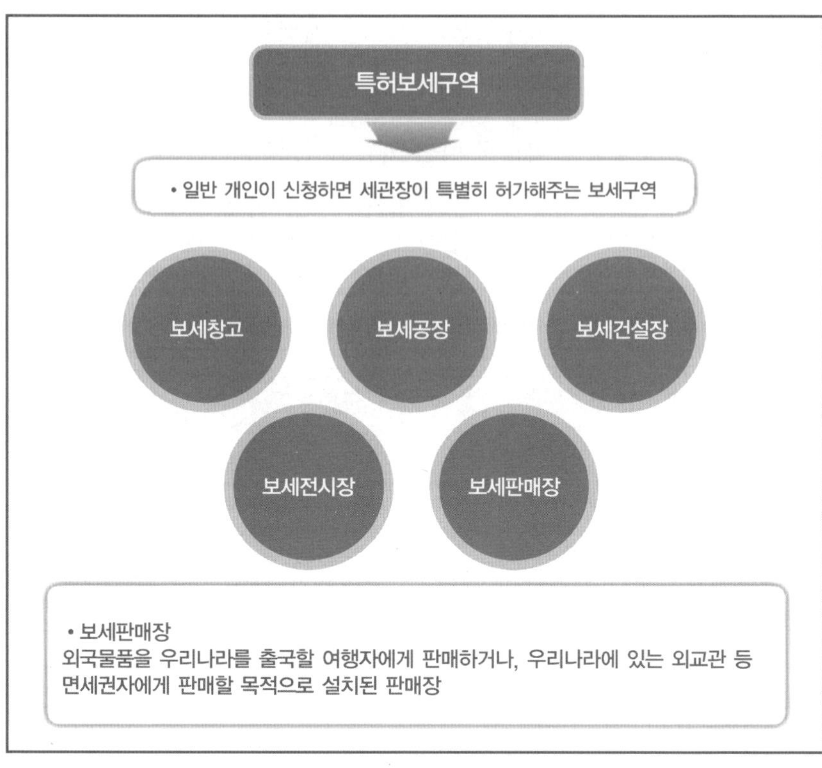

보세창고란 가장 일반적인 보세구역으로서 통관하고자 하는 물품을 장치하기 위한 장소이다.

보세공장은 가공무역의 진흥이나 관세행정 목적을 위해 설치된 장소로서 보세상태에서 제조, 가공 등의 작업을 해 생산된 제품 등을 외국으로 수출하거나 국내에서 사용할 목적으로 국내로 수입할 수 있도록 특허된 구역이다.

보세건설장은 산업시설의 건설에 사용될 외국물품인 기계류, 설비품 또는 공사용 장비를 장치하거나 사용해 보세상태에서 건설공사를 완료하고 수입통관을 하게 되는 구역을 말한다.

보세전시장은 국내에서 개최되는 박람회, 전람회 등을 위해 반입되는 외국물품을 보세상태에서 장치, 전시하거나 사용할 수 있는 곳이다.

보세판매장은 외국물품을 우리나라를 출국할 여행자에게 판매하거나, 우리나라에 있는 외교관 등 면세권자에게 판매할 목적으로 설치된 판매장이다.

★ 무역실무 TIP

▶ 수입물품을 선박에서 하역 후 찾을 때까지의 절차는?

모든 수입물품은 원칙적으로 보세구역에 반입 후 세관에 수입신고를 해야 하며, 세관에서 수입물품의 검사를 한 후 관세 등을 납부하면 수입신고필증을 수령해야만 물품을 보세구역으로부터 반출할 수 있다.

01 다음 중 수입신고 시기가 아닌 것은?

① 출항전 신고
② 입항전 신고
③ 물품수령 후 신고
④ 보세구역 장치후 신고

해설 : 물품을 어디에 두고 신고하느냐에 따라 세관에서는 편의상 출항전 신고, 입항전 신고, 보세구역 도착전 신고, 보세구역 장치후 신고로 구분하고 있다.

02 다음 중 수입신고 시 구비서류가 아닌 것은?

① 상업송장
② 포장명세서
③ 선하증권
④ 보험증권

해설 : 수입신고 시 구비서류로는 상업송장, 포장명세서, 선하증권 등이 있다.

03 다음 중 특허보세구역에 속하지 않는 것은?

① 보세창고
② 보세공장
③ 세관검사장
④ 보세전시장

해설 : 보세구역은 크게 지정보세구역과 특허보세구역으로 구분되며, 지정보세구역에는 지정장치장과 세관검사장이 있다.

1. ③   2. ④   3. ③

관세환급

① 관세환급의 개념을 이해해야 한다.
② 관세환급 방법을 알아야 한다.
③ 관세환급 절차를 알아야 한다.

일반적으로 관세환급이라 지칭되고 있는 환급특례법에 의한 관세환급은 우리나라 수출물품에 대한 국제가격경쟁력을 제고시키기 위한 수출지원제도로서 수출용 원재료를 수입하는 때에 납부하였거나 납부할 관세 등을 관세법 등에 불구하고 수출 등에 제공하였을 경우 수출자 또는 수출물품의 생산자에게 되돌려 주는 제도를 말한다.

(1) 관세환급의 개념

관세환급이란 세관에 납부한 관세를 어떠한 사유로 되돌려 받는 것을 말하며 그 종류는 되돌려 받는 사유에 따라 여러 가지가 있으나, 일반적으로 관세환급이라 지칭되고 있는 환급특례법에 의한 관세환급은 우리나라 수출물품에 대한 국제가격경쟁력을 제고시키기 위한 수출지원제도로서 수출용 원재료를 수입하는 때에 납부하였거나 납부할 관세 등을 관세법 등에 불구하고 수출 등에 제공하였을 경우 수출자 또는 수출물품의 생산자에게 되돌려 주는 제도를 말한다.

관세 등의 환급을 받으려면 관세환급을 신청할 수 있는 자가 환급대상 수입물품(원자재)으로 제조·가공한 생산품을 환급대상수출에 제공

274

하고 수출에 제공된 날부터 2년 이내에 환급을 신청해야 한다.

환급금을 산출하는 방법에는 정부가 수출금액당 수출품에 소요된 원재료에 대한 수입 시 납부세액으로 일정금액을 정해 지급하는 '정액환급제도'와 수출물품 제조에 소요된 원재료의 납부세액을 소요량제도에 의한 증빙서류에 의거 개개의 원재료별로 확인해 환급금을 산출하는 '개별환급제도'가 있다.

개별환급으로 환급을 신청할 경우에는 국내 산업보호 등 정책목적상 환급금의 지급을 일부 제한하는 지급제한 물품 여부를 확인해야 한다. 그리고 수출물품의 제조과정에서 경제적 가치가 있는 부산물이 발생하는 경우에는 부산물공제비율만큼 부산물의 가치에 해당하는 금액을 공제해야 한다.

관세환급의 절차는 업체에서 환급신청서를 작성한 후 인터넷이나 EDI로 관세청 환급시스템에 전송하면, 서류제출이 필요 없는 건은 전자서류만 심사해 환급금을 결정하고 서류제출이 필요한 건은 3일 내에 환급신청서 등을 제출하면 세관에서 전자서류와 제출서류를 대조 확인한 후 환급금을 결정, 지급은행에 이체 및 지급의뢰해 환급신청인의 환급금 전용계좌에 입금시켜 준다.

개별환급제도에는 수출품 생산자가 수출용 원재료를 수입해 생산한 중간원재료를 국내에서 구입해 수출하는 경우 수출품 생산자가 환급을 받을 수 있도록 중간제품에 대한 납부세액을 증명하는 기초원재료 납세증명제도와 수입한 물품이나 중간원재료를 수입(구입)한 상태 그대로 수출품 생산자에게 공급한 경우 공급한 물품에 대한 납부세액을 증명하는 분할증명제도가 있다.

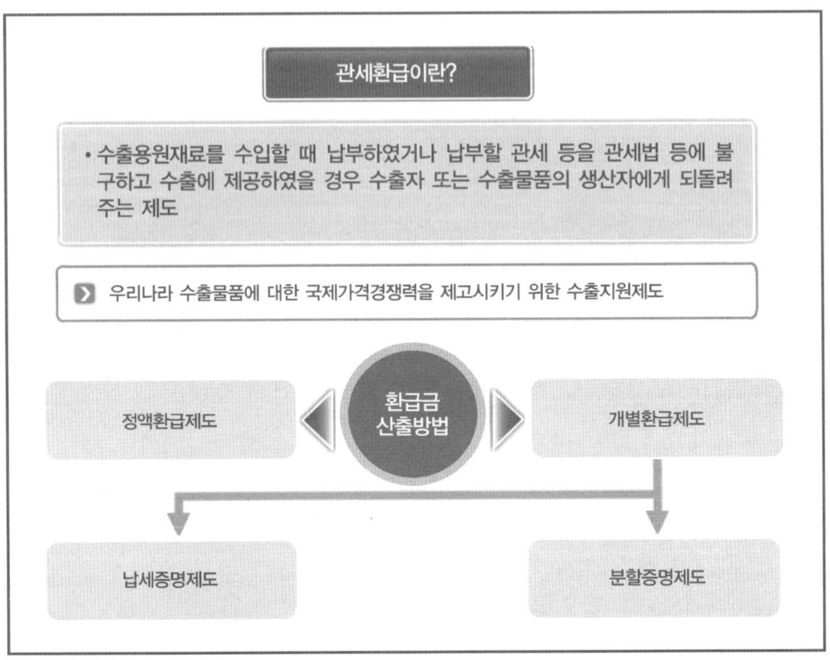

(2) 관세환급의 요건

수입신고필증이 환급이 가능하려면 관세 등의 환급을 받을 수 있는 원재료를 수입한 신고필증이어야 하고, 외국으로부터 수입하는 때에 관세 등을 납부한 물품이어야 하며, 수입신고수리일로부터 2년 이내에 제조·가공해 제품을 생산한 후 환급대상 수출에 제공해야 하고, 수출에 제공된 날부터 2년 이내에 환급을 신청해야 한다.

관세 등의 환급을 받을 수 있는 원재료라 함은 수출물품 생산 시의 물리적·화학적 변화 과정에서 당해 수출물품을 형성하거나 화학반응에 직접 사용되어 수출물품을 형성하는데 소비되는 것으로서 환특법령에 의해 그 소요량을 객관적으로 산출할 수 있는 원재료를 말한다.

따라서 수출물품의 생산 시에 사용되는 기계 및 설비, 공구, 금형, 포토마스크 등과 연료, 기름 등 에너지 요소는 수출용 원재료의 범위에 해당되지 않는다.

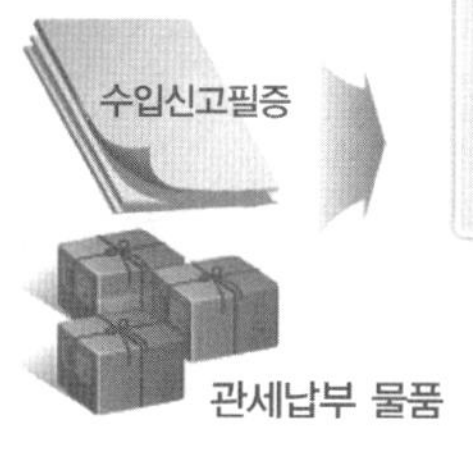

수출용 원재료는 수출물품을 생산할 때 사용되었던 당해 원재료에 국한되는 것이 아니라 수출물품을 생산할 수 있는 원재료도 환급대상이 된다. 따라서 국내에서 생산된 원재료와 수입된 원재료가 동일한 질과 특성을 가지고 상호 대체사용이 가능해 수출물품의 생산과정에서 이를 구분하지 아니하고 사용되는 경우 수출용 원재료가 사용된 것으로 본다.

또한 우리나라에서 제조·가공을 거치지 아니하고 수입된 상태 그대로, 즉 원상태로 수출한 경우에도 수입 시에 납부한 관세 등의 전액 환급이 가능하다. 그리고 수출물품 제조에 사용된 원재료이면 내수용으로 수입된 원재료도 수출용 원재료의 범위에 포함된다.

환급대상이 되는 수출용 원재료는 수입하는 때에 관세 등을 납부한 물품이라면 정상적인 무역거래에 의해 수입되고 물품대금을 지불하는 유환수입물품은 물론 물품대금을 지불하지 않고 수입되는 무환수입물품까지도 환급대상이 될 수 있다. 다만 무환수입물품의 경우에는 간이세율이 아닌 기본세율 등을 적용받아야 환급이 가능하다.

수출용 원재료라 하더라도 수출 등에 제공한 달의 말일로부터 소급해 2년 이내에 수입된 원재료이어야 환급이 가능하다. 수출용 원재료가 수입된 원재료로 제조·가공한 중간원재료를 국내거래된 물품인 경우에는 거래단계별로 1년의 범위 안에서 국내거래기간을 수출이행기간에 산입하지 않기 때문에 양수일로부터 2년 내에 수출이 되면 환급이 가능하다. 다만 수입된 상태 그대로 거래되는 경우에는 최초 수입일부터 수출신고수리일이 속하는 달의 말일까지의 기간이 2년 이내이어야 한다.

또한 수입신고수리일이 수출신고수리일보다 빠르거나 같아야 환급이 가능하다. 즉 선수입·후수출인 경우에만 환급이 가능하다. 환급에 갈음하는 세율적용 품목, 분할납부를 받은 물품, 수입 후 사용하다가 수출한 물품 및 공매물품은 환급을 받을 수 없다.

할당관세율을 적용받은 물품은 그 용도가 특게(特揭)되어 있는 경우 특게된 용도의 조건을 해제하고 차액관세를 납부하지 않는 한 환급을 받을 수 없다. 그러나 할당관세율을 적용한 경우에도 조건이 없거나 '내수용에 한함' 등으로 그 용도가 특게되지 않은 경우에는 환급이 가능하다.

관세환급 신청 가능자와 환급신청서류

(1) 관세환급 신청 가능자

환급대상이 되기 위해는 제품을 우선 수출 등에 제공해야 하는 바, 일반 유상수출은 관세법의 규정에 의해 수출신고가 수리된 수출을 말하며, 이러한 유형은 다음과 같다.

- 신용장에 의한 수출
- 지급인도조건(D/A), 인수인도조건(D/P) 방식에 의한 유상수출
- 수출 전에 수출대금을 외화로 영수하는 사전송금방식에 의한 수출
- 수출입이 연계된 무역거래로서 물물교환, 구상무역, 대응구매의 형태로 이루어지는 연계무역

이와 같은 일반 유상수출물품이 환급을 받기 위해는 당해 수출물품이 선적된 것이 관세청의 전산시스템에 입력이 되어있어야 한다.

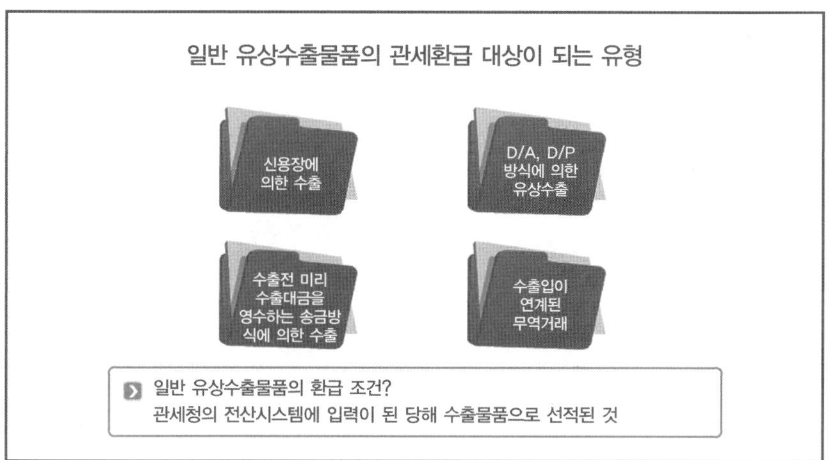

(2) 환급신청서류

환급신청 시 제출서류는 환급신청서에 수출 등에 제공한 사실을 확인할 수 있는 서류로서 관세청장이 정한 서류(수출신고필증), 소요량계산서, 소요원재료의 납부세액을 확인할 수 있는 서류(수입신고필증, 기초원재료납세증명서, 수입신고필증분할증명서 등), 기타 환급금의 확인과 관련해 관세청장이 정하는 서류가 있다. 그러나 간이정액 환급신청건에 대한 제출서류에는 소요량계산서 및 소요원재료의 납부세액을 확인할 수 있는 서류 등은 포함되지 않는다.

관세환급 방법

환급금의 산출방법에는 개별환급방법과 간이정액환급방법이 있다. 개별환급방법은 수출물품 제조에 소요된 원재료의 품명 · 규격 · 수량과 동원재료의 수입 시 납부세액을 원재료별로 개별적으로 확인해 환급금을 산출하는 방법이며, 간이정액환급방법은 정부가 정하는 일정한 금액(정액환급률표상의 금액)을 소요원재료의 수입 시 납부세액으로 보고 환급금을 산출하도록 하는 방법이다.

관세환급이란 수출물품 제조에 소요된 원재료의 수입 시 납부세액을 수출한 때에 되돌려주는 것이므로 환급액을 정확하게 산출하기 위해는 개별환급방법에 의하는 것이 합리적이다.

그러나 관세환급제도는 수출을 지원하기 위한 제도이므로 원재료 수입 시 납부세액을 정확하게 환급해야 한다는 목표와 함께 간편하게 환급해야 하는 상반된 두 목표를 동시에 추구해야 하며, 수출지원을 위한 제도 본래의 목적달성을 위해는 환급액과 원재료 납부세액 간에 다소의 차이가 있다 하더라도 정액환급을 확대 운용하고자 하는 것이 환급제도의 필연적인 운용방향이 될 수밖에 없는 것이다.

(1) 개별환급방법

1) 개별환급제도의 의의

- 환급금의 산출방법 중 개별환급제도란 수출품을 제조하는 데에 소요된 원재료의 수입 시 납부한 관세 등의 세액을 소요원재료별로 확인·합계해 환급금을 산출하는 방법을 말한다.

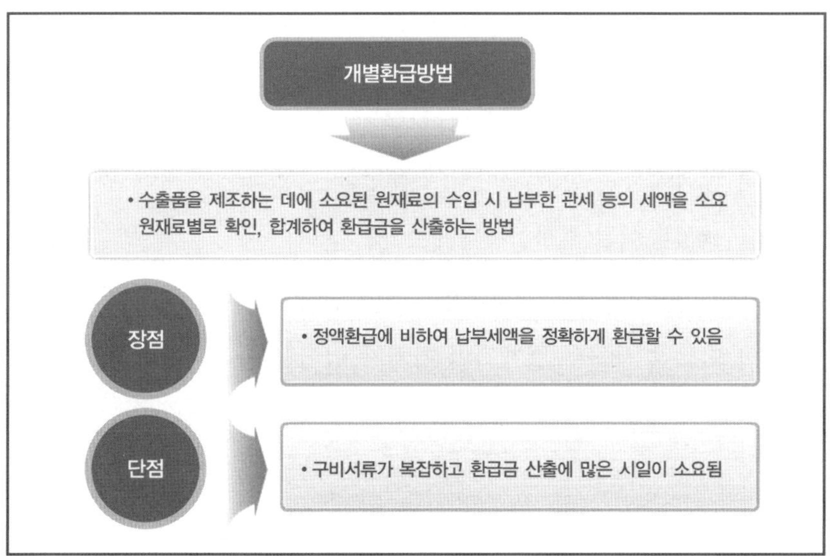

- 개별환급방법은 정액환급에 비해 납부세액을 정확하게 환급할 수 있는 장점은 있으나, 반면에 구비서류가 복잡하고 환급금 산출에 많은 시일이 소요됨이 단점으로 지적되고 있다.

2) 개별환급 적용대상

- 개별환급방법은 우선적으로 정액환급률표가 적용될 수 없는 수출물품에 적용된다.
- 일반적으로 개별환급이 전체 환급실적의 대부분을 차지하고 있다.

3) 부산물공제제도

- 수출물품 제조과정에서 경제적 가치가 있는 부산물이 발생하는 경우 손모율로 인정된 부분에서 부산물이 발생함에도 소요된 수입원재료의 납부세액 전부를 환급함은 형평의 원칙에 맞지 않을 뿐만 아니라 사실상 수출되지 않은 동 부산물 제조용 원재료에 대해서도 관세 등을 환급함은 부당하므로 원재료 수입 시 납부한 관세 등의 금액에서 부산물의 가치에 해당하는 금액을 공제한 후 잔액을 환급한다. 이를 부산물공제제도라고 한다.
- 수출물품의 제조과정에서 발생된 부산물 중 환급금에서 공제대상이 되는 부산물은 경제적인 가치가 있어서 판매되거나 자가 사용된 것을 말한다.

(2) 간이정액환급방법

간이정액환급제도는 개별환급을 받을 능력이 없는 중소기업의 수출을 지원하고 환급절차를 간소화하기 위해 도입된 제도이다.

좀더 설명하면 간이정액환급제도는 환급신청년도가 속하는 연도의 직전 2년간 매년도 환급액이 4억 원 이하인 중소기업에서 제조한 수출물품에 대한 환급액 산출 시(내국신용장 등에 의한 국내거래물품에 대한 기초원재료 납세증명서 발급 시 포함)에 정부가 정하는 일정금액(간이정액환급률표상의 금액)을 수출물품 제조에 소요된 원재료의 수입 시 납부세액으로 보고 환급액 등을 산출하도록 한 제도이다.

간이정액환급률은 수출물품의 세번부호(HS 10단위)별로 전년도 평균 환급액을 기준으로 수출업체 구분 없이 책정·적용하는 것이어서 개별 수출업체의 입장에서 보면 과다 또는 과소환급이 발생하게 된다.

국산 원재료를 상대적으로 많이 사용하는 업체에서는 과다환급으로 수출을 확대함으로써 수출용 원재료의 국산화를 촉진할 수 있다. 그러나 지나친 과소환급업체는 수출 자체를 어렵게 할 우려가 있으므로 수출업체가 원하는 경우에는 수출업체의 간이정액 비적용 신청에 의거 수출업체별로 간이정액환급률표를 적용하지 아니할 수 있도록 허용하고 있다.

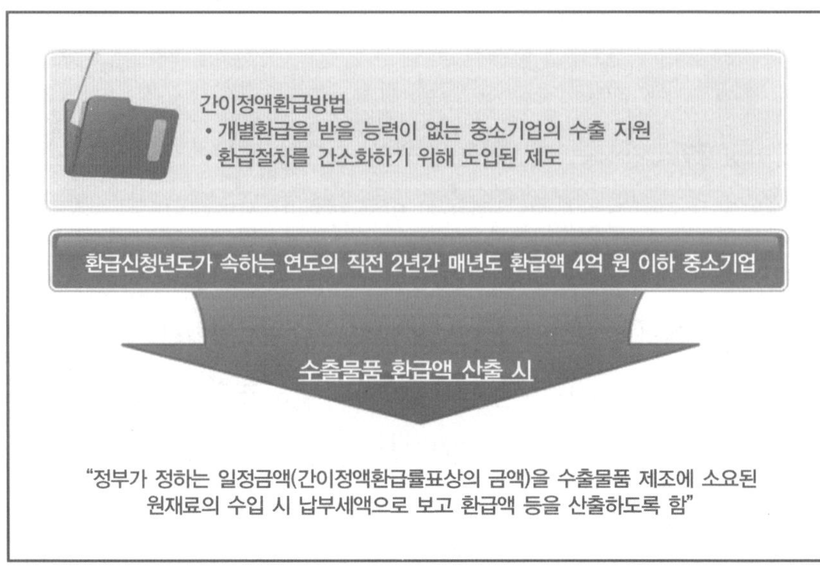

1) 간이정액환급률의 책정

간이정액환급률은 수출물품 HS 10단위별로 전년도 평균환급액(개별
환급액)을 기초로 해 금년도 수출물품에 대한 원재료 납부세액 산출에
영향을 미치는 요소 즉 관세율 및 환율의 변동 등을 고려해 수출금액
(FOB 10,000원)당 환급액을 책정하는 것이다.

2) 적용대상업체

간이정액환급률표를 적용할 수 있는 수출업체는 중소기업기본법 제
2조의 규정에 의한 중소기업체로서 환급신청년도가 속하는 연도의 직
전 2년간 매년도 총환급실적(기초원재료 납세증명서 발급실적 포함)이 4억

원 이하인 업체에 한정된다.

관세환급특례법상 중소기업자의 구분기준은 다음 표와 같다.

중소기업자의 구분기준

업종(주된 사업으로 경영하는 것)	기준(상용 종업원수)
공업, 기타 제조업, 광업, 운송업	300인 이하
건설업	200인 이하
상업, 기타 서비스업	100인 이하

04 관세환급 절차

(1) 신청서 작성

환급업체는 환급대상 수출신고필증 중 동일한 HS품목으로 같은 달에 수출된 수출건을 취합해 신청서를 작성해야 하며, 간이정액환급은 간이정액률표 고시단위(매년 단위로 고시함)별로 수출월 구분 없이 동일한 HS품목이면 동시에 환급신청이 가능하다.

(2) 전자문서 전송/수신

입력이 완료되면 인터넷이나 EDI 전자문서로 관세청에 전송하게 되며 업체의 문서작성 · 전송은 24시간 중 어느 때라도 가능하다.

(3) 신청서 오류 검증

관세청 환급시스템은 수신된 전자문서의 내용이 전자문서 작성규칙
에 맞게 작성되었는지 여부와 각 신청서의 기본적인 입력사항(통관고유
번호, 환급구분, 계좌번호, 수출입 사실 등)을 검증한다.

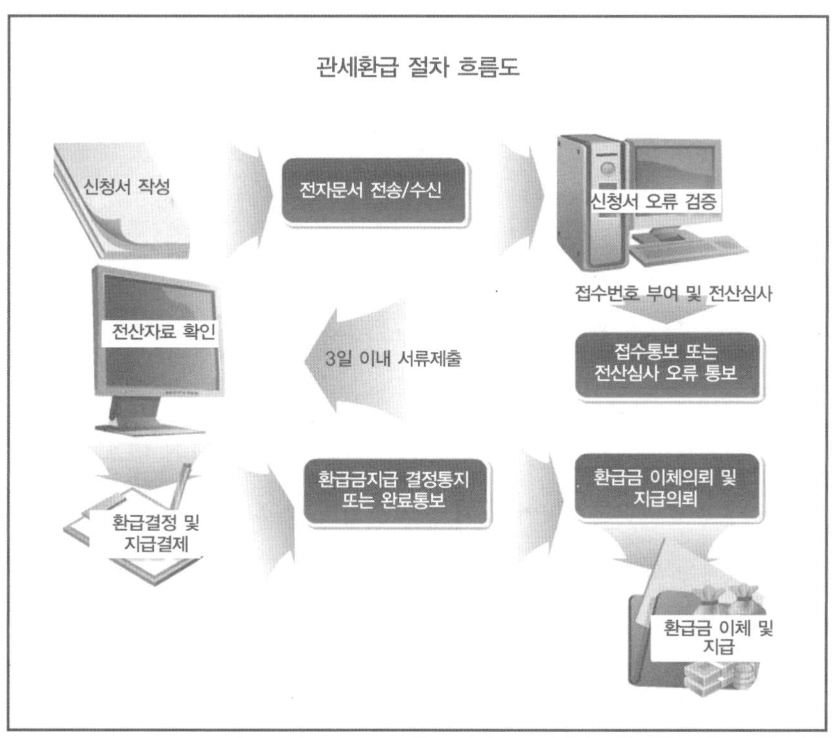

(4) 접수번호 부여 및 전산심사

관세청 환급시스템은 수신문서의 기본사항을 검증한 후 이상이 없으면 접수번호를 부여하고 세관 심사자 배부기준에 의거 자동으로 심사담당자를 지정한다.

(5) 접수통보 또는 전산심사 오류 통보

전산심사 결과 오류가 없으면 접수번호 및 담당자를 해당업체에 통보(접수통보)한다. 그리고 오류가 발생되면 오류항목 및 오류위치 그리고 접수번호, 담당자 등의 내용을 해당업체에 통보(오류통보)한다.

(6) 접수통보 후 3일 이내 서류제출

환급신청건 중 서류제출 대상건의 경우에는 접수통보를 받은 환급업체는 접수번호 및 접수일자가 기재된 신청서를 출력해 접수통보일부터 3일 이내에 관할지 세관장에게 제출해야 한다.

(7) 제출서류에 의한 전산자료 확인

세관담당자는 제출된 서류와 전산으로 접수된 업무처리화면의 신청
내용을 대조하고 확인건에 대한 사항을 제출된 서류로 확인한 후 결제
처리한다.

(8) 환급결정 및 지급결제

신청건에 대한 담당 또는 주무 결재 후 세관관리자(과장)에 의해 지급
결제되어 환급결정 절차가 완료된다.

(9) 환급금지급 결정통지 또는 완료통보

관리자 결제 후 해당업체에는 환급금지급 결정통지가 전송되고 사후
일괄납부업체인 경우 환급금은 지급보류(지급보류액만큼 담보잔액에 가산
됨)되며 환급금 지급보류 내용이 통지된다.

(10) 환급금 이체의뢰 및 환급금 지급의뢰

관리자가 결제를 하면 은행에 해당 세관장의 세입금 계정에서 환급금을 이체하여 환급신청인의 계좌로 즉시 입금시킬 것을 전자문서로 요구한다.

(11) 환급금 이체 및 지급

은행은 세관장이 이체 및 지급 요구한 바에 따라 해당 세관장의 세입금 계정에서 환급금을 이체해 환급신청인의 계좌로 입금시킨 후 입금결과를 세관장에게 전자문서로 통지한다.

> ★ 무역실무 TIP
>
> ▶ 수출용 원자재를 수입할 때에 납부했던 관세를 수출 후에 다시 환급을 해준다면 처음부터 관세를 납부하지 않고 환급도 받지 않는 것이 번거롭지 않고 합리적이지 않을까?
>
> 수출용 원자재를 수입할 때에 납부해야 할 관세를 추후 수출을 한다는 이유로 아예 납부를 하지 않는다면 수입 시에 관세를 납부하지 않고 국내에 판매를 하고 도주를 할 경우 관세를 징수할 방법이 없기 때문이다.

01 수출용 원재료의 관세환급에 대한 설명 중 옳지 않은 것은?

① 관세환급특례법
② 수입신고 수리 후 2년 이내 수출이행
③ 선적 후 2년 이내 환급신청
④ 과오납 환급

해설 : 과오납 환급의 법적 근거는 관세법이다.

02 다음 중 개별환급신청 시 구비서류가 아닌 것은?

① 관세환급신청서
② 소요량계산서
③ 선하증권
④ 수출신고필증

해설 : 개별환급신청 시 구비서류는 관세환급신청서, 소요량계산서, 수출신고필증, 수입신
고필증 등이다.

03 다음 중 간이정액환급 시 필요 없는 서류는?

① 관세환급신청서 갑지
② 관세환급신청서 병지
③ 소요량계산서
④ 수출신고필증

해설 : 소요량계산서는 개별환급신청 시에 필요한 서류이며, 간이정액환급 시에는 관세환
급신청서 병지가 소요량계산서를 대체하므로 소요량계산서가 필요 없다.

1. ④   2. ③   3. ③

Finland
Onega
Ladoga
St Petersburg
RUS
Riga
Nijni
Mosc
R
Konigsberg
Warsaw
Baltic
Hamburg
Stettin
Berlin
GERMANY
England
Scotland

4부

운송·보험·클레임 실무

13장 해상운송 실무

① 복합운송의 개념을 이해해야 한다.
② 컨테이너 운송을 알아야 한다.
③ 선하증권의 개념을 터득해야 한다.

선하증권은 화주와 선박회사 간에 체결한 해상운송계약에 의해 선사가 그 화물을 영수하였다는 것을 증명하는 한편, 도착항에서 일정한 조건하에 수하인 또는 그 지시인에게 화물을 인도할 것을 약정한 유가증권이다. 선하증권은 운송관계에서 가장 중요한 서류이며, 상업송장 및 포장명세서와 함께 신용장 거래 시 3대 필수 네고서류로 사용되고 있다.

01 국제운송과 복합운송의 개념

(1) 국제운송의 개념

운송(Transport, Transportation, Conveyance)이라 함은 사람이나 재화(財貨)를 어떤 장소에서 다른 장소로 이동시키는 것을 말한다. 국내에서 이루어지는 경우를 국내운송(Domestic Transport, Internal Transport)이라고 하며, 한 국가의 범위를 넘어 다른 국가 간에 이루어지는 경우를 국제운송(International Transport)이라고 한다.

국제운송 또는 국제교통이란 국제간에 교환경제가 형성됨에 따라 인간과 재화의 국제간의 공간적 거리 극복과 장소적 이전현상을 의미한다. 다시 말해서 운송(수송) 또는 교통이란 인간의 욕구 및 충족을 연결하는 중간행위로서 인간과 재화를 공간적 거리 극복과 장소적 위치변화를 통해 가치의 이전적 형성에 기여하는 국제용역이라고 볼 수 있다.

따라서 운송은 교통용역(Transport Service)이기 때문에 재화의 생산과 동일한 경제행위라 하더라도 고유의 생산인 가치의 질적(質的) 창출에 속하는 것이 아니라 질적 창출을 위한 가치의 전치적(轉置的) 형성에 기여하는 용역이라고 할 수 있다.

물품의 국제운송에는 국가마다 상관습이나 운송방법이 다르며, 특히 물품의 국제간 운송에는 통관이라는 행위가 반드시 필요하게 된다. 국내운송은 한 국가 내에서 물품운송이 이루어지므로 통관절차가 필요 없으나, 국제간의 운송은 재화가 국경을 넘어 이전되므로 통관절차가 필요하게 된다.

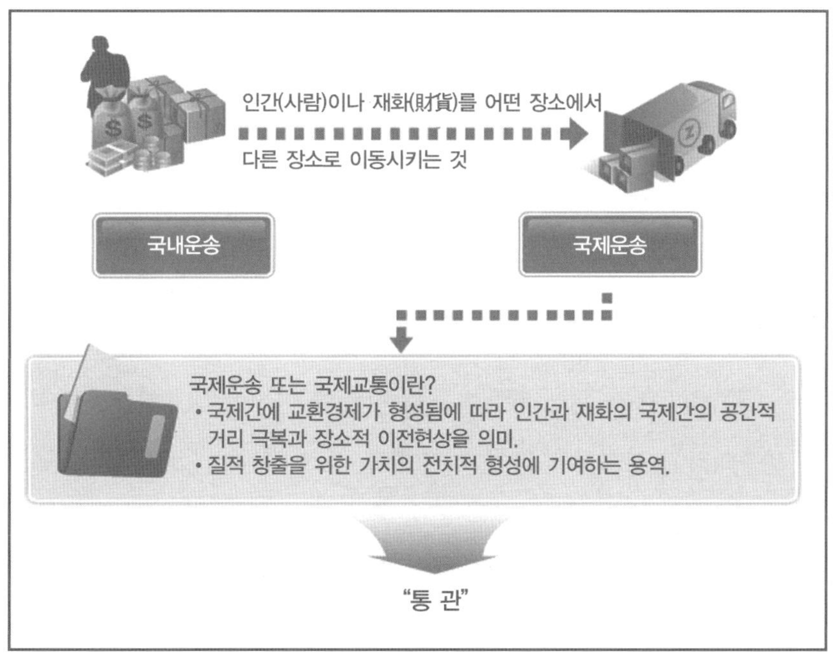

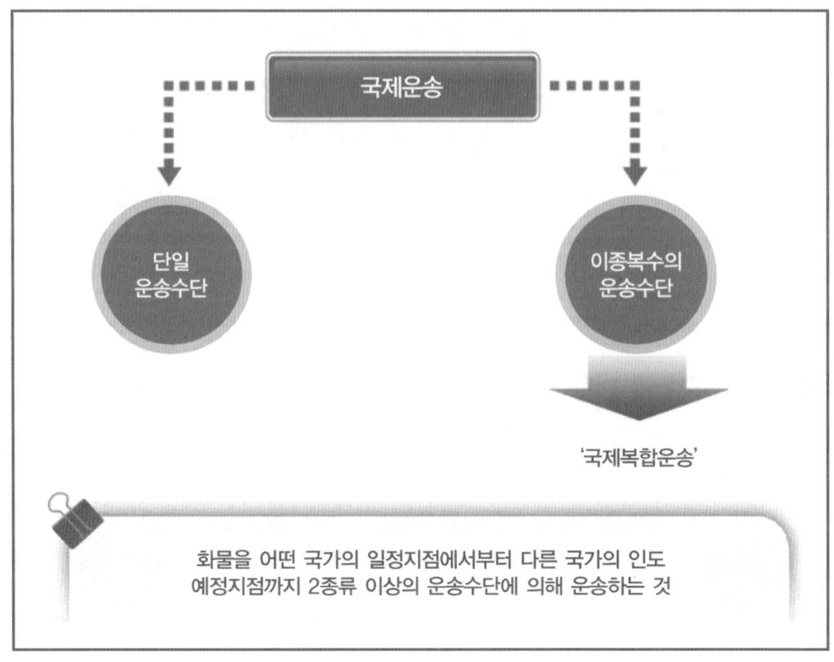

(2) 복합운송의 개념

상품이 생산된 장소(生産地)와 그 상품을 수요(이용 또는 소비)하는 장소(消費地) 간에는 장소적(공간적) 거리가 존재하게 되며, 이러한 장소적 불일치를 조정하기 위해서는 반드시 상품의 이동이 필요하게 되는데, 곧 운송이라는 서비스 용역이 그 역할을 하고 있는 것이다. 즉, 운송은 장소적 효용(place utility)을 창출하는 기능을 지니고 있다.

전술한 바와 같이 운송(수송)이란 사람이나 재화를 어떤 장소에서 다른 장소로 이동시키는 것으로서, 그 운송수단은 크게 트럭, 열차, 선박, 항공기 등으로 구분되고, 운송구간은 육상, 해상, 항공 등으로 나누어진다. 이러한 운송이 한 국가 내에서 이루어지는 경우를 국내운송이라고 하며, 한 국가의 범위를 넘어(국경을 통과해) 다른 국가간에 이루어지는 경우를 국제운송이라고 한다.

국제운송은 한 종류의 운송수단을 이용해 한 국가의 출발지에서 다른 국가의 목적지에 이르는 단일운송이 있는가 하면, 이종복수(異種複數)의 운송수단을 이용하는 경우가 있다. 이 중에서 후자가 국제복합운송(International Multimodal Transport)을 말하는 것으로 환언하면 '화물을 어떤 국가의 일정지점에서부터 다른 국가의 인도 예정지점까지 2종류 이상의 운송수단에 의한 운송' 이라고 정의할 수 있다.

컨테이너

(1) 컨테이너의 의의

컨테이너란 물적 유통(Physical Distribution, Logistics) 부문의 포장, 수송, 하역, 보관 등 모든 과정에서 육·해·공로상의 3가지 원칙인 경제성, 신속성, 안전성을 최대한으로 충족시키고 화물운송 도중 화물의 이적 없이 일관수송을 실현시킨 혁신적인 운송도구를 말한다.

우리나라 관세청이 고시한 컨테이너의 정의를 보면, 컨테이너란 리프트 밴(lift van), 가반(可搬) 탱크 및 이와 유사한 구조의 수송용구로서 다음의 ①에서 ④의 조건을 충족하는 것을 뜻하며, 함께 수입되는 컨테이너의 통상부속품 및 비품은 이에 포함되나 차량 및 일반 포장용기는 포함하지 아니한다고 되어 있다.

① 항구적인 성질을 가지며 반복사용에 적합할 정도로 견고한 것

② 수송 중 환적하지 않고 1개 또는 그 이상의 수송방식에 의한 화물
   의 수송을 용이하게 하고자 특별히 설계되어 있는 것

③ 화물의 적입(積入) 및 적출(積出)이 용이하게 설계되어 있을 것

④ 1m³ 이상의 내용적을 가지고 있을 것

컨테이너의 성격과 구조에 관해서 아직도 국제간의 특정협약은 없지만 1972년에 UN이 제정한 컨테이너 안전조약이 있다. 메이커별로 다소의 차이는 있지만 일반적으로 ISO(International Standardization Organization)에 의하면 컨테이너의 구비조건은 다음과 같다.

① 일정기간에 재사용이 가능한 충분한 내구력을 가질 것

② 운송도중 수송경로(수단)가 바뀌는 경우 화물의 이적 없이 일관수
   송을 할 수 있도록 설계될 것

③ 수송경로를 변경할 때 조작이 용이할 것

④ 화물의 적양(積揚)이 편리하게 설계될 것

⑤ 내부용적이 1m³(35.3ft³) 이상일 것

현재 해상운송에서 사용되고 있는 컨테이너는 길이에 따라 20피트, 40피트, 40피트 High Cube 등이 있는데, 이 규격들은 ISO의 권고에 의한 것이다.

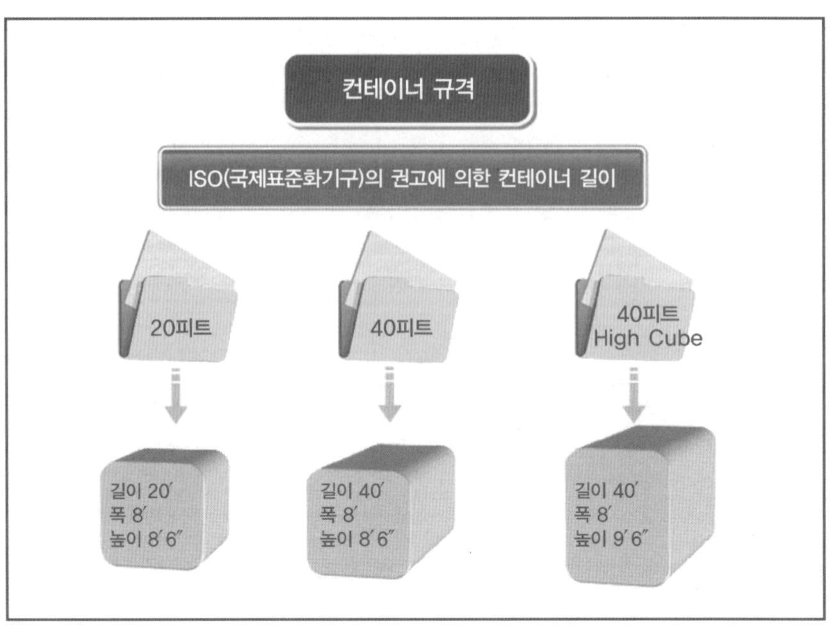

보통 20피트 컨테이너의 경우 길이 20′ × 폭 8′ × 높이 8′ 6″이며, 40피트 컨테이너는 길이가 40′이다. 그리고 40피트 High Cube 컨테이너의 경우 높이가 9′ 6″이다.

컨테이너의 재질은 대부분 철재(Steel)이며, 알루미늄(Aluminium) 및 강화 플라스틱(FRP) 컨테이너도 있다.

용도에 따라 컨테이너를 분류하면 ① Dry Cargo Container, ② Refrigerated Container(보통 Reefer Container라고 함), ③ Tank Container, ④ Open Top Container, ⑤ Flat Rack Container, ⑥ Live Stock Container, ⑦ Garment(Hanging/Hanger) Container,

⑧ Hard Top Container 등이 있다.

(2) 컨테이너 운송

1) FCL(Full Container Load) 운송

일반적으로 공(空)컨테이너(Empty Container)가 생산자의 공장에 투입되어(Door Service) 적입된 컨테이너가 선적지 CY(Container Yard)까지 운송되는 것을 의미하며, 선박회사가 지정한 육송업체(컨테이너 운송업체)가 전담하고 있다.

FCL은 내륙지에서 수출통관된 후 컨테이너에 적입되어 부산항 등 수출항만까지 운송되는 경우와 일반화물(Loose Cargo) 형태로 트럭을 이용해 항만으로 운송된 후 그곳에서 컨테이너에 적입되어 선적되는 경우가 있다. 후자의 경우 대표적인 화물이 섬유제품이다.

수출통관된 후 컨테이너에 적입된 FCL은 대부분 트랙터/세미트레일러 방식에 의해 고속도로나 일반국도를 이용한 공로(육상)운송되어 부산항 등의 수출항만으로 연결된다.

또한 철도운송의 경우 컨테이너 특별간이보세운송 면허를 겸하고 있는 철도소운송업체들이 특수한 중량화물 또는 도로운송으로 부산항 예정선박의 반입 마감시간에 맞추어 반입되기 어려운 경우에 많이 이용되고 있다.

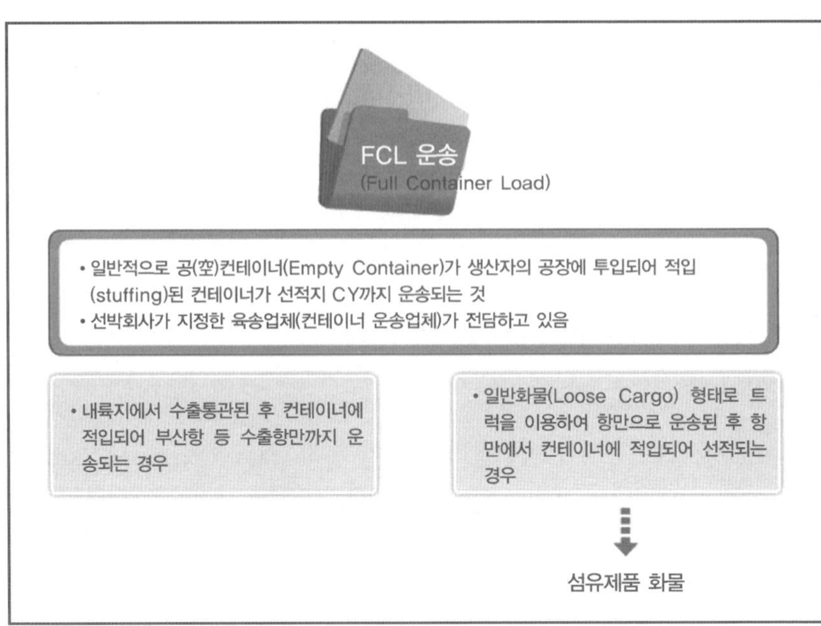

2) LCL(Less than Container Load) 운송

LCL은 20피트 또는 40피트 컨테이너 1대에 채울만한 물량이 되지 못하기 때문에 공컨테이너의 Door운송과정이 필요 없어 일반화물(Loose Cargo) 상태로 트럭에 실려 포워더가 지정한 항만의 CFS(Container Freight Station)로 운송된다.

보통 LCL은 화주가 직접 일반차량(트럭)을 수배해 CFS까지 운송하고 있으며, 경우에 따라서는 운임상의 혜택과 동일 지역행 소량화물의 혼재를 용이하게 하기 위해 포워더를 이용하고 있다.

LCL을 적재한 화물자동차는 각 화물들의 최종목적지에 따라 부산지역에 위치한 여러 CFS를 순회하며 화물의 입고지로 운송한다. 이곳에서 수출통관을 필한 LCL은 목적지별로 혼재작업되어 FCL 단위화된다. FCL로 단위화된 화물은 사전에 예약된 선박 스케줄에 맞추어 마샬링 야드(Marshalling Yard)에서 선적을 기다리게 된다.

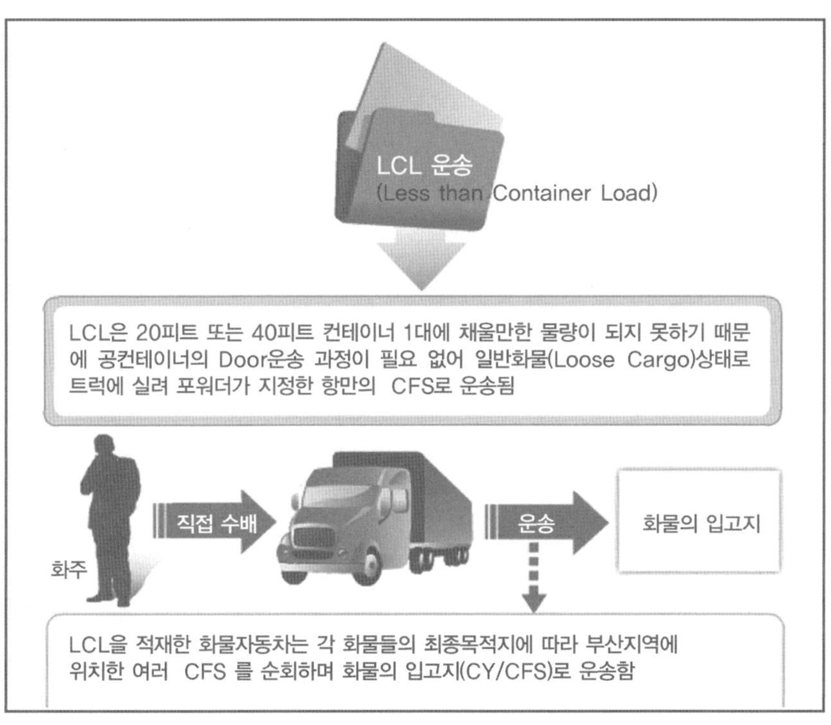

(1) 운임산정의 기준

운임의 기본운임률은 항로별·화물별로 서로 다르게 정해지고 기본 운임의 계산은 중량(Weight)과 용적(Measurement) 가운데 높은 쪽을 운임톤(Revenue Ton : R/T)으로 해 기본운임률을 곱해 산출된다.

운임의 구성요소는 ① 기본 운임(Basic Rate), ② 할증료(Surchage), ③ 추가요금(Additional Charge)으로 구성된다.

일반적으로 복합운송은 정기선 해운에 다른 운송수단을 결합한 일관운송이기 때문에 복합운송의 운임체계는 정기선 운임체계를 기본으로 하고 있다. 이러한 정기선 운송의 운임은 용적 또는 중량을 기준으로 해 산출하고 있으며, 귀금속 등의 고가품인 경우에는 가격을 기준으로 산출하고 있다.

중량보다 부피, 즉 용적이 큰 화물은 용적을 기준으로 해 운임을 산출하며, 이러한 화물을 용적화물(Measurement Cargo)이라 하고, 중량을 기준으로 하는 화물을 중량화물(Weight Cargo)이라고 한다.

할증료는 일반화물보다 무거울 때 부과하는 중량할증료(Heavy Lift Surcharge), 부피가 크거나 길이가 길 때 부과하는 용적 및 장척할증료(Bulky/Lengthy Surcharge), 도착항의 항만사정이 선박으로 혼잡할 때 부과하는 선혼할증료(Congestion Surcharge), 선적 시에 목적항을 2개로 정했다가 본선 출항 후에 1개항을 도착항으로 선택할 때 부과하는 Optional Charge 등이 있다.

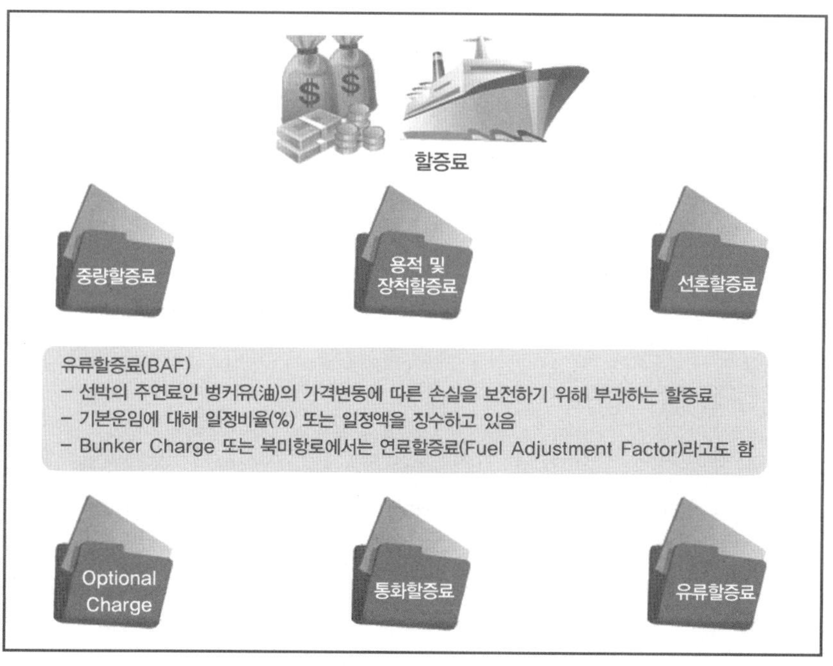

또한 통화의 환율변동에 따른 환차손(換差損)을 화주에게 부담시키는 통화할증료(Currency Adjustment Factor : CAF), 유류가격의 인상으로 발생하는 손실을 보전하기 위한 유류할증료(Bunker Adjustment Factor : BAF) 등이 있다.

(2) 부대비용 및 추가 · 할증요금의 내용

1) THC(Terminal Handling Charge : 터미널화물처리비)

화물이 컨테이너 터미널에 입고된 순간부터 본선의 선측까지, 반대로 본선 선측에서 CY의 게이트를 통과하기까지 화물의 이동에 따르는 비용을 말한다. 즉, 부두나 터미널에서 화물의 조작관리 · 선적 · 양하작업과 관련해 발생되는 비용을 보전하기 위한 항만비용(Port Charge)이다.

컨테이너화물의 해상운임은 그 범위가 CY to CY이었으나 1990년부터 항만에서 발생되는 제비용을 해상운임과 분리해 징수하면서 THC(터미널화물처리비)가 부과되고 있다.

2) CFS Charge

컨테이너 하나의 분량이 되지 않는 소량화물(LCL)을 운송하는 경우 선적지 및 도착지의 CFS(소량화물 집화 · 보관소)에서 컨테이너에 화물을 혼재 적입 또는 분류하게 되는데 이때 발생하는 비용을 말한다. 통상 이

비용은 CFS에서 발생되는 보관료, 상하차비, 적출입료, 하역기기 사용료, 중량이나 용적의 계근 계량비용 등을 포함한다. 운송인(포워더)이 이를 화주로부터 징수해 CFS 설영주(운영업자)에게 전달한다.

3) 서류발급비(Documentation Fee)

선사가 선하증권(B/L)과 화물인도지시서(D/O) 발급 시 소요되는 비용을 보전하기 위해 부과하는 비용으로 발급건당 19,000~25,000원을 징구하고 있다.

4) 통화할증료(Currency Adjustment Factor : CAF)

운임표시 통화의 가치하락에 따른 손실을 보전하기 위해 도입한 할증료로서 일정기간 동안 해당통화의 가치변동률을 감안해 기본운임에 일정비율(%)을 부과하고 있다. 항로에 따라서는 일정액을 부과하는 경우도 있다.

5) 유류할증료(Bunker Adjustment Factor : BAF)

선박의 주연료인 벙커유의 가격변동에 따른 손실을 보전하기 위해 부과하는 할증료로서 기본운임에 대해 일정비율(%) 또는 일정액을 징수하고 있다. 유류할증료는 Bunker Charge 또는 북미항로에서는 연료할증료(Fuel Adjustment Factor)라고도 한다.

6) 화물 취급수수료(Handling Charge)

프레이트 포워더가 수출입화물의 취급에 따른 도착통지(Arrival Notice), 해외 파트너와의 교신 등에 소요되는 통신비용 등 제반 서비스 제공에 대한 대가로서 징수하는 수수료를 가리킨다.

04 선하증권

(1) 선하증권의 의의

선하증권은 운송관계에서 가장 중요한 서류이며, 상업송장 및 포장명세서와 함께 신용장 거래 시 3대 필수 네고서류로 사용되고 있다.

선하증권은 화주와 선박회사 간에 체결한 해상운송계약에 의해 선사가 그 화물을 영수하였다는 것을 증명하는 한편, 도착항에서 일정한 조건하에 수하인 또는 그 지시인에게 화물을 인도할 것을 약정한 유가증권이라고 정의를 내릴 수 있다.

이러한 정의하에서 선하증권이 국제무역에서 차지하고 있는 역할 및 기능에 대하여 좀더 자세히 살펴보면 다음과 같이 크게 세 가지로 나누어진다.

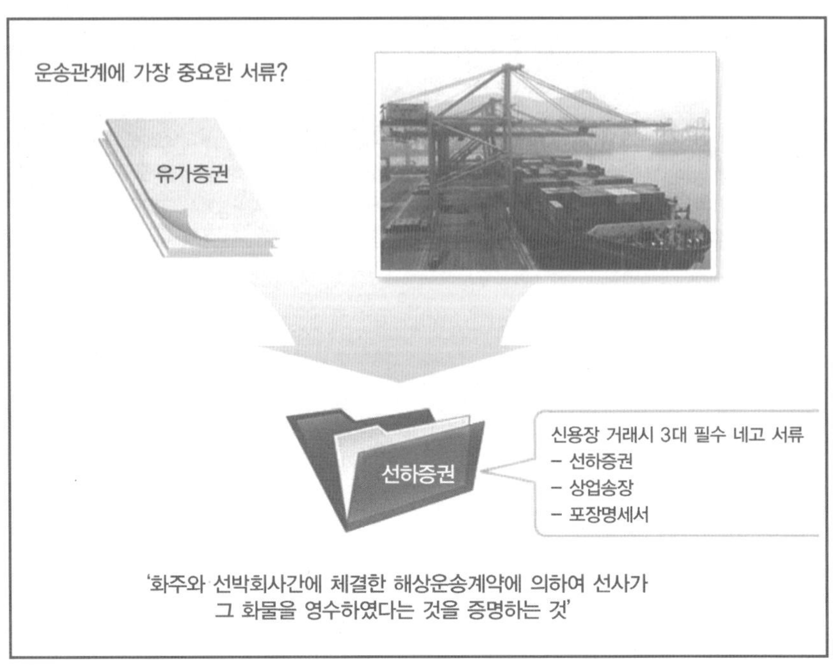

첫째, 선하증권은 이름 그대로 해당화물이 선적(Lading)되어 선사의 관리하에 있다는 영수증(Receipt of Goods)의 역할을 한다. 수입자는 대금을 지불하고도 계약된 물품이 받지 못하는 불안을 해소하기 위해 선적되었다는 사실의 확인을 원할 것이므로 수출자는 이러한 수입자의 요구에 부응하는 차원에서라도 그 증거가 필요한데, 이것이 선하증권이 되는 것이다.

둘째, 앞에서도 언급한 바 있지만 국제무역에 따르는 여러 가지 계약 중 선주와 화주 간에 체결하는 운송계약은 별도의 계약서가 존재하지 않고 선하증권으로 대신하므로 선하증권은 바로 선주와 화주 간에 계약이

314

체결된 것을 증명하는 계약증서(Evidence of Contract)가 된다. 그렇기 때문에 만일 운송과정 중에 클레임이 발생하면 우선적으로 계약서인 선하증권의 내용을 가지고 선주와 화주 간의 권리의무를 판단하게 되는 것이다.

셋째, 선하증권은 증권의 소유자나 피배서인이 해당상품의 인도를 주장할 수 있는 권리증권(Entitled Document)이라는 것이다. 극단적으로 말하면 길거리에서 선하증권 원본을 주웠을 경우 이를 해당 선박회사에 들고 가면 물건을 받아갈 수 있으므로 선하증권은 한마디로 '돈'이라고 할 수 있다.

선하증권의 주요한 법적 성질에 대해 좀더 자세히 살펴보자.

우선 선하증권은 '요인증권'이라는 것이다. 다시 말하면 선하증권은 운송인 또는 그 대리인이 물건을 선적 또는 선적을 위해 수취하였다는 요인이 있어야 비로소 발행된다는 것이다. 따라서 선적하지 않았는데도 선하증권이 발행되었다면 위법행위가 된다.

다음으로 선하증권은 기재사항이 법으로 정해진 '요식증권'이라고 할 수 있으며, 소지하고 있는 사람이 물건의 인도를 청구할 수 있는 '유통증권' 또는 '채권증권'이다.

마지막으로 운송인은 선하증권의 선의의 소지인에 대해 증권의 기재문언에 관해 책임을 지며, 반면에 그 소지인은 증권의 기재문언에 따라 권리를 주장할 수 있는데, 이러한 선하증권의 법적 성질을 '문언증권'이라고 한다.

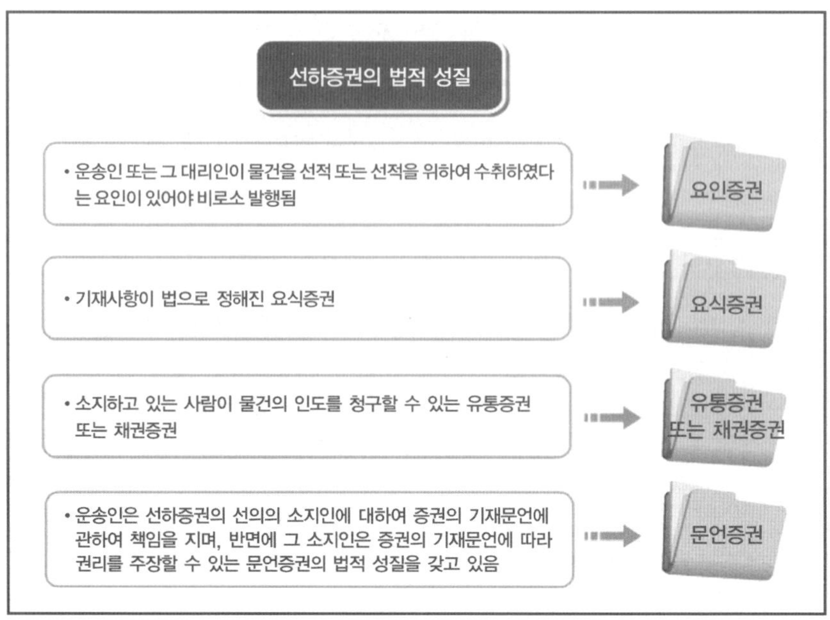

선하증권 원본의 발행은 1통으로도 가능하지만 화물의 도난, 연착 또는 분실 등에 대비해 그 이상(2~5통)을 한 세트로 해 발행할 수도 있는데, 현재 국내에서는 거의 3통을 한 세트(One Full Set)로 해 발행하는 것이 상례이다.

선하증권은 몇 통을 발행하였더라도 내용이 동일하며 정식서명도 되어 있어 각 통은 동등한 효력을 지녀서 화물인도에는 1통으로 족하며, 인도와 동시에 타 B/L은 무효가 된다. 물론 은행에서 대금결제 시 발행된 원본 전부를 제시해야 한다.

(2) 선하증권의 종류

1) 선적선하증권과 수취선하증권

선적선하증권(Shipped or on Board B/L)이란 선박회사가 화주로부터 수령한 운송화물을 선적한 후에 발행하는 선하증권으로서, 보통 선하증권의 앞면 하단부분에 선적완료 사실을 'Shipped' 또는 'Shipped on Board' 란 표시와 함께 선적일자 등을 기재해 나타낸다.

INCOTERMS상의 13가지 무역거래조건 중 현재 가장 많이 이용되고 있는 FOB 또는 CIF 같은 무역조건은 본선(Mother Vessel) 인도를 전제로 한 것이기 때문에 이 경우 당연히 Shipped B/L이 발행되어야 한다.

수취선하증권(Received or Shipment B/L)은 화물을 선적할 선박이 화물을 적재하기 위해 항내에 정박 중이거나 아직 입항되지는 아니하였으나 선박이 지정된 경우에 선박회사가 주로 화물을 CY에서 수령하고 선적 전에 발행하는 선하증권이다.

수취선하증권에는 나중에 실제로 선적이 이루어진 후 선적일을 기입하고 선박회사가 서명하면, 즉 'On Board Notation' 이 있으면 선적선하증권과 동일한 효력을 가지게 된다.

한편 미국의 해운관습은 화주의 청구가 있을 때는 선적 전이라도 운송인이 지정한 창고에 화물이 입고되면 일단 B/L을 발행해주고 선적이 끝난 후에 On Board Date를 Stamp한 후 서명함으로써 Shipped B/L로서의 효력을 갖도록 하는 것이 보편화되어 있다.

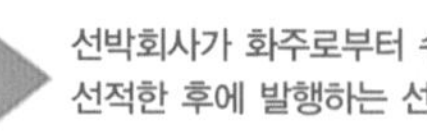

2) 무사고 선하증권과 사고(유보)부 선하증권

무사고 선하증권(Clean B/L)이란 말 그대로 화물이 아무런 사고가 없이 선적될 때 발행되는 선하증권이다. 좀더 설명하면 본선상에 선적하는 화물의 포장상태나 수량 등과 관련, 일등항해사가 발행하는 본선수취증(Mate's Receipt : M/R)의 비고란에 아무런 결함 또는 이상상태가 기재되어 있지 않은 경우에 발행되는 선하증권을 말한다.

이 증권의 앞면에 "Shipped on board in apparent good order and condition"이라고 표시되기도 한다.

이와 반대로 선적 당시 화물의 포장상태나 수량 등에 어떤 결함 또는

318

이상이 있거나 이러한 사실이 표시된 것을 사고(유보)부 선하증권(Foul or Dirty B/L)이라고 한다.

이 증권을 은행에 제시하였을 경우 은행은 신용장통일규칙에 의해서 매입을 거절하게 되므로 수출자는 선적 당시 화물에 대한 이상을 발견하였으면 즉시 이를 대체해야 한다. 재포장이 곤란한 경우에는 선박회사에 파손화물보상장(Letter of Indemnity : L/I)을 제공하고 무사고 선하증권을 교부받을 수 있다. 이 보상장만 있으면 선박회사는 후에 파손화물에 대해 책임이 면제된다.

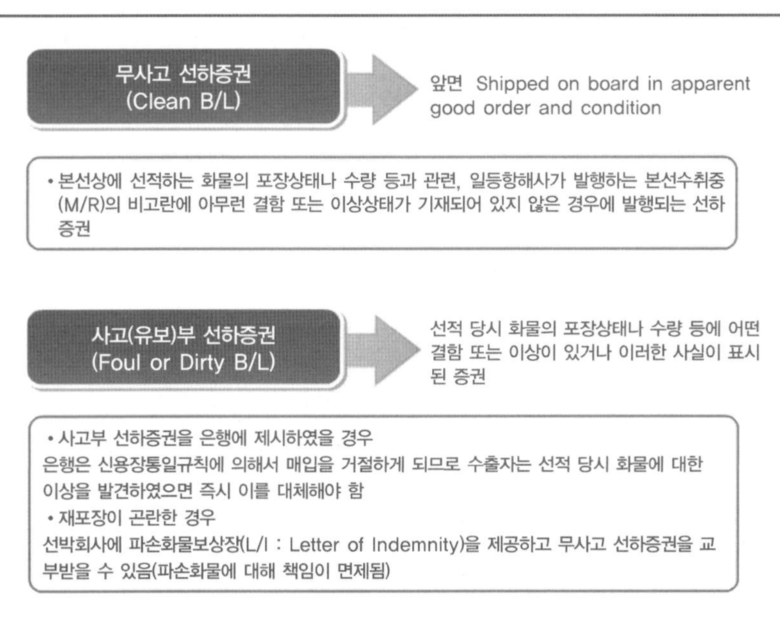

3) 기명식 선하증권과 지시식 선하증권

기명식 선하증권(Straight B/L)이란 선하증권상에 특정한 수화인이 기입된 선하증권을 말한다. 기명된 수화인이 아닌 다른 사람에게는 하등의 가치가 없다. 이는 주로 신용장방식을 제외한 송금방식(T/T) 등의 대금결제조건에서 수입지의 은행이 채권을 행사할 필요 없는 경우에 발행하게 된다.

지시식 선하증권(Order B/L)이란 선하증권상에 특정한 수취인을 기재하지 않고 단순히 'To Order', 'Order of Shipper' 또는 'Order of xx Bank' 등으로 기재되어 있는 증권이다.

신용장이 개설된 후 수출지의 네고은행을 통해 환어음 및 선적서류가 개설은행으로 돌아오게 되는데, 만약 선하증권이 Order B/L인데도 선하증권상의 수하인(Consignee)란에 개설은행을 표시하지 않고 수입자의 이름이 표시된다면 수입자는 은행에 수입대금을 갚지 않고 그대로 물건을 찾아가버릴 수 있는 위험성이 있다.

따라서 신용장 개설은행이 화물에 대한 일차적인 소유권을 행사하고 개설은행이 선하증권 이면에 백지배서(Blank Endorsement)만 하면 이 증권의 소지인(수입자)이 화물에 대한 소유권을 갖도록 양도할 수 있게 한 것이 바로 지시식 선하증권이다.

선하증권상에 특정한 수화인이 기입된 선하증권

• 주로 신용장방식을 제외한 송금방식(T/T) 등의 대금결제조건에서 수입자의 은행이 채권을 행사할 필요 없는 경우에 발행함

선하증권상에 특정한 수취인을 기재하지 않고 단순히 "To Order", "Order of Shipper" 또는 "Order of xx Bank" 등으로 기재되어 있는 증권

• 신용장 개설은행이 화물에 대한 일차적인 소유권을 행사하고 개설은행이 선하증권 이면에 백지배서만 하면 이 증권의 소지인(수입자)이 화물에 대한 소유권을 갖도록 양도할 수 있게 함
• 선하증권이 Order B/L인데도 선하증권상의 수하인(Consignee)란에 개설은행을 표시하지 않고 수입자의 이름이 표시될 경우 수입자는 은행에 수입대금을 갚지 않고 그대로 물건을 찾아가버릴 수 있는 위험성이 있음

★ 무역실무 TIP

▶ 일반적으로 수출상은 수입상에게 물품이 아닌 선하증권을 양도하면 수출대금을 받는데 그 이유는 무엇인가?

선하증권은 수출상이 선사에 선적한 물품을 선사로부터 수령할 권리증서이므로 이 선하증권을 소지하면 물품을 찾을 수 있기 때문이다.

01 컨테이너 하나를 모두 채울 만큼의 대량화물을 일컫는 말은?

① Bulk Cargo

② FCL Cargo

③ LCL Cargo

④ CFS Cargo

해설 : FCL Cargo란 Full Container Load Cargo를 의미한다.

02 다음 중 선하증권의 특성이 아닌 것은?

① 유가증권

② 유통가능

③ 요식증권

④ 기명식

해설 : 선하증권은 기명식과 지시식이 있으며, 일반적으로 지시식이 많다.

03 다음 중 LCL Cargo에만 부과되는 비용은?

① THC

② CAF

③ CFS Charge

④ BAF

해설 : CFS Charge는 LCL Cargo에만 부과된다.

1. ②　　　2. ④　　　3. ③

14장 항공운송 실무

① 항공화물의 특성을 이해해야 한다.
② 항공화물 운송체계를 알아야 한다.
③ 항공화물운송장의 특성을 이해해야 한다.

항공운송이 갖는 가장 현저한 특성은 신속성과 정시성(on-time)이다. 그리고 항공화물운송장(AWB)은 마치 해상운송에 있어서의 선하증권에 해당하는 서류로서 항공여객운송에 있어서의 항공권과 같은 서류이다.

(1) 항공운송의 특성

항공운송은 다음과 같은 해상운송과의 차이점이 있다.

1) 신속성 · 정시성

항공운송은 해상운송에 비해 운송기간이 짧으며, 발착시간 · 정시운항(on-time operation) · 운항회수(frequency)에 의한 정시성을 최우선으로 하고 있다.

항공운송에서 정시성이 갖는 중요성은 해당 교통기관의 신뢰성을 좌우하게 되므로 신뢰성을 상실할 경우 다른 운송기관을 이용하도록 하는 동기를 부여하는 결과를 초래하기 때문이다.

2) 안전성

모든 운송수단에서 가장 중요시되는 것이 안전성이지만 항공운송은 특히 안전성 확보를 최우선으로 한다. 초기 항공운송의 안전성은 낮은 편이었지만 항공기술이 발달함에 따라 운항 및 장비·점검기술의 개선과 규정화, 통신기재 및 항행원조시설의 진보에 의한 운용기술의 개선 등의 향상으로 안전성이 크게 향상되었다.

화물의 포장면에서 항공은 99% 이상이 Carton Box를 사용하지만 선박은 항공에 비해 Wooden Box 사용이 많은 편이다. 또한 해상운송 시에는 충격에 의한 화물의 Damage와 장기간 수송으로 인한 원형 변질, 해수(海水)에 의한 침식 또는 부식의 가능성이 항공운송보다 높다.

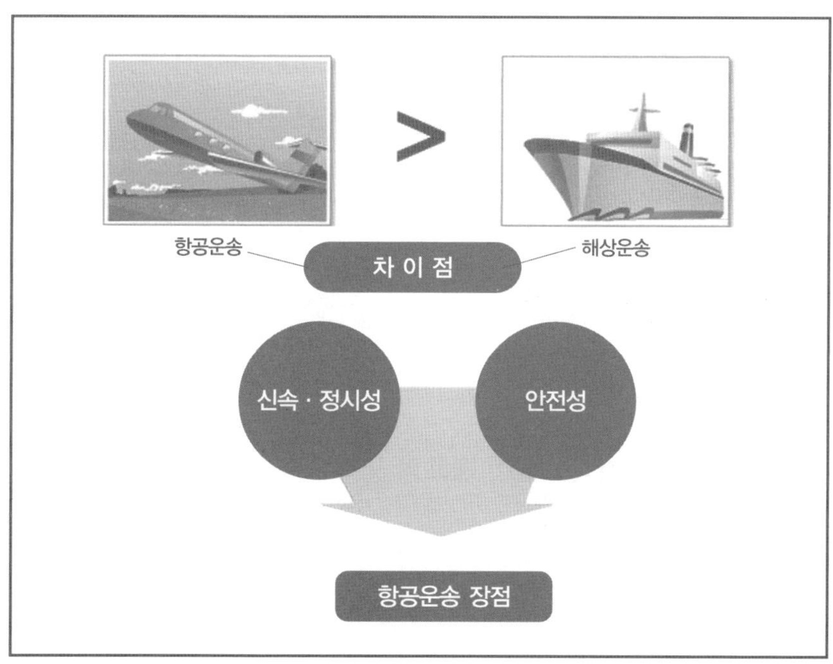

(2) 항공운송의 장점

항공운송이 다른 운송수단에 비해 갖는 장점은 다음과 같다.

1) 물류상의 장점
- 긴급화물, 소형화물의 운송에 적합
- 수요기간이 짧은 물품의 운송에 적합
- 운송시간의 단축으로 비용절감 및 화물의 손해발생 기회의 감소
- 포장비의 절감
- 통관의 간소화

2) 비용상의 장점
- 포장의 경량화에 따른 운임 절감
- 육상운송에 비해 저렴한 보험료
- 운송 중인 상품에 대한 투자자본의 비용 절감
- 신속성으로 인한 보관비 절감
- 하역처리 빈도가 적어 도난, 파손위험의 발생률 저하
- 비상시 손해의 최소화
- 보관장소 및 기간이 짧아 재고품 창고시설의 투자자본, 임차료, 관리비 등 비용의 절감

3) 서비스상의 장점

- 고객서비스 향상에 의한 매출증대
- 갑작스런 수요에 대처 가능
- 변질성 상품의 시장확대 가능
- 판매기간이 짧은 상품도 시장경쟁력 보유 가능
- 재고품의 진부화, 변질화 등에 의한 손실률 감소
- 운송 중인 상품의 위치파악 용이

(3) 항공화물운송의 선택 기준

국제교역에 있어서 화물운송수단을 선택할 때는 단순한 운임비교뿐만 아니라 생산자에서 소비자에 이르기까지의 유통 코스트, 즉 종합비용(total cost)을 기준으로 해야 한다.

다시 말하면 항공운송의 이점(利點)에 의해 취득되는 여러 가지 가치 및 코스트 절감 효과도 동시에 비교해야 하는데, 종합원가 분석을 위해서는 다음의 3가지 요소를 조사해야 한다.

① 직접적 코스트 요인
② 간접적 코스트 요인
③ 보이지 않는 요인

(4) 항공화물 운송대상 품목

현재 항공화물로 운송되고 있는 품목은 일반적으로 다음과 같이 분류할 수 있다.

1) 급송(急送)을 요하는 품목

• 긴급 수요가 발생한 것 : 선박, 항공기, 공장 등 기계의 공장부품 대체품, 혈청 등 의학상 급송을 요하는 물품이나 상품견본, 납기지연 상품, 계절유행상품, 투기상품, 재해지에 대한 긴급 구호물자 등

- 물품의 성질상 단기간의 운송을 필요로 하는 것 : 생선식료식품(선어, 활어), 생동물, 생화(生花), 방사성 물질 등
- 판매시기를 놓치면 상품가치가 없어지는 것 : 뉴스 필름, 신문, 잡지, 정기간행물 등
- 여객의 별송품(別送品) 등 급송을 요하는 것 : Salesman Sample, 이삿짐 등

2) 중량에 비해 운임부담력이 있는 부가가치가 높은 화물

귀금속, 미술품, 시계, 전자제품, 광학제품, 약품, 각종 부품, 컴퓨터, 통신기기 등이 해당된다.

3) 항공운송수단이 다른 운송수단보다 싸거나 동일한 정도인 것

항공운송의 발달과 합리화 및 육상운송의 쇠퇴에 따라, 품목에 따라, 중량에 따라, 동일 구간에서도 항공운송에 의하는 쪽이 다른 운송수단에 의하는 것보다 오히려 직접 경비가 싸거나 또는 동일한 정도의 경우가 있는데 이러한 경우의 화물은 당연히 항공에 의해 운송된다.

4) 물적 유통관리나 마케팅 전략의 요청에 의한 것

현지 판매업자에 의한 과잉재고로부터 오는 가격하락의 방지 또는 경쟁상품보다 신속하게 공급해 고객에 대한 서비스 체제를 강화하고 자사 제품의 시장경쟁력을 높일 목적으로 항공운송을 이용한다.

또한 최근에는 물류관리의 실천에 의한 상품 Stock Point의 집중화
나 재고투자의 절감에 의한 물류체제 합리화의 요청에 응하기 위해 항
공화물의 대상이 되는 상품의 종류가 확대되어 가고 있다.

항공화물 운송체제

(1) 화물의 Unit Load화

항공화물은 개개의 화물을 일정한 용기에 적재하여 용기단위로 이동한다.

항공화물 운송에 사용되는 탑재용기는 팔레트(Pallet), 컨테이너(Container), 특수 ULD 등이 있다.

이러한 단위탑재용기를 사용함으로써 탑재 및 하기(下機)시간 단축으로 인한 A/C(Aircraft) 가동률 제고, A/C Space 이용 극대화, 화물의 도난 및 손상 방지 등의 이점이 있다.

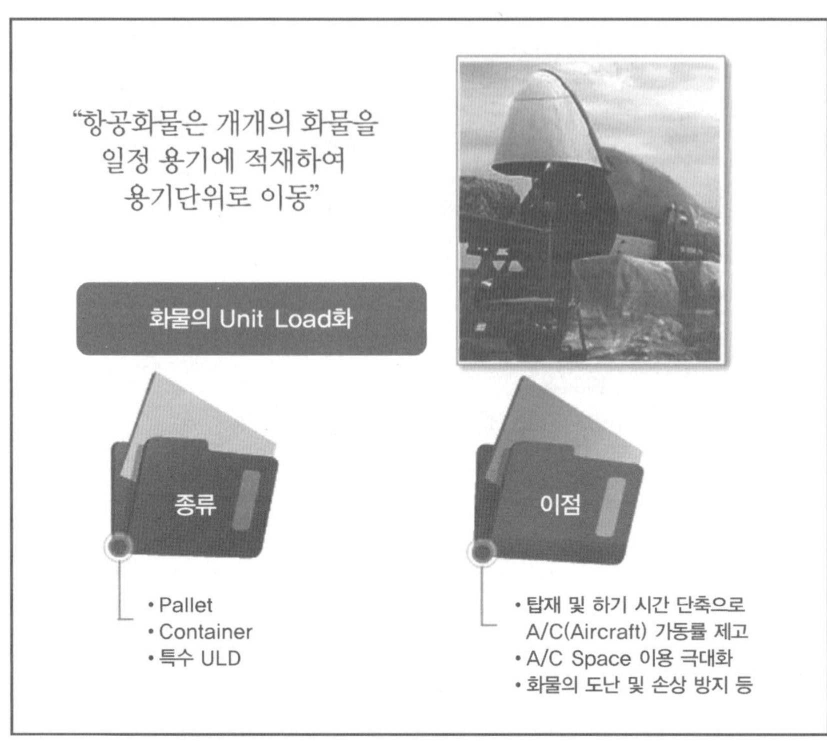

(2) 항공화물터미널

항공화물터미널은 탑재 전후의 화물처리(Build-up & Breakdown)와 화물의 접수ㆍ검색ㆍ보관을 위한 것이다. 항공화물터미널은 A/C 가동률 제고, 항공기 운항과 별도로 운영하므로 인적ㆍ물적 자원의 효율적인 관리 가능, 화물의 대량 취급 가능, 정시운항의 측면 지원 등의 효과를 볼 수 있다.

03 항공기와 장비

(1) 항공기

항공기(aircraft, airplane)란 사람이 탑승·조정해 민간항공에 이용되는 비행기, 비행선(airship), 활공기(glider), 회전날개항공기(helicopter) 등 항공에 제공되는 기기를 말한다.

우리나라 항공법에 의하면 항공기란 민간항공에 사용하는 비행기, 비행선, 활공기, 회전날개항공기, 기타 대통령령이 정하는 것으로서 항공에 사용할 수 있는 기기를 말하는 것으로 규정하고 있다.

또한 ICAO(International Civil Aviation Organization : 국제민간항공기구)의 항공기에 대한 정의를 살펴보면 '공기의 반동에 의해 공중을 부양하는 모든 기기'라고 정의하고 있다.

비행기는 고정날개와 동력장치를 가지고 있는 것으로 사용되는 동력 장치에 따라 프로펠러기, 제트기, 로케트기, 터보 프로펠러기 등으로 구분된다. 그리고 기체 구조에 따라 단엽(單葉), 복엽(複葉), 고익(高翼), 저익(低翼) 등으로 나누어진다.

이러한 모든 비행기는 고정된 날개에 작용하는 공기력에 의해 양력을 얻는다. 항공기는 공중을 날아야 하는 특수성으로 인해 신뢰도가 커야 하고, 항공역학적 요구로 중량을 감소시켜야 하기 때문에 강한 금속으로 제작하게 된다.

(2) ULD(단위탑재수송용기)

ULD란 Unit Load Device의 약어로서, 화물의 항공기 탑재를 보다 용이하게 하고, 화물을 보다 안전하게 취급할 목적으로 낱개의 화물을 담을 수 있게 한 일정한 용기를 의미한다. 즉 ULD는 항공운송에만 사용되는 항공화물용 컨테이너(Container)와 팔레트(Pallet) 및 이글루(Igloo)를 가리킨다.

ULD는 종래의 벌크화물을 항공기의 탑재에 적합하도록 설계한 일종의 화물운송용 용기로서, 여기에는 IATA(International Air Transport Association : 국제항공운송협회)가 인정하는 것과 항공회사에서 소유하고 있는 2가지 종류가 있다.

특히 IATA의 허가 아래 각종 비행기의 화물칸에 맞도록 만들어 낸 것을 Aircraft ULD라고 하며 컨테이너, 팔레트, 이글루는 대부분 여기에 속한다.

또 화물의 종류에 맞추어 화물칸의 탑재상태와는 상관없이 만든 비(非)항공용 Box를 모두 Non-Aircraft ULD라고 부른다.

ULD는 Piston 엔진과 Turbo-propeller 항공기가 제작되면서 사용되기 시작했다. 이 ULD는 항공기 구조물의 일부로 간주되며, 항공기의 Hold나 Deck의 Floor는 탑재 및 하기를 용이하게 하기 위하여 Roller Tray와 Restraint System이 장착되어 있다.

이러한 ULD의 사용목적은 신속한 항공기 탑재 및 하기작업으로 인

한 항공기 가동률 제고, 공간이용의 극대화로 Payload 상승, 운송 중
파손이나 도난으로부터의 보호 등이다.

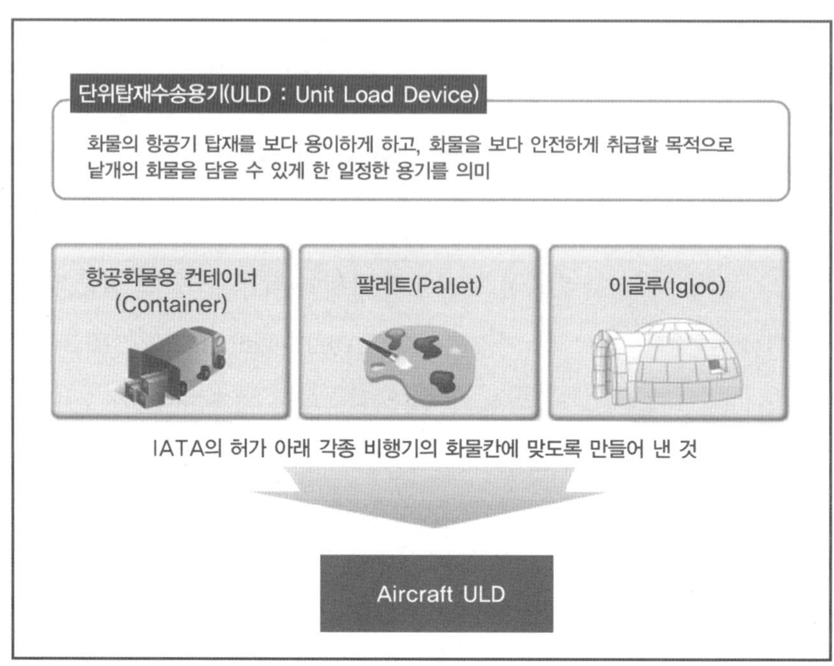

04 항공화물운송장

(1) 항공화물운송장의 개념

항공화물운송장(Air Waybill : AWB)은 간단히 '항공운송장' 이라고도 하며, 항공화물운송을 위한 가장 기본적인 서류이다. 이것은 마치 해상운송에 있어서의 선하증권에 해당하는 서류로서, 항공여객운송에 있어서의 항공권과 같은 서류이다.

한편 항공화물운송장은 영어로는 일반적으로 'Air Waybill' 이라고 부르지만, 유럽이나 미국에서는 'Consignment Note' 또는 'Air Consignment Note' 라고도 부르며, 이것들은 모두 동일한 증권에 속한다.

항공회사가 발행하는 Air Waybill과 혼재업자(또는 대리점)가 발행하는 Air Waybill을 구분하기 위해서 항공회사가 발행하는 운송장을 'Master Air Waybill(M-AWB)' 이라고 부르며, 대리점 또는 혼재업자가 개별 송하인의 화물에 대해서 발행하는 운송장을 'House Air Waybill(H-AWB)' 이라고 부른다.

이러한 운송장은 송하인과 운송인(혼재업자도 계약운송인에 속함)과의 사이에 화물의 운송계약이 체결되었다는 것을 나타내는 증거서류이며, 동시에 송하인으로부터 화물을 운송하기 위해 수령하였다는 증거서류이기도 하다.

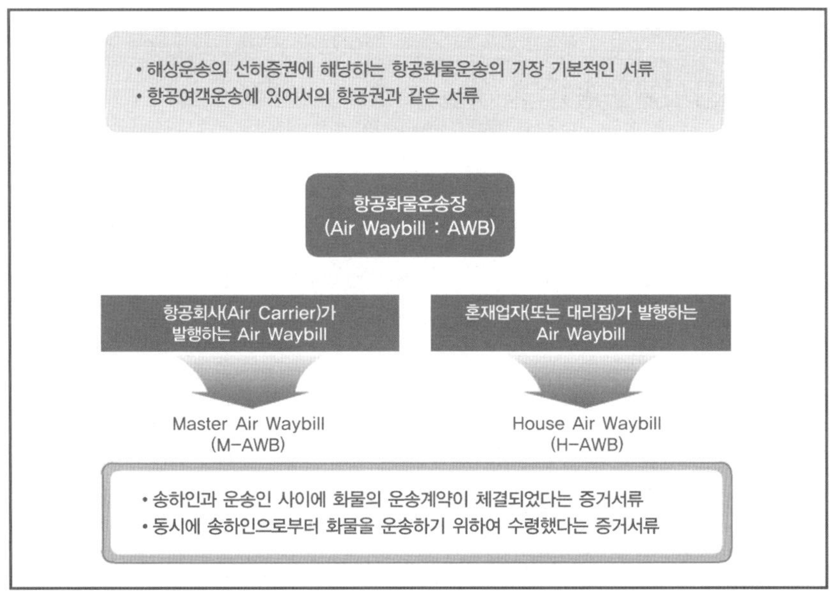

(2) 항공화물운송장의 특성

항공화물운송장은 해상운송에 있어서 선하증권과 같은 기능을 하고 있지만 그 법률적 성질에 있어서는 상당한 차이가 있다.

항공화물운송장은 운송인이 항공운송을 하기 위해 운송품을 수취하였을 때 발행하는 화물수취증이지만 유가증권은 아니며, 수취식으로서 원칙적으로 기명식(記名式)이고, 비유통성(non-negotiable), 즉 비양도성이다.

AWB와 BL의 차이

항공화물운송장(AWB)	선하증권(B/L)
• 유가증권이 아닌 단순한 화물수취증	• 유가증권
• 비유통성(non-negotiable)	• 유통성(negotiable)
• 기명식(記名式)	• 주로 지시식(무기명식)

이에 반해 선하증권은 운송품의 수취 또는 선적을 확인하고 양하지에서 그것(B/L)과 상환으로 운송품을 인도하는 것을 약속한 수취증이며, 선하증권의 뒷면에 배서해 양도함으로써 운송품의 소유권을 이전시킬 수 있는 유가증권, 즉 권리증권이다.

선하증권의 법률적 성질은 물권적(物權的) 유가증권이고, 채권적(債權的) 유가증권이며, 처분증권이다. 또한 요인증권이며, 지시증권이고, 문언증권이다.

★ 무역실무 TIP

▶ 선하증권은 유통이 가능한데 항공화물운송장은 왜 유통할 수 없는가?

해상운송기간이 장기간 소요되므로 화물이 도착하기 전에 화물을 유통시키려면 화물 수령 권리증서인 선하증권을 양도하면 되기 때문에 선하증권은 유통이 가능하다. 하지만 항공화물운송장은 전세계 어디든 2일이면 화물이 도착하므로 항상 화물을 유통시키려면 항공화물운송장이 아닌 화물을 양도해야 한다. 따라서 항공화물운송장은 유통을 할 수 없다.

01 다음 중 항공운송의 특성이 아닌 것은?

① 신속성

② 안전성

③ 경제성

④ 정시성

해설 : 항공운송의 단점이 비싼 운임이다.

02 다음 중 항공화물 탑재운송용기를 의미하는 것은?

① COD

② D/O

③ AWB

④ ULD

해설 : ULD(Unit Load Device)란 화물의 항공기 탑재를 보다 용이하게 하고, 화물을 보다 안전하게 취급할 목적으로 낱개의 화물을 담을 수 있게 한 일정한 용기를 의미한다.

03 다음 중 AWB의 특성이 아니 것은?

① 기명식

② 유통불능

③ 수취식

④ 유가증권

해설 : B/L은 유가증권이지만 AWB은 유가증권이 아니다.

1. ③　　　2. ④　　　3. ④

15장 해상보험 실무

학습목표

① 해상적하보험의 개념을 이해해야 한다.
② 해상적하보험 계약의 체결방법을 알아야 한다.
③ 협회적하약관의 종류와 담보범위를 터득해야 한다.

해상운송 중에 발생하는 각종의 위험으로 인해 화물이 손상을 입는 경우를 대비해 화주가 소액의 보험료를 부담하고 이에 따른 금전적 손해를 보험자로부터 보상받기 위한 보험이 해상적하보험이다.

무역조건이 FOB 및 CFR인 경우 매수인인 수입업자가 보험 가입을 하고, CIF인 경우 매도인인 수출업자가 보험 가입을 한다. 적하보험에서 적용되는 보험조건은 구협회 적하보험 약관의 ICC(FPA), (WA), (A/R)과 신협회 적하보험 약관의 ICC(A), (B), (C)가 있다.

해상운송 중에 발생하는 각종의 위험으로 인해 화물이 손상을 입는 경우를 대비하여 화주가 소액의 보험료를 부담하고 이에 따른 금전적 손해를 보험자로부터 보상받기 위한 보험이 해상적하보험(Marine Cargo Insurance)이다.

다시 말해서 해상적하보험이란 ① 운송(해상·항공·육상) 중에 ② 외부의 우연한 사고의 결과로 인해 화주가 입게 되는 ③ 화물의 손실을 소정의 보험료를 대가로 보험자가 피보험자에 대해 ④ 계약 당시 합의한 방법과 범위에 따라 ⑤ 보상하는 보험이다.

이와 같은 해상적하보험의 정의를 토대로 좀더 세부적으로 살펴보면 다음과 같다.

(1) 운송(해상 · 항공 · 육상) 중

해상적하보험은 기간보험(Time Policy)이 아니라 구간보험(Voyage Policy)이다. 따라서 당연히 운송구간 중에 수반되는 보험사고에 한해서만 보상이 가능하다. 즉 운송이 개시되기 이전이나, 운송이 종료한 시점 이후의 사고에 대해서는 담보가 불가능하다.

(2) 외부의 우연한 사고의 결과

해상적하보험에서 담보하는 보험사고는 반드시 외래적 요인에 의해 발생한 것이어야 한다. 다시 말해서 필연적인 화물 자체의 성질로 인한 보험사고나, 보험관계자의 고의에 의한 행위로 발생한 사고는 담보가 불가능하다.

(3) 화물의 손실

해상적하보험은 화물의 물리적 손해만을 담보한다. 즉 미래의 예상되는 손실이나 시장상실로 인한 목적물 자체의 가치 하락으로 인한 손해는 담보가 불가능하다.

(4) 계약 당시 합의한 방법과 범위

해상적하보험은 다양한 운송구간, 화물의 성질 등으로 인해 보험증권 상에 계약자와 합의한 각종 Warranties(담보조건)를 삽입하고 있다. 예를 들어 A/R Excluding Breakage라고 증권상에 표기가 되어 있다면, Breakage(파손) 손해에 대해서는 계약자가 보험자와 합의해 담보 손해 유형에서 제외한다는 의미이다.

따라서 보험계약체결 시 부보화물에 대한 각종 정보를 정확하게 제공해야만 보험금을 받을 때 불이익을 받지 않는다.

(5) 보상하는 보험

해상적하보험은 해상운송 중 피보험자의 물품에 대한 손해를 보상해주는 보험이다. 즉 피보험자의 부보화물로 인한 배상책임 손해는 보험회사가 담보를 하지 않는다.

적하보험 계약의 체결 및 성립

오늘날의 해상운송이 대부분 무역거래와 관련해 이루어지고 있으므로 해상운송 중의 위험을 담보하는 해상적하보험은 무역거래에서 해운, 금융과 함께 매우 중요한 위치를 점하고 있다. 그리고 무역조건에 따라 누가 적하보험에 가입해야 하며, 보험사고 시 누가 보험금을 지급받게 되는가가 결정된다.

해상운송 중의 위험을 매도인과 매수인 중 어느 쪽이 부담하며 그 위험을 해상적하보험에 부보할 당사자가 누구인가는 매도인과 매수인 간에 체결된 매매계약에 의해 결정되는 것이 원칙이다. 그리고 이러한 매매계약은 각국의 법률과 관습에 따라 해석상의 이견의 소지가 없지 아니하므로 이러한 문제를 해소하기 위해 국제적으로 INCOTERMS을 제정해 그 규정에 따르고 있다.

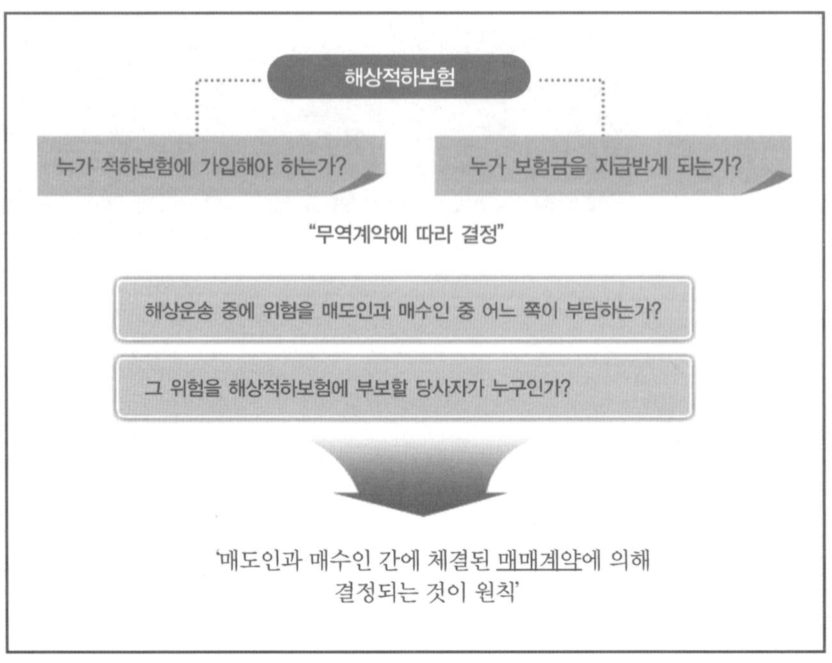

해상적하보험 계약의 체결 당사자는 화물에 대한 권리 및 책임을 가진 자, 즉 피보험 이익을 소유한 자나 매매계약서상 보험 가입의 책임을 가진 자가 체결해야 한다. 무역조건이 FOB 및 CFR인 경우 매수인인 수입업자가 보험 가입을 하고, CIF인 경우 매도인인 수출업자가 보험 가입을 한다.

보험계약자가 보험계약을 체결할 때에는 피보험 이익이 직면하게 될 위험의 종류를 세밀히 고지한 후 보험자가 이에 대한 사고 발생 가능성을 측정해 보험조건 및 보험요율 등을 결정한 다음, 보험계약자는 청약서를 작성해 보험자에게 부보하고 보험자는 이에 대한 적하보험증권을 발행함으로써 보험 계약이 성립된다.

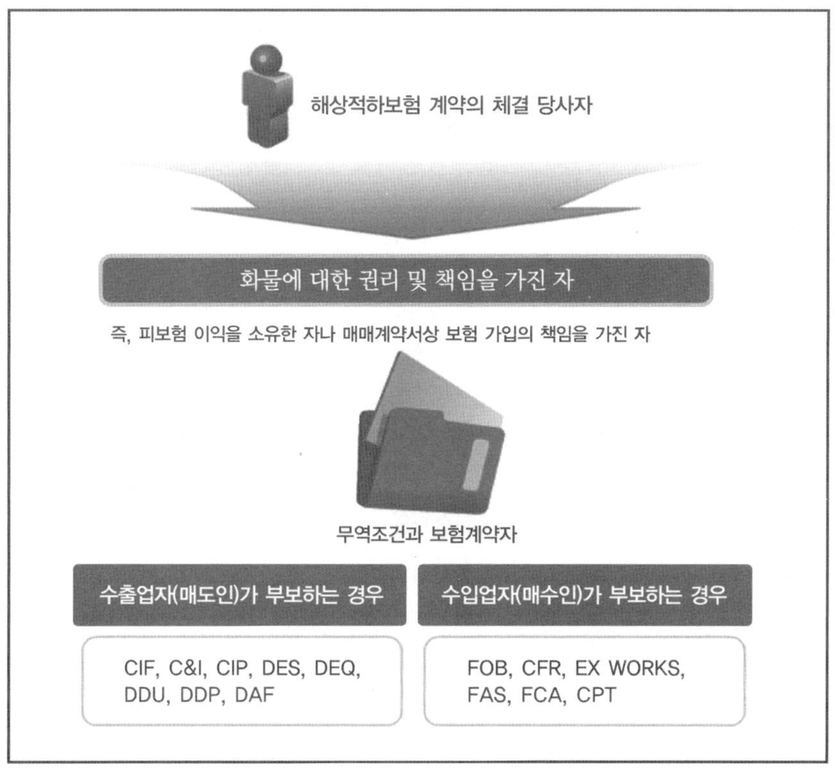

협회적하약관(ICC)의 운송약관(Transit Clause)상 위험의 시기와 종기
는 다음과 같다.

(1) 시 기

적하보험의 시기는 보험증권에 기재된 지역의 창고에서 운송개시를
위해 떠날 때부터이다(This insurance attaches from the goods leave
the warehouse named herein for the commencement of the transit).

(2) 종 기

- 증권에 기재된 목적지의 수하주 창고에 인도될 때(Terminates on delivery to the consignee's final warehouse at the destination named)
- 목적지 도착 이전의 경우
  ① 보관을 위해 선택한 창고(보관장소)에 인도될 때(Terminates on delivery to the Consignees' or other final warehouse or place of storage at the destination named herein)

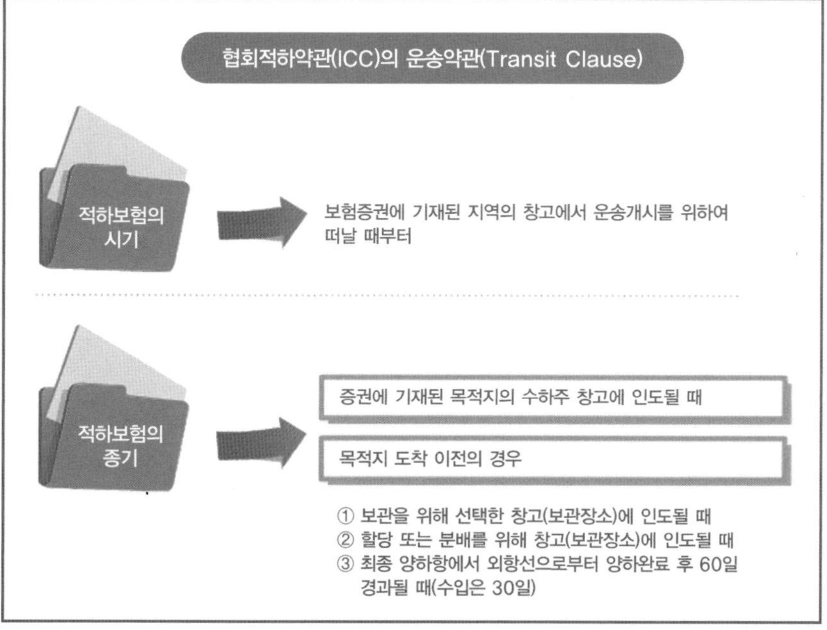

② 할당 또는 분배를 위해 창고(보관장소)에 인도될 때(Terminates on delivery to any other warehouse, whether prior to or at the destination, for storage other than in the ordinary course of transit or for allocation or distribution)

③ 최종 양하항에서 외항선으로부터 양하완료 후 60일(수입은 30일)이 경과될 때(Terminates on the expiry of 60 days after discharge of the goods from the oversea vessel at the final port of discharge)

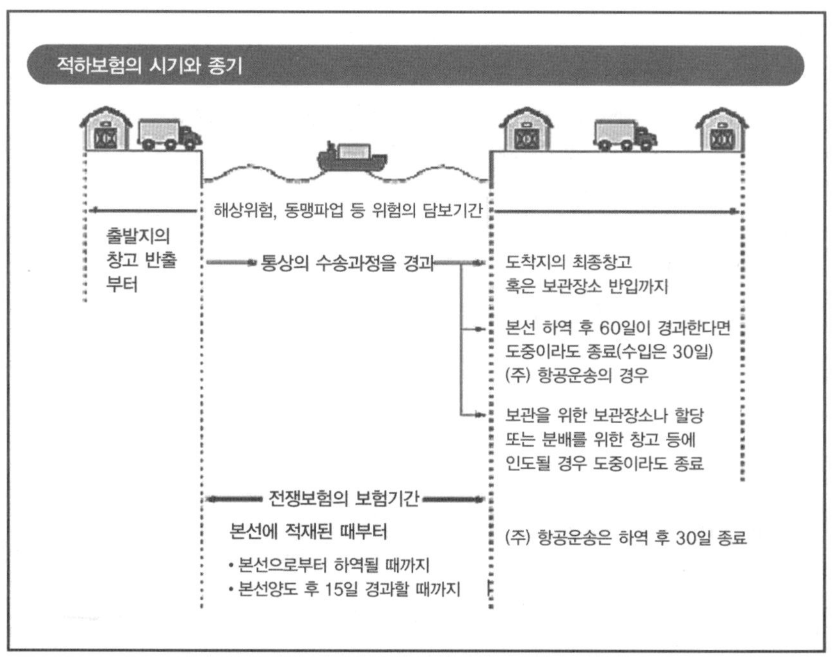

04 보험료 산정방법

보험료를 산정하는 방법은 '보험료 = 송장가액 × 110%(희망이익) × 보험요율 × 할인할증' 이다. 이렇게 계산된 보험료가 만약 미화 10달러 미만이면 최저보험료인 10달러가 적용보험료가 된다. 이 보험료에 부보 당일의 외환은행고시 제1차 대고객전신환매도율을 적용 원화보험료를 책정하게 된다.

(1) 할증조건

1) 선박 할증

화물 운송선박의 정기선 · 비정기선 여부, 선령, 선급 유무, 선박 재질, 화물의 종류, 선박의 총톤수, 선박의 종류에 따라 소정의 선박할증료를 부과한다.

2) 보험가입금액 할증

보험가입금액이 CIF 상당 송장가액의 130% 이상에서 150%까지는 일정 할증률을 적용한다.

3) 수출지역 할증

사고가 많은 지역에 대해 수출 시 할증한다.

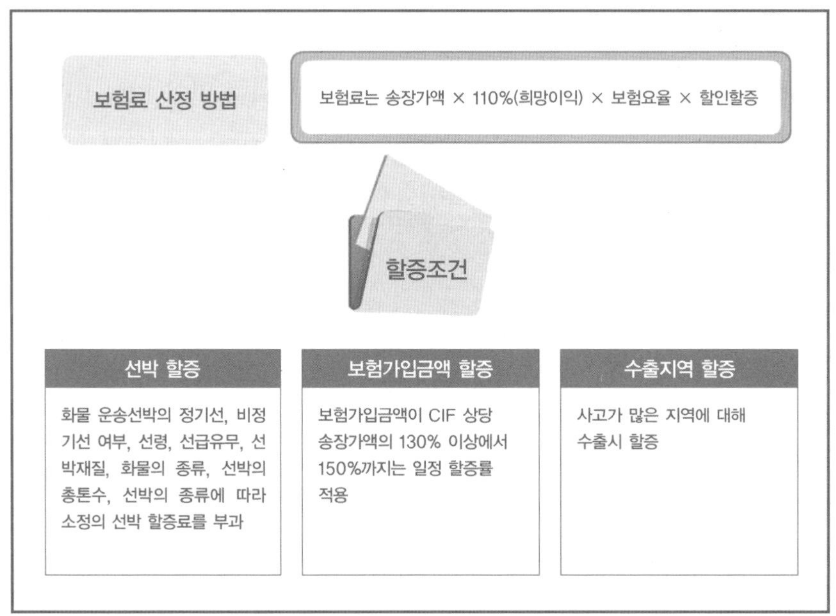

(2) 전쟁보험 요율

전쟁보험의 요율은 런던의 전쟁보험요율산정위원회(War Risks Rating Committee)에서 세계 각국의 정황에 따라 수시로 변동되어 결정된다.

적하보험에서 적용되는 보험조건은 구협회 적하보험 약관의 ICC (FPA), (WA), (A/R)과 신협회 적하보험 약관의 ICC(A), (B), (C)가 있으며 이외에 우리나라 실무에서 사용 중인 것으로 TL(Total Loss)이 있다.

협회적하약관은 담보범위에 따라 크게 ICC(A/R), ICC(WA), ICC(FPA)로 분류되며, 그 담보범위는 다음과 같다.

(1) 구협회 적하보험 약관의 종류별 담보범위

1) FPA(Free From Particular Average : 단독해손부담보조건)

FPA에서 담보되는 위험은 다음과 같다.

① 현실전손 및 추정전손

② 본선 또는 부선의 침몰(Sinking), 좌초(Stranding), 대화재(Burning)
로 인한 단독해손(이 경우 면책비율과 인과관계를 불문하고 보상)

③ 선적, 환적, 하역 중의 매포장당 전부손해

④ 화재, 폭발, 본선 및 부선의 물 이외의 물체와의 충돌, 접촉으로 인
한 단독해손

⑤ 피난항에서 적하의 양하에 정당하게 기인한 단독해손

⑥ 공동해손

⑦ 손해방지 비용

⑧ 중간 기항항이나 피난항에서 양하, 창고보관 및 계반을 위한 특별
비용

2) WA(With Average : 분손담보조건)

WA조건은 FPA조건에서 담보하는 위험에 추가해 FPA조건에서 보상
해주지 않는 즉, 해상고유의 위험 중의 하나인 악천후(Heavy Weather)
로 야기된 단독해손을 보상해 주는 조건이다.

3) A/R(All Risks : 전위험담보조건)

전위험을 담보하는 조건이나 모든 손해나 멸실을 담보하는 것은 아니
며, 약관상 규정된 면책사항을 제외한 위험으로 인해 발생한 손해를 담
보하는 조건으로 적하보험 조건 중 가장 담보범위가 넓은 조건이다.

(2) 구협회 적하보험 약관의 면책사항

구협회 적하보험 약관의 면책사항은 다음과 같다.

① 보험계약자 또는 피보험자의 고의 또는 불법행위로 인한 일체의
   손해
② 보험목적물의 고유의 하자 또는 성질에 기인한 손해
③ 운송지연으로 인한 손해
④ 전쟁, 폭동, 파업 등으로 인한 손해
⑤ 위험요건을 구비하지 않은 사유에 의한 손해 즉, 통상적인 손해

상기 면책사항 중 전쟁, 폭동, 파업으로 인한 손해는 전쟁 및 동맹파
업 특별약관을 첨부해 담보할 수 있다.

(3) 신협회 적하보험 약관의 종류

1982년 1월 1일부터 시행된 신협회 적하보험 약관은 기본 약관으로
ICC(A), ICC(B), ICC(C) 약관이 있으며, 구약관과 담보상 다소 차이가 있
다. 이를 담보범위별로 구약관과 비교하면 다음의 표와 같다.

담보범위별 신 · 구협회적하약관 비교

구 약 관	신 약 관
ICC (A/R)	ICC (A)
ICC (WA)	ICC (B)
ICC (FPA)	ICC (C)

★ 무역실무 TIP

▶ 해상적하보험은 운송도중 화물손상에 대한 보상을 하는 보험인데 운송회사가 부보를 하지 않고 왜 화주가 부보를 해야 하는가?

해상적하보험은 운송도중 화물손상에 대한 보상을 하는 보험인데 운송회사가 부보를 하지 않고 화주가 부보하는 이유는 선하증권상에 운송도중 선박의 침몰이나 좌초 등 불가항력에 의한 화물손상에 대해 운송회사는 면책임을 명시하고 있다. 따라서 이 경우 손상된 화물을 보상받기 위해 화주가 해상적하보험을 부보한다.

01 무역조건이 FOB인 경우 해상적하보험은 누가 부보해야 하는가?

① 수출상

② 수입상

③ 은행

④ 운송회사

해설 : FOB조건에서는 선적항 본선 난간 통과 시 위험과 비용이 수입상에게 이전되므로
수입상이 해상적하보험을 부보해야 한다.

02 다음 중 수출상이 반드시 해상적하보험을 부보해야 하는 경우는?

① DDP

② FOB

③ EXW

④ CIF

해설 : CIF조건에서는 수출상이 반드시 해상적하보험을 부보해야 한다.

03 다음 중 보상범위가 가장 좁은 보험조건은?

① ICC(A)

② ICC(B)

③ ICC(FPA)

④ ICC(A/R)

해설 : 구협회약관에서 보상범위가 가장 좁은 보험조건은 ICC(FPA)이며, 신협회약관에서
보상범위가 가장 좁은 보험조건은 ICC(C)이다.

1. ②   2. ④   3. ③

무역클레임 실무

학습목표

① 무역클레임의 개념과 제기절차를 이해해야 한다.
② 무역클레임의 해결방법을 알아야 한다.
③ 중재방법을 터득해야 한다.

무역분쟁이 발생 시 중재(Arbitration)는 재판(Litigation)보다 낫고, 조정(Conciliation)은 중재보다 나으며, 분쟁의 예방은 조정보다 좋다. 중재라 함은 분쟁 당사자간들의 합의에 의해 법원 이외의 제3자(중재인)에게 그 해결을 부탁하고, 그 판정에 복종함으로써 분쟁을 최종적으로 해결하는 방법을 말한다. 중재는 적은 비용으로 신속하고 간편한 절차에 의해 비밀이 보장되면서 공정하고 합리적으로 분쟁을 해결할 수 있다.

무역거래 시 손해를 입은 당사자는 손해를 유발시킨 당사자에게 무역클레임을 제기하고 구상권을 행사할 수 있다. 무역클레임은 쌍무적이고 객관적 타당성을 가져야 하며 세심한 절차 없는 클레임 처리는 법률적 효력을 보장받을 수 없다.

클레임은 무역계약의 불이행이나 이행 지체에 따라 발생되는데 통상 기본계약상 상품 자체에 대한 약정인 품질조건, 수량조건, 포장조건 등이 클레임 대상이 된다. 그리고 계약의 이행에 대한 약정인 선적조건, 보험조건 및 결제조건은 부수계약인 운송계약, 보험계약 및 환거래계약에 따라 클레임이 제기된다.

클레임 사유가 발생해 클레임을 제기할 때에는 클레임 제기방법에 대해 당사자간에 약정이 있는 경우는 약정에 따르고, 약정이 없는 경우는

클레임 당사자를 확정하고 클레임 내용을 서면으로 통지하는 등의 요건
을 갖추어야 한다.

클레임의 제기절차와 방법 그리고 클레임을 제기받은 경우의 대응방법 등에 대해서 구체적으로 살펴보면 다음과 같다.

(1) 클레임 당사자의 확정

- 클레임 사유가 발생되면 우선 누구에게 클레임을 제기해야 할 것인가를 결정해야 한다.
- 클레임의 당사자는 계약당사자가 되는 것이 보통이지만, 예외로 계약당사자에게 책임이 없는 사유로 인해 발생된 손해에 대해서는 제3자에게 청구하는 경우도 있다(예 : 운송인, 창고업자 등).

(2) 클레임의 통지

1) 클레임의 제기

- 클레임을 제기할 때에는 먼저 가장 빠른 방법으로 신속하게 클레임이 발생한 사실을 상대방에게 통지한 후 즉시 서면에 의한 정식의 클레임을 제기해야 한다.
- 클레임 통지는 모든 증빙자료를 갖추기 전에 먼저 클레임의 발생사실을 통보하는 것이다.

2) 클레임 제기기간

- 당사자간에 제기기간에 대해 약정이 있으면 그 기간 안에 제기해야 한다.
- 약정이 없는 경우는 나라마다 그 기간을 달리 보고 있다.
  ① 한국 : 즉시 통지, 즉시 발견할 수 없는 하자에 대해서는 6개월의 기간 인정
  ② 일본 : 즉시 검사하고 곧 통지
  ③ 미국 : Within Reasonable Time
  ④ Warsaw Oxford Rules for CIF Contract(1932) : 합리적인 검사, 검사완료 후 3일 이내에 통보
  ⑤ 국제물품계약에 관한 UN협약 : 단기간 내 검사, 합리적인 기간 내 통지, 어떠한 경우도 제척(除斥)기간은 2년

(3) 클레임의 청구

- 클레임 제기내용을 육하원칙(5W1H : Who, When, Where, What, Why, How)에 따라 작성하되 양당사자, 거래사실관계, 분쟁발생 경위, 청구내용 등을 기재한다.
- 수출입 관련 클레임의 경우 계약번호, 일자, 품명, 수량, 선적항, 도착항, B/L 및 L/C번호 등도 포함한다.

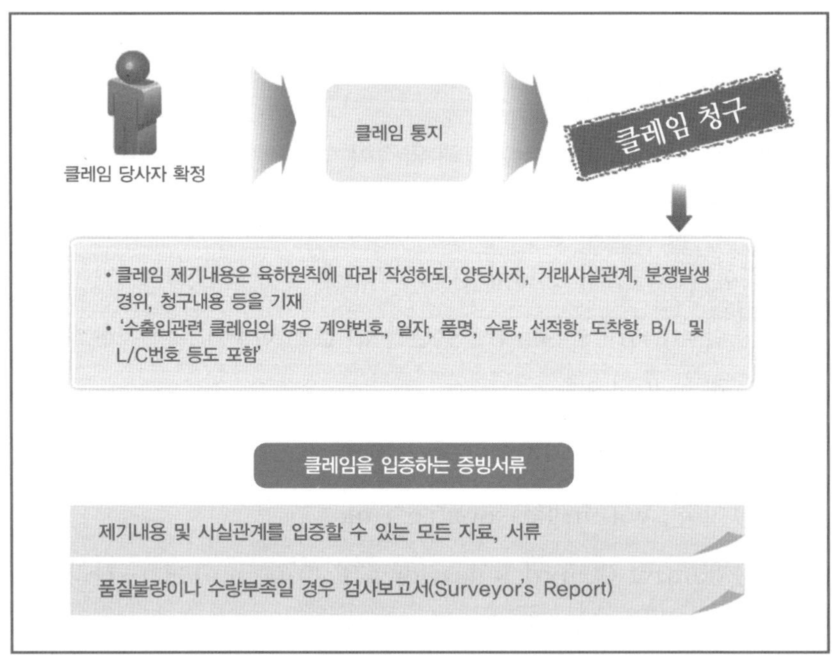

(4) 클레임을 입증하는 증빙서류

- 제기내용 및 사실관계를 입증할 수 있는 모든 자료 및 서류
- 품질 불량이나 수량 부족일 경우 검사보고서(Surveyor's Report)

(5) 클레임을 제기받은 경우 검토사항

클레임을 제기받은 경우에 검토해야 할 사항은 다음과 같다.

① 계약조건의 미비에 의한 것이 아닌가?

② 인도 후 합리적인 기간 내에 제기된 것인가?

③ 하자를 입증할 객관적인 입증자료가 있는가?

④ 물품의 검사는 공인검정기관에 의하여 합리적인 기간 내에 행해졌
   는가?

⑤ 손해청구금액은 합리적인 산출에 의한 타당성을 지니고 있는가?

⑥ 당해 계약의 특성을 충분히 감안한 것인가?

(6) 클레임을 제기받은 경우 대응방법

클레임 제기내용을 검토한 후 클레임 해결에 관한 입장과 해결방안에 대해 신속하고 설득력 있는 답변을 전달한다.

클레임 처리는 특히 첫 응답이 클레임 해결에 매우 중요하다. 그리고 상대방의 의도가 불분명하거나, Market Claim, 기타 부당한 클레임이 아닌가 하는 의문을 가질 때에는 클레임 내용의 정당성 여부 및 증거서류를 면밀히 검토한다.

> **클레임 조항 예문**
>
> Any claim or complaint by Buyer of whatever arising under this contract, shall be made in cable within one week after arrival of cargo in destination port. Full particulars of such claim shall be made in writing and forward by airmail to seller within 15 days after cabling.
> Buyer must submit with such particulars as (Sworn Public Surveyor's) Report, when the quality and/or quantity of merchandise is in dispute.

클레임 해결방법

클레임의 해결방법에 대하여 '당사자 간 해결'과 '제3자 개입에 의한 해결' 두 가지 방법으로 나누어 설명할 수 있다.

(1) 당사자 간 해결

1) 청구권의 포기(Waiver of Claim)

피해자가 상대방에게 청구권을 행사하지 않는 경우로서, 이는 대체적으로 상대방이 사전 또는 즉각적으로 손해배상 제의를 통해 해결될 경우에 이루어진다. 청구권의 포기는 분쟁해결을 위한 가장 바람직한 방법으로 향후 양당사자 간에 지속적이고 안정적인 거래를 보장받을 수 있다.

2) 화해(Amicable Settlement)

당사자 간의 자주적인 교섭과 양보로 분쟁을 해결하는 방법으로서, 당사자가 직접적인 협의를 통해 상호평등의 원칙하에 납득할 수 있는 타협점을 찾는 것이다. 이 경우 대체적으로 화해계약을 체결한다.

화해는 ① 당사자가 서로 양보할 것, ② 분쟁을 종결할 것, ③ 그 뜻을 약정할 것이라는 3가지 요건을 필요로 한다(민법 제731조).

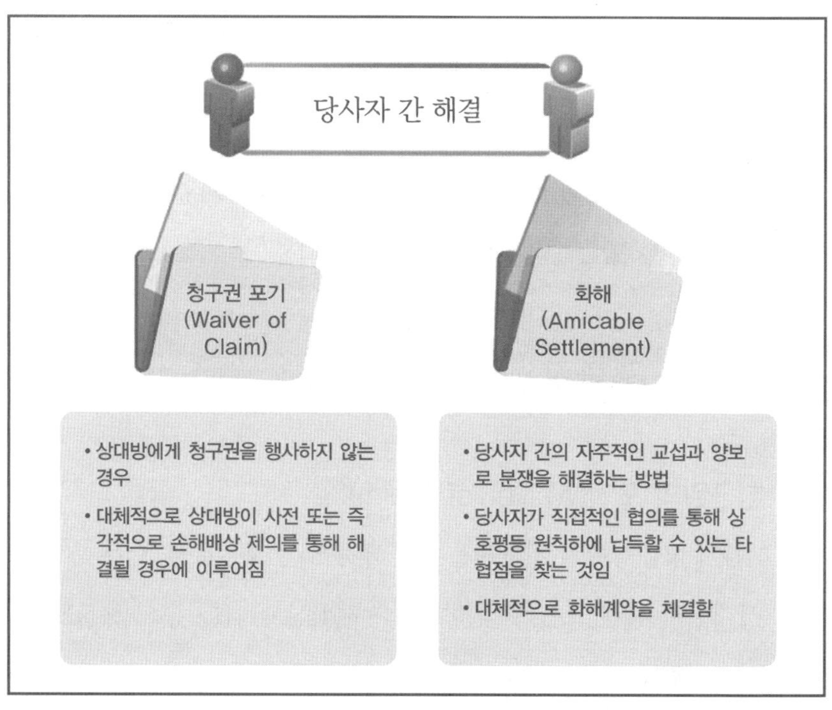

(2) 제3자 개입에 의한 해결

1) 알선(Intermediation)

알선이란 공정한 제3자적 기관이 당사자의 일방 또는 쌍방의 의뢰에 의해 사건에 개입, 원만한 타협이 이루어지도록 협조하는 방법으로 당사자 간에 비밀이 보장되고 거래관계가 지속을 유지할 수 있는 장점이 있다.

알선은 쌍방의 협력이 없으면 실패로 돌아가고 강제력은 없으나, 알선수임기관의 역량에 따라 그 실효성이 나타나 대한상사중재원에 의뢰된 건 중 90% 이상이 알선단계에서 처리된다.

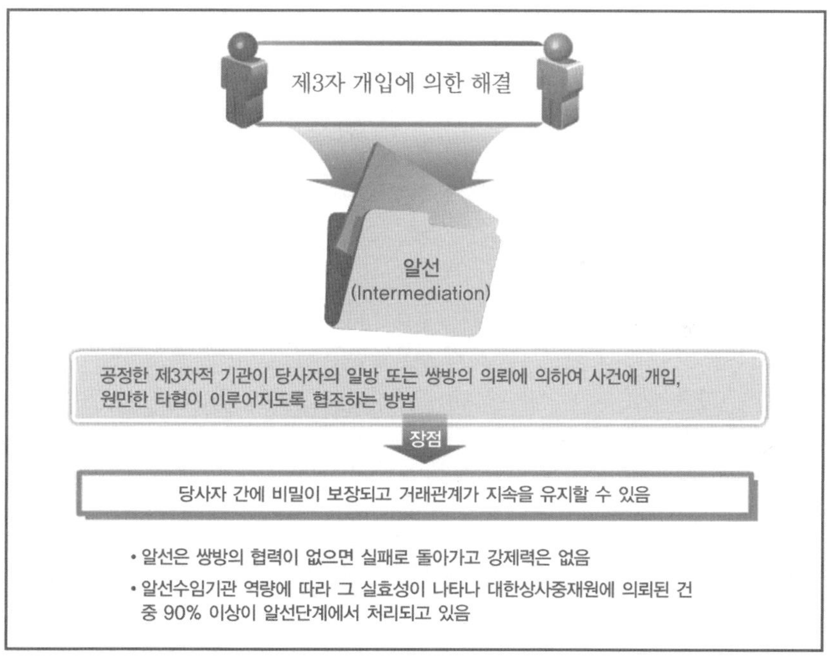

2) 조정(Conciliation)

조정은 당사자의 일방 또는 쌍방의 요청에 의거, 양당사자가 공정한 제3자를 조정자로 선임해 분쟁해결방안을 제시해 줄 것을 부탁하고 조정인이 제시하는 조정안에 양당사자가 합의함으로써 분쟁을 해결하는 방식이다.

우리나라 중재규칙상 중재신청 후 양당사자가 요청할 경우 상호협의 하에 조정인을 선정, 조정을 시도할 수 있도록 되어 있어 조정안이 성립되면 조정결정은 중재판정과 동일한 효력을 갖게 되지만 실패하면 30일 내에 조정절차는 자동적으로 폐기되며, 중재인을 선정, 중재절차가 진행된다. 그러나 당사자의 약정에 의해 조정기간(30일)을 연장할 수 있다.

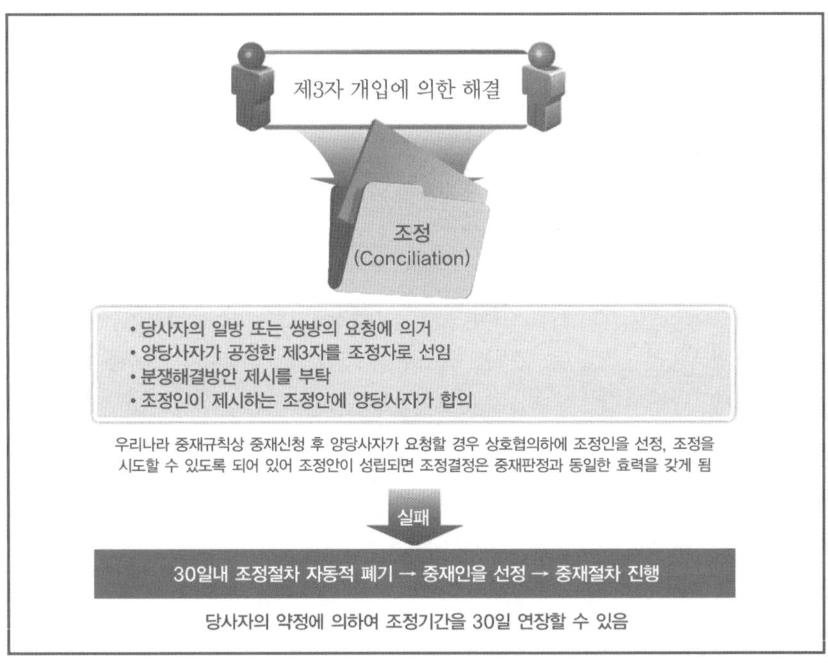

3) 중재(Arbitration)

중재란 분쟁당사자 간의 합의('중재합의'라 칭함)에 의거 사법상의 법률관계를 법원 소송절차에 의하지 않고 개인인 제3자를 중재인으로 선정해 최종적으로 중재인의 판정에 맡겨 그 판정에 복종함으로써 분쟁을 해결하는 방법이다.

조정은 당사자 일방의 요청이 있을 때에도 가능한데 반해, 중재는 반드시 양당사자의 합의가 있어야 한다. 또한 조정은 양당사자의 자유의사에 따른 해결이나, 중재는 중재인의 중재판정에 절대 복종해야 하는 강제성을 가질 뿐 아니라 그 효력이 법원의 확정판결과 동일하며, 외국에서도 집행이 보장되어 소송보다 효력의 범위가 더 넓다.

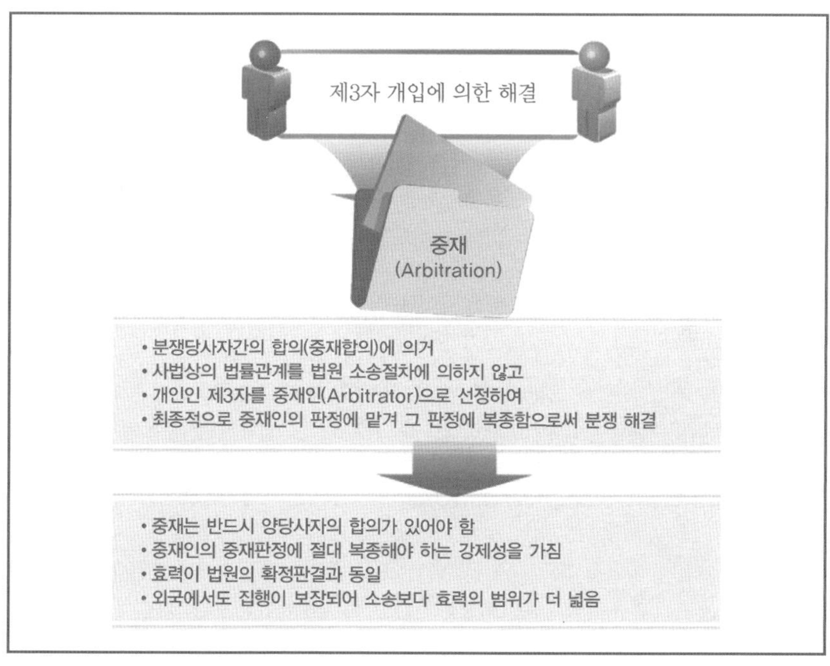

4) 소송(Litigation)

소송은 개인 간의 분쟁을 국가기관인 재판소의 판결에 의해 강제적으로 해결하는 방법이다. 국제 간의 거래에 있어선 상대자가 법역을 달리하므로 우리나라의 재판권이 상대국에까지 미치지 못한다는 장애가 있다. 따라서 외국과의 사법협정이 체결되어 있지 않는 한 소송에 의한 판결은 외국에서의 승인 및 집행이 보장되지 않는다.

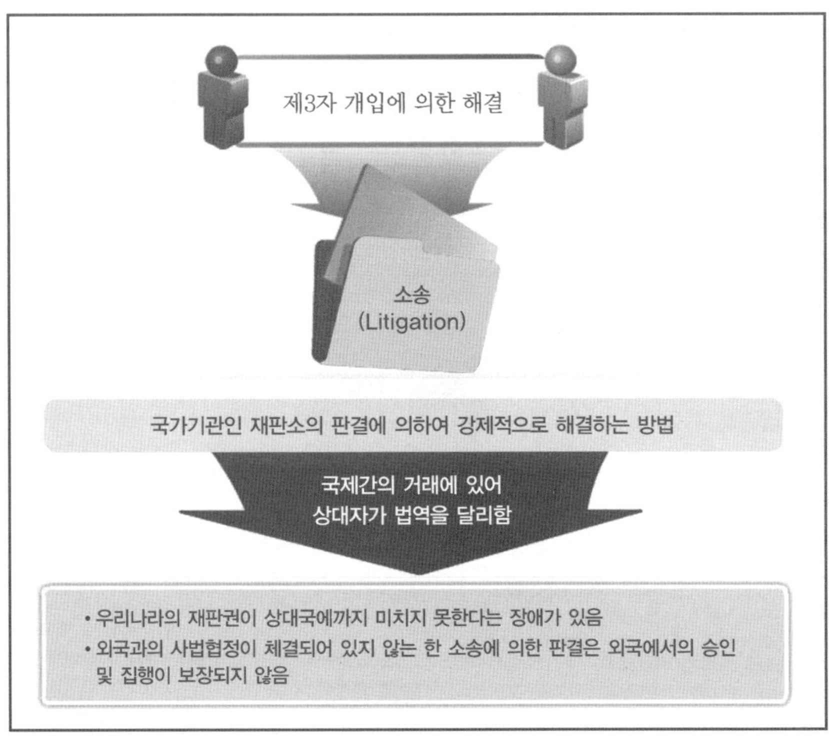

03 중재절차

무역분쟁이 발생할 경우 중재(Arbitration)는 재판(Litigation)보다 낫고, 조정(Conciliation)은 중재보다 낫다. 무엇보다 분쟁의 예방은 조정보다 좋다.

중재라 함은 분쟁 당사자간들의 합의에 의해 법원 이외의 제3자(중재인)에게 그 해결을 부탁하고, 그 판정에 복종함으로써 분쟁을 최종적으로 해결하는 방법이다.

중재와 조정제도는 많은 비용과 장시간을 요하는 소송에 의한 분쟁해결을 피하고, 적은 비용으로 신속하고 간편한 절차에 의해 비밀이 보장되면서 공정하고 합리적으로 분쟁을 해결할 수 있다.

무역분쟁의 해결을 위한 중재절차는 다음과 같은 과정을 거친다.

(1) 중재절차

1) 중재계약

당사자 간 중재합의를 한다.

2) 중재신청

중재계약에서 정하는 중재기관(대한상사중재원)에 중재의 신청을 한다.

3) 접수통지

사무국(대한상사중재원)은 중재의 신청을 접수하면 신청이 적합한지 여부를 확인하고 적합한 경우에는 쌍방 당사자에게 이를 수리하였음을 통지한다.

4) 조정

양당사자가 합의할 경우 중재절차 개시 이전에 조정을 시도하며, 조정에 실패하면 30일 이내에 자동적으로 중재절차를 진행한다.

5) 중재인 선정

사무국은 접수, 수리통지와 함께 중재인단 명부에서 중재인 후보자 10명을 선정해 양당사자에게 보내면 양당사자는 의장 중재인과 기타 중재인에 대해 선호순위를 표시해 송부일로부터 국내 중재의 경우 15일,

국제 중재의 경우 30일 이내에 사무국에 제출한다(피신청인에게 중재신청서 등 송부).

6) 답변서 제출 및 반대신청

사무국은 양당사자로부터 중재인 후보자 선정명단과 피신고인으로부터 답변서를 접수한다(신고인에게 답변서 송부).

7) 심문

사무국은 양당사자의 희망순위에 따라 선정된 중재인에게 수락서를 받아 중재판정부를 구성하고, 제1차 심문기일을 결정한다.

① 사무국은 양당사자에게 중재인 선정통지 및 제1차 심문기일 통지

② 심문 개시 및 진행

③ 중재판정부는 사건내용에 따라 당사자가 주장 및 입증을 다하였다고 인정할 때까지 수차에 걸쳐 심문을 진행한 후에 심문종결선언

8) 중재판정

중재재판부는 심문종결일로부터 30일 이내에 중재판정을 한다. 사무국이 중재요금 및 비용예납에 대해 판정부담비율에 따라 작성된 중재판정문 정본을 양당사자에게 발송함으로써 중재절차가 종료된다.

(2) 중재 시 구비서류

중재 시 구비서류는 다음과 같다.

① 중재신청서

② 중재합의서 또는 중재조항이 삽입된 계약서

③ 입증서류(거래사실 증빙, Surveyor Report 등)

④ 대리인이 신청한 경우 위임장

⑤ 중재요금 예납

(3) 중재 서류 제출처

대한상사중재원 사무국(전화 : 02-551-2001~2019)

★ 무역실무 TIP

▶ 무역분쟁 발생 시 중재판정에 불복할 경우 법원에 소송을 제기할 수 있는가?

중재판정은 당사자 간에 있어서는 법원의 확정판결과 동일한 효력이 있다. 또한 뉴욕협약(외국중재판정의 승인 및 집행에 관한 UN협약)에 따라 외국에서도 중재판정의 승인 및 집행이 보장된다. 따라서 무역분쟁이 발생한 경우 중재판정에 불복 시 법원에 소송을 제기할 수 없다.

01 무역클레임의 발생원인이 아닌 것은?

① 국가간 상관습 차이
② 무역계약에 대한 전문지식 부족
③ 화폐 단위의 차이
④ 국가간 문화의 차이

해설 : 무역클레임의 발생원인은 일반적으로 국가간 상관습 및 문화의 차이와 무역계약에
대한 전문지식의 부족이다.

02 무역클레임의 해결방법 중 가장 바람직한 것은?

① 소송
② 화해
③ 조정
④ 중재

해설 : 무역분쟁이 발생할 시 중재는 재판보다 낫고, 조정은 중재보다 나으며, 화해는 조
정보다 좋다.

03 다음 중 중재의 장점이 아닌 것은?

① 신속성
② 경제성
③ 공정성
④ 복잡성

해설 : 중재의 장점은 분쟁을 저렴한 비용으로 신속하게 공정하게 해결한다는 것이다.

1. ③　　　2. ②　　　3. ④

St Petersburg
Ladoga
Onega
Riga
Königsberg
Warsaw
Berlin
GERMANY
RUS
Baltic Sea
Finland
Stettin
Hamburg

부록

- 핵심 무역용어

■ 핵심 무역용어

　무역실무에서 꼭 알아야 할 핵심용어를 종류별로 분류해 실었으며, 레터나 계약서, 신용장 등 수출입거래 문서 작성시 즉시 활용할 수 있도록 제시한 각 용어에 영문표기를 병행했다. 또 완전히 익힌 용어는 그때 그때 표시하도록 체크 박스를 만들었으므로 효과적으로 활용하기 바란다.

기업에 관한 용어 ①		
Company	회사	
Enterprise	기업	
Parent Company	모회사	
Subsidiary Company	자회사	
Private enterprise	민간기업	
Government Enterprise	국영기업	
Multinational Enterprise	다국적기업	
Conglomerate Enterprise	복합기업	
Corporation Aggregate	사단법인	
Limited Partnership	합자회사	
Establishment	설립	
Merger	합병	
Bankruptcy	도산	
Liquidation	청산	

Management	관리	
Capital	자본	
Fund	자금	
Stock	주식	
Stockholder	주주	
Dividend	배당	

기업에 관한 용어 ②

Director	이사	
Executive	경영간부	
Chairman	회장	
President	사장	
General Manager	부장	
Manager	과장	
Assistant Manager	대리 (또는 계장)	
Boss	최상급자	
Colleague	동료	
Subordinate	부하	
Junior	후배	
Employee	종업원	
Specialist Work	전문직	
Technical Work	기술직	

Managerial Position	관리직	
Supervisor	감독자	
Maker	제조업	
Wholesaler	도매업자	
Retailer	소매업자	

회의에 관한 용어 ①

Conference	회의	
International Conference	국제회의	
Secret Conference	비밀회의	
Board Meeting	임원회의	
Attendance	출석자	
Absentee	결석자	
Committee	위원회	
Convention	총회	
Agenda	의안(議案)	
Resolution	결의(決議)	
Recorder	기록계	
Reporter	보고자	
Discussion	토의	
Argument	논쟁	
Suggestion	제안	
Minutes	의사록	

384

Report	보고서	
Proposition	제안	
Draft Plan	원안	
Amendment	수정안	

회의에 관한 용어 ②

Treaty	조약	
Signature	조인	
Ratification	비준	
Accord	협정	
Alliance	동맹	
Sovereignty	주권	
Territory	영토	
Diplomacy	외교	
Developing Country	개발도상국	
Observer	옵저버	

통신에 관한 용어 ①

Airmail	항공우편	
Air Parcel Post	항공소포	
Registered Airmail	항공등기	

Phone book	전화번호부	
Information	번호안내	
Pay Phone	공중전화	
Local Call	시내전화	
Long-distance Call	장거리전화	
International Call	국제전화	
Collect Call	수신자부담 전화	
Station-to-Station	번호통화	
Telephone Company	전화국	
Operator	교환원	
Extension	내선	
Wrong Number	전화번호가 다름	
Mail	우편	
Post Card	엽서	
Post Office	우체국	
Parcel	소포	
Postage	우편요금	

통신에 관한 용어 ②

Mailbox	우편함	
*Letterhead	두서(頭書)	
Special Delivery	속달	

Registered Mail	등기	
Signature	서명	
Enclosure	동봉	
Post Office Box	사서함	
Cable	전보	
Telegram	전문	
Cable Address	전보 주소	
Confirmation of Cable	전보확인서	
Urgent Telegram	지급전보	
Postage Stamp	우편엽서	
Confidential	친전(親展)	
Covering Letter	커버링 레터	

*편지지 윗부분의 인쇄문구(회사명이나 주소 등)

신용조사에 관한 용어

Credit Information	신용조사	
Credit Reference	신용조회처	
Bank Reference	은행조회처	
Trade Reference	동업자조회처	
Credit Standing	신용상태	
Financial Standing	재무상태	

Business Standing	영업상태	
Market Research	시장조사	
Trade Client	단골거래처	
Reputation	평판	
Credit Line	신용공여 한도	
Bank Opinion	은행소견	
Chamber of Commerce	상공회의소	
Directory	상공인 명부	
Competitor	경쟁상대	

은행에 관한 용어

Check	수표	
Exchange	환전	
Interest	이자	
Account Number	계좌번호	
Coin	경화(硬貨), 동전	
Bill	표(빌)	
Credit Card	신용카드	
Currency	통화	
Quotation	시세, 견적	
Foreign Exchange	외국환	
Foreign Exchange Rate	외국환율	

Foreign Exchange Market	외국환시장	
Remittance	송금	부록
Settlement	결제	
Advance Payment	선불	
Forward Exchange Contract	환예약(선물예약)	
Due Date	지불기일	
Credit Note	대변전표	
Debit Note	차변전표	

상품 · 견본에 관한 용어

Line	품목	
Products	제품	
Merchandise	상품	
Sundries	잡화	
Piece Goods	옷감(피륙)	
Food	식품	
Textile	직물	
Electric Appliance	전자제품	
Fancy Goods	팬시제품	
Novelties	신제품	
Canned Goods	통조림제품	
Chinaware	도기(陶器)	

Semiconductor	반도체	
Personal Computer	컴퓨터(PC)	
Sample	견본	
Quality Sample	품질견본	
Original Sample	원견본	
Duplicate Sample	보조견본	
Counter Sample	반대견본	
Buyer's Sample	구매자 견본	
Seller's Sample	판매자 견본	
Advance Sample	선발견본	
Sample Order	견본주문	
Sample Discount	견본할인	
Shipped Sample	선적견본	
Sale by Sample	견본매매	
Free Sample	무상견본	
Color Sample	색상견본	
Actual Sample	실물견본	
Complete Sample	완성견본	

클레임에 관한 용어

Complaint	불평	
Compromise	화해	

Mediation	조정	
Arbitration	중재	부록
Arbitrator	중재인	
Survey Report	감정보고서	
Surveyor	감정인	
Insolvency	지불 불능	
Default	채무 불이행	

마켓에 관한 용어

Trade Friction	무역마찰	
Invisible Trade	무역외수지	
Trade visible	무역수지	
International Payment	국제수지	
Domestic Market	국내시장	
Overseas Market	해외시장	
Market Research	시장조사	
Market Information	시장정보	
Market Area	판매지역	
Market Condition	시황(市況)	

중앙경제평론사 Joongang Economy Publishing Co.

중앙생활사 | **중앙에듀북스** Joongang Life Publishing Co./Joongang Edubooks Publishing Co.

중앙경제평론사는 오늘보다 나은 내일을 창조한다는 신념 아래 설립된 경제 · 경영서 전문 출판사로서
성공을 꿈꾸는 직장인, 경영인에게 전문지식과 자기계발의 지혜를 주는 책을 발간하고 있습니다.

수출 수입 쉽게 배우는 무역실무 입문

초판 1쇄 발행 | 2013년 2월 25일
초판 4쇄 발행 | 2018년 1월 15일

지은이 | 오시학(SiHak Oh)
펴낸이 | 최점옥(JeomOg Choi)
펴낸곳 | 중앙경제평론사(Joongang Economy Publishing Co.)

대 표 | 김용주
편 집 | 한옥수 · 유라미
디자인 | 박근영
마케팅 | 김희석
인터넷 | 김회승

출력 | 현문자현 종이 | 한솔PNS 인쇄 · 제본 | 현문자현

잘못된 책은 구입한 서점에서 교환해드립니다.
가격은 표지 뒷면에 있습니다.

ISBN 978-89-6054-099-6(13320)

등록 | 1991년 4월 10일 제2-1153호
주소 | ㉾ 04590 서울시 중구 다산로20길 5(신당4동 340-128) 중앙빌딩
전화 | (02)2253-4463(代) 팩스 | (02)2253-7988
홈페이지 | www.japub.co.kr 블로그 | http://blog.naver.com/japub
페이스북 | https://www.facebook.com/japub.co.kr 이메일 | japub@naver.com
♣ 중앙경제평론사는 중앙생활사 · 중앙에듀북스와 자매회사입니다.

Copyright ⓒ 2013 by 오시학

이 책은 중앙경제평론사가 저작권자와의 계약에 따라 발행한 것이므로 본사의 서면 허락 없이는
어떠한 형태나 수단으로도 이 책의 내용을 이용하지 못합니다.

※ 이 책은 《한 권으로 보는 무역 콘서트》를 독자들의 요구에 맞춰 새롭게 출간하였습니다.

※ 이 도서의 국립중앙도서관 출판시도서목록(CIP)은 서지정보유통지원시스템 홈페이지(http://seoji.nl.go.kr)와
국가자료공동목록시스템(http://www.nl.go.kr/kolisnet)에서 이용하실 수 있습니다.(CIP제어번호: CIP2013000419)

중앙경제평론사에서는 여러분의 소중한 원고를 기다리고 있습니다. 원고 투고는 이메일을 이용해주세요. 최선을
다해 독자들에게 사랑받는 양서로 만들어 드리겠습니다. **이메일** | japub @naver.com